Globalisierte Armut

Die neue Armut

Einblicke über die Entstehung und Umsetzung der Demokratie, nicht nur in Tonga, die Welt überrollende Globalisierung und der hieraus entstehenden **neuen Armut** sowie deren weltweite Auswirkungen in unserem täglichen Leben.

Es ist Zeit Alarm zu schlagen. An jedem Tag wächst die Zahl der Menschen auf unserem Planeten um 300.000 in jeder Woche um über 2 Millionen. In jedem Monat kommen mehr Menschen neu auf diese Welt als in New York zu Hause sind. Aber wir wollen das nicht wissen, noch ist es nicht unser Problem und was uns nicht berührt, das geht uns auch nichts an. Wenn wir es merken, wird es zu spät sein. Zum Jammern fehlt uns jetzt die Zeit. Wir brauchen neue Ideen. Ein neues Jahrtausend hat begonnen. Der Anfang ist heute und hier.

Die etwas ändern sind wir.

Wir sind unsere Zukunft.

<u>Für meine tonganischen Brüder und Schwestern.</u>

Die Wellen des Meeres waren am Versiegen, wir suchten einem Wechsel für unser tägliches Leben, in unserem geliebten Land. Wir beteten, besuchten Versammlungen, waren ärgerlich und spalteten unser Königreich.

Nun haben wir frei gewählt, Demokratie hat Fuß gefasst in Tonga. So lasst uns wieder zusammenkommen als Brüder und Schwestern, denn wir lieben unser Land mit unserem König.

Nun kommen die Wellen des Meeres zurück, bringen uns mehr Freiheit und Nächstenliebe.

Sie sind der Ton der heutigen Zeit.

Hört und seht sie, aber versteht sie auch zu leben.

Hans-Jürgen

Ki hoku fanga tokoua moe tuofafine Tonga kotoa pe.

Koe ngaahi peau lalahi `oe ` Oseni hono hala fononga kuo faka`au ke mate. Pea `oku tau fiema`u ha liliu `ihe `etau mo`ui faka`aho `i hotau fonua `ofa`anga ni.

Ko`etau lotu , mo`etau fe`a`ahi aki, mo`etau ngaahi fakataha `oku ne `omi eia `ae loto mamahi, moe faikehekehe `i hotau ki`i fonua ni.

Faka`osi, `oku tau ma`u `ae tau`ataina ke fili `ae tu`unga faka-Temokalati , kuo hu mai ki hotau fonua ni .Koia ai `oku fiema`u ke tau fa`utaha koe fanga tokoua, moe fanga tuofafine , koe`uhi he `oku tau `ofa `i hotau fonua pea mo hotau Tu'i.

Koe taimi ni koe peau kuo toe foki mai, ke `omi kiate kitautolu .`ae tau`ataina , moe mo`ui moe naunau `oe fiefia . Koe le`o `oe peau fakanonga koe ongo ia `oe taimi fo`ou.

Kuo tau ongona `ae ongo `oe femahino`aki ,kuo ne fakanofonofo kitautolu `ihe taimi ni. *Hange koe maaimoa `a Kuini Salote Tupou III. Si'i le`o e peau, `oku lea he fatai .koe viki e la`a, `oku to efiafi pea lave fakanonga koe vai kau`aki kihe nofo `I lelenga `a si`ete `amanaki.*

Hanni

5

Für meine Enkelkinder

Vika Raina Maria Mercedes,

Coeviniar Louise Sekola,

Christina Nova Beatrice Angelica,

Tunufai Jr.

Wiliami Lomu Caliente

Wer ist er, der dieses all ersann, der alles weiß und kann, der immer war, von Anfang an, der uns das Leben schenkt, den kein Verstand ermisst, der Anfang und auch Ende ist, ist nicht auch unsere Bahn ein Teil von seinem Plan? Wer ist er, der nie sein Schweigen bricht, doch dessen Zuversicht, aus jedem Funken Leben spricht und der den Gang der Welt in seinen Händen hält?

Meinen Enkelkindern wünsche ich eine greifbare Erinnerung an ihren Großvater. Für sie habe ich dieses Buch geschrieben. Die fünf Kinder sind im Moment noch sehr jung. Mit ihrem kindlichem Verständnis können sie die Lage unserer Welt noch nicht beurteilen. Auf diesem Wege möchte ich ihnen ein Stück meiner persönlich erlebten Zeit für die Zukunft hinterlassen. Mit der heimlichen Hoffnung, dass sie alle aktive und bewusst lebende Bürger unserer Welt werden.

Ihre erste Entwicklung durchleben sie in Tonga, einem Land, welches nun am Beginn einer fundamentalen Veränderung steht. Demokratie soll eingeführt werden. Sie soll das Leben der Menschen verbessern. Die Regierung berechenbar und durchschaubar werden lassen.

Althergebrachter, politisch und korrupter Verwaltungsstil soll abgeschafft werden und ein neuer Wind soll auf unseren Inseln wehen.

Ihr, meine geliebten Enkelkinder, steht erst am Beginn eines aufregenden, doch so hoffe ich, sehr interessanten Lebens. Wenn die Zeit des Verstehens kommt, greift zu meinem Buch.
Vergleicht die Zeit. Erinnert euch der Vergangenheit und lebt die Gegenwart bewusst. Schenkt euren Kindern ebenso Vertrauen und Selbstsicherheit, damit sie eine gute Zukunft erleben dürfen. Sie sollen in eine bessere Welt sehen können. Ihr Leben soll auch weiterhin lebenswert für sie sein.

Eure Mutter, meine Tochter Marian, wird euch alle Fragen unseres Familienlebens erklären.

Fragt täglich, denn nur wer fragt bewegt sich, steht nicht still.

Ihr solltet wissen, dass wir in all den Jahren bei unseren Familienzusammenkünften auch religiöse Fragen besprochen haben. Religion und Familie sind der Grundstock unseres Zusammenlebens in Tonga, besonders auch in unserer Familie.

Themen bei diesen Zusammenkünften waren überwiegend unsere Familie betreffende Probleme, auch Teillesungen aus der Bibel. Sie sollten meinen Kindern und Enkelkindern die Religion näherbringen und verständlicher darstellen. Das Neue Testament stellt für mich das eigentliche Fundament des Lebens und Verstehens dar. Besonders lag und liegt mir am Herzen, dass meine Kinder die Zehn Gebote verstehen, sie befolgen, und in ihrem Leben täglich anwenden. In meiner Jugend mußten wir die Zehn Gebote im Konfirmandenunterricht auswendig lernen. Sie zu kennen und zu befolgen sind das Rückgrat eines freien und glücklichen Lebens.

So, meine geliebten Enkelkinder, handelt und lebt danach, ihr werdet eure Erwartungen vom Leben leichter, glücklicher und sorgenfreier erreichen.

Bedient euch der Zehn Gebote und lebt sie aktiv, gebt sie auch an eure Kinder weiter.

Euer Großvater Hans-Jürgen

Erstes Kapitel

Zum Beginn meines Buches, hier die Grundsatzgedanken des Zusammenlebens der Völker nach der Präambel der Vereinten Nationen vom 26.6.1945.

Wir, die Völker der Vereinten Nationen – fest entschlossen, künftige Geschlechter vor der Geißel des Krieges zu bewahren, die zweimal zu unseren Lebzeiten unsagbares Leid über die Menschheit gebracht hat, unseren Glauben an die Grundrechte des Menschen, an Würde und Wert der menschlichen Persönlichkeit, an die Gleichberechtigung von Mann und Frau sowie von allen Nationen, ob groß oder klein, erneut zu bekräftigen, Bedingungen zu schaffen, unter denen Gerechtigkeit und die Achtung vor den Verpflichtungen aus Verträgen und anderen Quellen des Völkerrechts gewahrt werden können, den sozialen Fortschritt und einen besseren Lebensstandard in größerer Freiheit zu fördern, *und für diese Zwecke:* Duldsamkeit zu üben und als gute Nachbarn in Frieden miteinander zu leben, unsere Kräfte zu vereinen, um den Weltfrieden und die internationale Sicherheit zu wahren, Grundsätze anzunehmen und Verfahren einzuführen, die Waffengewalt nur noch im gemeinsamen Interesse angewendet wird, und internationale Einrichtungen in Anspruch zu nehmen, um den wirtschaftlichen und sozialen Fortschritt aller Völker zu fördern - *Haben beschlossen, in unserem Bemühen um die Erreichung dieser Ziele zusammenzuwirken.*

Dementsprechend haben unsere Regierungen durch ihre in der Stadt San Franzisko versammelten Vertreter, deren Vollmachten vorgelegt und in guter und gehöriger Form befunden wurden, diese Charta der Vereinten Nationen angenommen und errichten hiermit eine internationale Organisation, die den Namen *»Vereinte Nationen«* führen soll.

Ist das die Wirklichkeit, der Glaube und die Hoffnung, auf dem wir unser Leben aufbauen?

Unser Zusammenleben stellt sich in den meisten Ländern der Welt in anderer Form des täglichen Lebens dar. Ich möchte aufzeigen, in welcher Situation unser Leben zurzeit stattfindet, auch zurückblicken, welche Veränderungen uns in die jetzige Zeit gebracht haben, mit einem zaghaften Versuch und Wunsch, die Zukunft aller, und hier besonders, die der neuen Generationen, besser, verständlicher zu informieren und als Ergebnis lebenswerter zu gestalten.

Seit 26 Jahren lebe ich im Kingdom of Tonga. In den letzten Jahren fand ein fundamentaler Wechsel des täglichen Lebens auf den *» freundlichen Inseln «* statt.

Als kurze Einführung lassen Sie mich den Leser mit der politischen Situation des Inselstaates vertraut machen und einen Einblick über den Ablauf des täglichen politischen Geschäftes geben. Die Charta der Vereinten Nationen sollte aufzeigen, wie unsere Welt eigentlich zusammenleben sollte.

Doch weit weg von der Realität findet das tägliche Leben statt. Es entstehen Fragen. Fragen, auf die es Antworten geben sollte.

Meine größte Frage in den letzten Jahren stellte sich für mich hier in Tonga. Weitab von den internationalen Verkehrswegen, ohne Industrie und bedeutender Infrastruktur.

Warum ist der Westen auf dem Weg, den Südpazifik an China und viele andere zu verlieren? Persönliche Beobachtungen aus dem Spätjahr 2010. Das kleine Land im Südpazifik das Königreich Tonga wurde sprichwörtlich besetzt.

In einem Zeitraum von nur zwei Wochen, Anfang September 2010, besuchten getrennte militärische Delegationen aus den USA, Neuseeland, Australien, Großbritannien, Indien und die UNO das Kingdom of Tonga.

Der Besuch einer Fregatte und eines militärischen Flugzeugs aus Frankreich, China schickte gleich zwei Kriegsschiffe.

Warum all diese Aktivitäten in einem Land von nur ca. 100.000 Einwohnern?

Zurzeit besteht die reale Befürchtung, dass der Westen seinen entscheidenden Einfluss auf den Pazifik verlieren könnte, während andere, besonders China, aber auch die Arabische Liga, dramatisch ihren Einfluss erweitern. Die Auswirkungen sind global, und sie könnten bereits eine UN-Sicherheitsrat-Abstimmung beeinflusst haben. Doch dies war nicht immer so.

Der Pazifik ist nun auf dem Weg, den Westen zu verlieren.

Der König von Tonga spricht von der *„Look far east Policy"*. Das Königshaus erkennt nur eine *»One China Policy«* an. Die Freundschaft mit den Taiwanchinesen wurde aufgelöst. Eine starke Abhängigkeit durch das Festland China hat sich gebildet und ist auf dem Weg der Übernahme unseres kleinen Inselreichs.

Lassen Sie mich zur Sicherheit Folgendes bemerken.

Seit dem Zweiten Weltkrieg leben die Völker des Pazifiks als Teil des Westens und insbesondere in der amerikanischen Sicherheitszone. Doch seit dem Ende des Kalten Krieges, als die Westmächte, darunter die USA und Großbritannien, ihr Interesse am Pazifik verloren hatten, bemühten sich andere Regierungen deren Einfluss zu übernehmen.

Zum Beispiel wurden vor fünf Jahren im Pazifik drei Botschaften Großbritanniens geschlossen, darunter die in Tonga. Aus westlicher Sicht der Sicherheit war das Tag-zu-Tag-Management der Region im Wesentlichen an Australien und Neuseeland übergeben worden. *Leider.*

Denn es besteht keine Frage der tiefen Bindungen zwischen Australien und Neuseeland und den Völkern des Pazifiks. Doch gibt es einige der Ausi/NZ Politiker in der Region, die scheinbar immer noch dem alten Stil kolonialer Herrschaft ergeben sind. Länder wie das Königreich Tonga werden oft von Ausi/NZ weitgehend als Orte gesehen, um überschüssige Produkte zu exportieren, Transporte von Gütern zu monopolisieren, bei stark überhöhten Preisen und günstige saisonale Arbeitskräfte zu importieren. Wie die Saisonarbeiter für die neuseeländische Kiwi, Apfel- und Traubenernte, sowie die australischen Zwiebel- und Fruchterntehelfer.

Auch waren Australien und Neuseeland konsequent *nicht* hilfreich bei internationalen Handelsabkommen.

Im Jahr 2005 zum Beispiel, wenn Tonga die Mitgliedschaft der WTO unterzeichnete, warnte Oxfam NZ:

Die Bedingungen des Tonga-Beitritt-Paketes sind erschreckend, schlimmer als jeder andere. Laut Oxfam NZ darf Tonga bei den Zolltarifen nicht mehr als 20 Prozent erheben, auf alle Produkte. Im Vergleich dazu können die USA einen 350-Prozent-Zoll auf Einfuhren von Rindfleisch, und die EU kann einen gleichwertigen Tarif von über 300 Prozent bei Einfuhren von Zucker verhängen. Zu unserer Schande, so Oxfam NZ, denn Neuseeland hat als ein Mitglied der Arbeitsgruppe, die den Tongabeitritt verhandelt hatten, an diesem Prozess teilgenommen.

Kurz gesagt, bis vor Kurzem haben Australien und Neuseeland weitgehend alte Klassiker praktiziert. Die alte Schule des Einflusses mit wirtschaftlichen und politischen Maßnahmen im Pazifik verkauft, während größere westliche Verbündete, wie die USA und Großbritannien, sich auf andere Dinge konzentrierten. Irak, Iran, Afghanistan und internationale Terrorbekämpfung lenkten den Blick auf die Vorkommnisse im Südpazifik ab.

Geopolitik bedeutet, auf der Suche nach neuen Freunden zu sein. Die Zeiten sind lange vorbei, als zurzeit des Kalten Krieges Modelle mit traditionellen Verbündeten abgeschlossen wurden, um politisches Vakuum zu verringern. In einer zunehmend multipolaren Welt, sind alle Arten von neuen außenpolitischen Optionen zur Verfügung, zumal der enorme Wert der Inselstaaten des Pazifik immer deutlicher wird. Von einer geopolitischen Perspektive, die Völker des Pazifiks bieten unter anderem:

• *Seewege und Häfen in relativ ruhigem Wasser.* Dies wird immer wichtiger, da China insbesondere den Handel mit Südamerika erhöht und der Südpazifik die Transportwege verkürzt.
• *Zugriff auf die Fischerei.* Dies hat eine größere Bedeutung als in dem Atlantik, der bereits überfischt ist.
• *Landwirtschaftliche Exporte.* Besonders wichtig, da Bedenken hinsichtlich der Ernährungssicherheit bestehen. Erhöhung der Produktion, besonders in Ländern wie China.
• *Unbekannt, aber potenziell wertvolle Unterwasserwelt.*
• *Geostrategische Militär-Stützpunkte als Standorte.* Wichtig für China. Alle » *Freundesländer*« liegen weltweit bis maximal 30 Grad nördlich oder südlich vom Aquator, zur Überwachung der um den Aquator stationierten Satelliten, Kontrolle aller Kommunikationen und Daten, sowie militärischer Satelliten.
• *Entscheidende Stimmen in internationalen Foren.* Pazifik Island Länder repräsentieren rund ein Dutzend Stimmen in der UNO. So entsteht ein deutlicher Abstimmungs-Block.

Angesichts dessen, was auf dem Spiel steht, sind andere Nationen verständlicherweise daran interessiert, den Vorteil der Unzufriedenheit mit den traditionellen Partnern zu treffen, um ihre eigene Position im Pazifik zu stärken.

So lässt West den Ball fallen, China nimmt ihn auf.

Ein Beispiel: nach den Pro-Demokratie-Unruhen in Tonga im Jahr 2006. Die Ausi/NZ Regierungen schickten Truppen, doch diese hatten keinen Zugang zur Finanzierung, die benötigt wurde, um die abgebrannte Hauptstadt Tongas wieder aufzubauen. China sprang in die Lücke und erteilt die Bereitstellung der wichtigsten Kredite für den Wiederaufbau der Innenstadt. Also, ironisch, aufgrund der *fehlenden Unterstützung von demokratischen Verbündeten,* endete eine

»Pro-Demokratie« Aktion in Tonga noch zu einer *»nicht demo-kratischen «* Aktion.

Die Chinadarlehen, zusammen mit anderen Aspekten der wachsenden Tonga-China-Beziehungen, hat internationale Auswirkungen. Bei der Frage an ein Mitglied der tonganischen Delegation, auf der Klimakonferenz in Kopenhagen, was das Land für eine Verhandlungsposition hätte, wurde erklärt: *»Was China sagt, das ist richtig, wir schulden ihnen Hunderte von Millionen von Dollars «.* Dies meine ich unter Übernahme des Inselstaates. Es liegt jetzt schon auf der Hand, dass die gewährten Kredite nicht zurückgezahlt werden können. Die weltwirtschaftliche Schieflage hat auch Tonga erreicht und die Einnahmen des Staates sind in etwa halbiert. An ein Vorausplanen für die Zukunft des Landes, schon aufgrund der bestehenden Zahlungsverpflichtungen, ist nicht zu denken.

Auch als die Ausi/NZ Regierungen in Fidschi, nach dem Putsch von 2006, das Feld weit offen ließen, entwickelte sich schnell eine tiefe Verbundenheit zwischen Fidschi und China, welches nun den Inselstaat zu isolieren droht. Die Unzufriedenheit mit der Handhabung von Fidschi gab auch Impulse für die Pazifik Small Island Developing States. So entwickelten sich Beziehungen mit der Arabischen Liga und man stand gemeinsam auf dem Spielfeld. Mitglieder dieser Gruppierung trafen sich vor Kurzem in Abu Dhabi mit den Mitgliedern der Arabischen Liga. Während die Arabische Liga zugesagt hat, zig Millionen Dollar Hilfe zu zeichnen und eine wachsende Handelsbeziehung zwischen den Pazifiknationen aufzubauen, unterstützt der Pazifikführer der Arabischen Liga Forderungen nach einem atomwaffenfreien Nahen Osten.

Geldgeschenke für Meinungsbildung.

Geopolitisch wächst der Eindruck, dass, während die Völker des Pazifiks noch ein solider Teil des Westens sind, Verzweiflung durch veraltete wirtschaftliche und politische Bedingungen verursacht werden. Durch laufende kostspielige Schäden, verursacht durch Umweltveränderungen sowie demografische Herausforderungen, werden die Führer der Inselstaaten gezwungen, auf jeden Geldgeber einzugehen, der Hilfe verspricht. Aus westlicher Sicht ist dies ein potenzielles Sicherheitsrisiko, vor allem angesichts der wachsenden Spannungen zwischen China und den USA. Der Pazifik ist wieder einmal eine Frontlinie geworden. Amerikanisch Samoa ist Mitglied des US-Kongresses.

Hier teilt man unverblümt die Sorge, dass die *»unfähige Politik und plumpen Aktionen«* der australischen und neuseeländischen Regierungen die amerikanischen Interessen in der Region gefährden, sehr milde ausgedrückt. Man wies auch darauf hin, dass die Interessen von Neuseeland und Australien nicht immer die gleichen, wie von Amerika seien.

Nicht von ungefähr gab es ein plötzliches und zunehmendes Interesse von Washington an den Pazifikinseln. Außenministerin Hillary Clinton setzte am 7. November einen Punkt bei ihren Besuchen einiger Pazifikstaaten und kündigte die Wiederaufnahme der USAID-Beiträge in Fidschi mit einem Budget von US $ 21.000.000 für den Pazifik an. Ein paar Tage später erhielt das Königreich Tonga einen anderen Besucher mit dem höchsten Rang in dieser Saison: Vorsitzender der Joint Chiefs of Staff, Admiral Mullen. Interessanterweise, der Besuch war als symbolisch anzusehen. Offensichtlich gibt es Bedenken in Washington und auch in London über die Verwaltung der Region.

Die Big Boys sind wieder da. Und das nicht nur auf den Inseln. Auf derselben Reise besuchte Clinton Amerikanisch-Samoa. Hier gründete sie eine neue strategische Partnerschaft mit Neuseeland. Und in Australien wurde sie von Mullen und Verteidigungsminister Robert Gates begleitet. Basis Sharing in Australien als Anliegen zu erheben, mit dem Ergebnis, dass die USA ihre Japan basierten Datenbanken verkleinern müssen und beginnen müssen nachzudenken und zu diskutieren. Die Basen sollen Teil der neuen Forward-Einsatz Diplomatie der USA in der Region sein. Der allgemein gegeben Grund für die Notwendigkeit der Basen ist, dass sie in der Lage sein müssen, im Falle humanitärer Katastrophen rasch Hilfe zur Verfügung zu stellen, obwohl Analysten sich einig sind, dass der wahre Grund die Besorgnis über China ist. Indien, insbesondere nach der jüngsten Reise von Präsident Obama, ist zunehmend ein wichtiger US-Partner in der Region geworden.

Was kommt als Nächstes?

Der Pazifik ist auf dem Weg den Westen zu verlieren. Aber um sich effektiv zu engagieren, muss man verstehen, dass die Tage des altmodischen kolonialen Engagements zu Ende sind. Zum Beispiel, eine vielversprechende Initiative der Tonga Energy Road Map, eine aufregende Vision für die Entwicklung erneuerbarer Energien, die von der Weltbank, IRENA, und anderen als ein Modell für die Zukunft gepriesen wird. Leider sind Teile der »Road Map« bereits von traditionellen Partnern untergraben.

Trotz der Unterzeichnung auf eine »Road Map« Erklärung, dass der zentrale Grundsatz keine gebundene Entwicklungshilfe umfasst. Neuseeland ist derzeit im Prozess mithilfe einer Solaranlage, aber nur dann, wenn die Anlage von einem neuseeländischen Unternehmen gebaut wird. Details der Vereinbarung müssen noch gelöst werden. Die Konsumenten sind gebunden mit hohen Energiekosten und unzuverlässiger Versorgung, so könnte es gesamtschuldnerisch zulasten der Wirtschaft gehen. Es ist besorgniserregend, dass der Vertrag nicht für Ausschreibungen offen ist.

Neuseeland und andere haben zu Beginn zu verstehen gegeben, dass in kleinen, fragilen Volkswirtschaften, diese Art von Vereinbarungen ernsthaft inländisches Wachstum und Stabilität untergraben können. In Nationen, die natürliche verbündete sein sollten, zwingt sie die Situation, auch Hilfe von außen annehmen zu müssen. Gebundene Entwicklungshilfe kann zu bestimmten Sektoren der neuseeländischen Wirtschaft einen kleinen, kurzfristigen Vorteil bringen, aber es kann die Sicherheit der Region gefährden und letztlich von Neuseeland und des Westens.

In diesem Wandel der Zeit, wenn man diejenigen Verbündeten versucht zu schwächen, schwächt man sich selbst. Natürlich kann viel über die Art und Weise anderer in der Region, wie China, gesagt werden. Aber es ist besonders problematisch, wenn der freie Markt der demokratischen Nationen, mit tiefen und natürlichen Bindungen an den Pazifik, Richtlinien erlässt, die die ultimative Wirkung der Behinderung der Entwicklung des freien Marktes und der Demokratie in den Nationen, behindert.

Um Sicherheit im Westpazifik zu schaffen, welche zum Nutzen der ganzen Welt anzusehen ist, müsste man die Entwicklung gerechter, mit langfristigen Partnerschaften mit den Ländern, wie zum Beispiel mit dem Königreich Tonga abschließen. Die militärischen Besuche sind erst ein Anfang. Preiswerte Direktflüge, Low-Tarif Marktzugang für Produkte aus dem Pazifik, den Zugang zu zinsgünstigen Krediten und anderen wichtigen Indikatoren. Das Engagement ist echt, tief, und dort für Dauer. *Wenn der Westen nicht da ist für die Völker des Pazifiks, jemand anderes wird es mit Sicherheit sein.*

So stellt sich die Situation zurzeit in Tonga dar. Die Menschen leben im täglichen Wechselbad der Hoffnungen auf einen Wandel in den Bedingungen des täglichen Lebens, zu stark ist die Influenz der *»Guten alten Freunde « aus China bereits geworden.*

Doch lassen Sie uns fast sechshundert Jahre zurückblicken. Schon in meiner Jugend las ich einiges über Martin Luther und hörte von den Voraussehungen des Denkers Nostradamus.

Martin Luther stellte sich als Reformator dar, Nostradamus als Seher der Zukunft. Ohne Reformen und Blicke in die Zukunft kann eine Entwicklung nicht voranschreiten. In der Gegenwart, in der wir leben, werden Entscheidungen getroffen, doch nicht ohne einen Blick in die Vergangenheit zu werfen, *damit die Zukunft auch Zukunft genannt werden kann.*

Im Jahr 1517 erhebt in der kleinen, unbedeutenden Stadt Wittenberg im Nordosten Deutschlands der Augustinermönch Martin Luther seine Stimme. Er fordert die Herrscher Europas, heraus, den Kaiser und den Papst. Luthers Anspruch: Die christliche Kirche muss zu den Wurzeln Christi, zum Evangelium zurückkehren. Luther wird in die Geschichtsbücher eingehen, mit ihm beginnt das Zeitalter der Reformation.

Stotternheim, 2. Juli 1505

Tiefe Nacht herrscht über der Gemeinde Stotternheim bei Erfurt. Ein Mann ist unterwegs, er ist allein. Plötzlich ziehen sich Wolken zusammen, ein Gewitter kommt auf. Regen setzt ein, Blitze erhellen grell die Nacht. Der Wanderer beginnt sich zu fürchten. Das Gewitter nimmt immer unheimlichere Ausmaße an, plötzlich schlägt ein Blitz unmittelbar neben ihm ein. Der Mann erleidet Todesangst, fürchtet, vom Blitz erschlagen zu werden. Er fällt hin und schreit: *»Heilige Anna, hilf! Lässt Du mich leben, so will ich ein Mönch werden«*. Der Mann überlebt unverletzt, das Gewitter zieht vorüber. Doch nun ziehen neue Wolken auf, Wolken, die sich über Jahrhunderte über Europa zusammenballen werden. Ein Gewitter wird niedergehen über dem Machtgefüge Europas, nach dem nichts mehr so sein wird, wie es war. Der Name des Mannes: **Martin Luther.**

Erregt erzählt er am nächsten Tag seinen Freunden, was ihm in der Nacht widerfahren ist, und er verkündet, an seinem Gelübde festhalten zu wollen. Seine Freunde sind seine Kommilitonen denn Luther hatte kürzlich erst erfolgreich seinen Abschluss in Jura gemacht. Ginge es nach seinem Vater, würde er als städtischer Beamter Karriere machen. Als Hausbesitzer und Teilhaber einer Erzmine hatte er alles getan, um seinem Sohn eine erfolgreiche Karriere zu ermöglichen. Doch Luther wird Mönch. Er tritt in den Stift der Augustiner-Eremiten ein, einem der strengsten Orden seiner Zeit.

Wenn man verstehen will, warum Luther nur aufgrund eines bedrohlichen Gewitters einen so einschneidenden Schritt unternimmt und ins Kloster eintritt, muss man sich das christliche Verständnis des mittelalterlichen Menschen vor Augen halten. Luther hatte in jener Nacht den Tod vor Augen. Es war weniger die Angst zu sterben, die ihn so erschreckte. Was ihn mit Panik erfüllte, war der Gedanke, unvorbereitet auf seinen Schöpfer zu treffen. Luther bekennt später im November 1521:

»Ich bin nicht gern und nicht aus Eifer ein Mönch geworden, viel weniger des Brauchs wegen, sondern da mich eine Angst und Todesschreck unversehens überfiel, tat ich ein erzwungen und erdrungen Gelübde «.

Luther nimmt sein Leben als Mönch sehr ernst. Permanent wähnt er sich in Sünde und begangenem Unrecht. Er kasteit sich. Luther hat furchtbare Angst vor dem Jüngsten Gericht, vor dem strafenden Gott, der nach dem Tod über den Menschen Gericht hält. Luther ist verzweifelt und depressiv. Kein Mensch auf Erden, denkt er, sei er auch noch so bemüht und rechtschaffen, werde je vor Gott bestehen können. Denn jeder Mensch sündigt, jeder Mensch hat Phasen in seinem Leben, in denen er sich gegen Gott entscheidet. Das bedeutet also, wenn Gott gerecht wäre, müsste der Mensch nach seinem Leben und seinen Taten in jedem Fall gerichtet und bestraft werden.

Der Ordensobere Johann von Staupitz wird sein Vertrauter und wäscht ihm ordentlich den Kopf. Luther vertraut sich ihm an: Da ich ein Mönch war, schrieb ich Dr. Staupitz oft, und einmal schrieb ich ihm: *»O meine Sünde, Sünde, Sünde!«* Darauf gab er mir diese Antwort: *»Du willst ohne Sünde sein und hast doch keine rechte Sünde; Christus ist die Vergebung rechtschaffener Sünden, als die Eltern morden, öffentlich lästern, Gott verachten, die Ehe brechen, das sind die rechten Sünden. Du musst ein Register haben, darin rechtschaffene Sünden stehen, soll Christus Dir helfen; musst nicht mit solchem Humpelwerk und Puppensünden umgehen und aus einem jeglichen Bombart eine Sünde machen! «*

Was ist das für ein Gott, vor dem der Mensch nicht bestehen kann, fragt sich Luther? Eines Tages entdeckt er in der Bibel, im Brief des Apostels Paulus an die Römer ein anderes, ein gütiges Gottesbild: *»Denn darin wird offenbart die Gerechtigkeit, die vor Gott gilt, welche aus dem Glauben kommt und zum Glauben führt; wie geschrieben steht: Der Gerechte wird aus dem Glauben leben «.*

Luther erkennt, dass Gott, anders als die Kirche lehrt, kein mitleidsloser, strafender Gott ist. Der Mensch kann von sich aus die Erlösung durch Gott nicht verdienen oder erarbeiten, nur Gott selbst kann mit seinem *»Dazutun«* den Menschen erlösen. Später wird Luther sagen, dass ihm diese neue Erkenntnis der Schrift in der Studierstube des Wittenberger Klosterturms gekommen ist. Luther entdeckt den gnädigen Gott. Damit ist gemeint, dass Gott viel größer ist, als nur gerecht. Natürlich muss sich der Mensch mit seinen Taten und seinem Leben vor Gott einmal verantworten, der Mensch trägt Verantwortung. Aber Gott holt die Menschen ab, wo sie stehen, Gott bewegt sich auf die Menschen zu und nicht von ihnen weg. Gott, sagt Luther, ist barmherzig. Gott kommt zum Sünder, er nimmt den Menschen an, er liebt den Menschen und will ihn mit seinen Sünden nicht vernichten. Es ist ein liebender Gott, kein richtender Gott, den Luther von nun ab predigt.

Im Jahr 1505 tritt Luther ins Kloster ein. Schon im Februar 1507 wird er wegen vorbildlicher Lebensführung im Orden zum Priester geweiht. Sein Beichtvater Johann von Staupitz, der Generalvikar der Kongregation, erkennt das enorme Potenzial des jungen, hochbegabten Mitbruders und schickt ihn 1508 nach Wittenberg zum Theologiestudium. In Wittenberg hat Kurfürst Friedrich der Weise von Sachsen gerade eine Universität gegründet. Dort wird Luther bald zum Doktor der Theologie promoviert. Nun hält er selbst Vorlesungen und predigt. Schon bald wird er »*das beste Pferd im Stall*«, der von sich reden machenden Universität. 1510 reist Luther im Auftrag seines Klosters nach Rom. Zwar empört er sich zu jener Zeit noch nicht über die Zustände der Kirche, doch den Sittenverfall in Rom bekommt er hautnah mit. Luther macht in Rom das ganze damalige Bußprogramm mit: Er nimmt an einer Generalbeichte teil, er rutscht auf Knien die »*Heilige Treppe*« am Lateran hinauf, um Sündenvergebung für sich, seinen Verwandten und Mitbrüdern zu erlangen. Und er bezahlt Geld, den sogenannten Ablass, damit seinen verstorbenen Großeltern die Sünden erlassen werden. Seltsamerweise äußert er sich später in seinen Schriften nie kritisch über diesen Besuch in Rom.

Religion und Glaube waren damals nicht ein gesellschaftliches Angebot an die Menschen, eine Option, jedermanns Privatsache, wie das in heutiger Zeit in den Industrieländern der Fall ist, wo Kirche aus der Lebenswirklichkeit zurückgedrängt worden ist.

Der Glaube an Gott und an die Kirche war für die Menschen damals das Fenster zur Welt, die Kirche war eine ungeheure Autorität, die den Sinn und den Zweck des Daseins bestimmte. Die Macht der Kirche bestand darin, den Menschen den Weg ins Jenseits aufzuzeigen. Das bedeutete für die Menschen zu Zeiten Luthers Geborgenheit, aber auch Bedrohung. Es ist nicht ganz richtig, wenn man sich heute vorstellt, die Menschen damals hätten Angst vor der Hölle gehabt.

Jeder Christ, der einigermaßen anständig blieb, die christlichen Sakramente empfing und die kirchlichen Regeln befolgte, der machte sich keine Sorgen, in der Hölle zu landen. Die Bedrohung lag vielmehr im Fegefeuer, eine Läuterungsstation, durch die jeder Mensch durch musste, wollte er in den Himmel kommen, so lehrte es damals die Kirche. Und gegen Bares, den sogenannten *Ablass*, bot die Kirche den Menschen die Möglichkeit, die Zeit dieses Läuterungsfeuers erheblich abzukürzen.

Das beklemmende Gottesbild zur Zeit Luthers, die Angst des Menschen vor himmlischer Strafe nach dem Tod, schuf die Grundlage für den einträglichen Ablasshandel der Kirche, die sich ohne Hemmungen der Ängste der Menschen bediente, um sich an den eingetriebenen materiellen Bußleistungen zu bereichern. Einer der erfolgreichsten Ablassprediger war der Dominikanermönch Johann Tetzel.

Tetzel versprach die Vergebung sogar der schlimmsten Sünden, solange nur ordentlich bezahlt würde. *»Sobald die münz' im Kasten klingt, die Seele aus dem Feuer springt«*, lautete sein Aufruf. Von dem Geld, das da im Kasten klingelte, finanzierte der Papst unterdessen ein ehrgeiziges Projekt: den neuen Petersdom in Rom. Aufgeschreckt über die von seinen Gemeindemitgliedern erworbenen Ablassbriefe erhebt Luther nun seine Stimme gegen die Institution, die in Verdrehung des Evangeliums mit den Ängsten der Menschen Geschäfte macht. Luther sind die Kleriker ein Gräuel, die mit Gott ihren Schacher treiben und die Heilsbotschaft Jesu verraten. Mit großer Entschiedenheit macht er sich zum Anwalt der Betrogenen und fordert eine Rückkehr der Kirche zu ihrem eigentlichen Auftrag, eine grundlegende Reform der Kirche *»an Haupt und Gliedern«*.

Der kleine Wittenberger Mönch schickt sich an, niemanden Geringeres als den Papst herauszufordern.

Fast zur gleichen Zeit wurde ein anderer, zukunftweisender Seher und Bürger geboren, der die Welt in gleicherweise beschäftigte und gleich Martin Luther, noch immer beschäftigt.

Am 14. Dezember 1503 wurde der Seher und Pestarzt Michel de Nostredame in der Provence St. Remy in Frankreich geboren. Bis heute sind viele Menschen davon überzeugt, dass er in die Zukunft sehen konnte. Als gefragter Pestarzt hatte er eine steile Karriere, seine selbst erfundene Rezeptur gegen die Krankheit Pest erwies sich als sehr wirksam. Er selbst erkrankte nie. Seine Prophezeiungen ängstigen und faszinieren die Menschheit seit Generationen, bis in die Gegenwart.

Nostradamus Visionen, der berühmteste Seher aller Zeiten, der zahlreiche Katastrophen vorhersagte, vom Londoner Großbrand bis zu den Attacken in den USA. In oftmals unvollständigen Sätzen und kaum verständlichem Gemisch aus Altfranzösisch, Latein und Deutsch, auch anderen Sprachen, beschrieb er mit düsteren Worten die Zukunft. Auch soll er das Attentat von Sarajevo und die Atombombe von Japan vorhergesagt haben. Er war als Sohn eines jüdischen Notars geboren und zeichnete sich durch hohe Intelligenz aus.

Genau 924 Vierzeiler über Ereignisse bis zum Jahr 3797 hat Nostradamus in einem zum Observatorium ausgebauten Dachstuhl von Salon-de-Provence verfasst. Seine wahren Prophezeiungen des Magisters Nostradamus hat er jeweils in einer Hundertschaft zu Centurien zusammengestellt. Bunt gemischt, um es den Deutern nicht zu leicht zu machen. Über die Jahrhunderte gab es ungezählte Auslegungen der Verse.

Die Verse sind so unklar, dass man vieles hineininterpretieren kann, ähnlich wie bei Horoskopen auch. Außerdem hatte der Seher die Chronologie der Jahre absichtlich durcheinander gebracht. Denn Nostradamus hatte offenbar Angst, wegen seiner prophetischen Fähigkeiten verfolgt zu werden und auf dem Scheiterhaufen zu enden. Es scheint aber einen bestimmten mathematischen Schlüssel zu geben, um die Vorhersagen wieder in die richtige Reihenfolge bringen zu können. Die Entschlüsselung des Codes ist allerdings noch nicht gelungen. So heißt es in einem Vers von Nostradamus: *»Flieht, flieht vor dem Grauen des Verbrennens «.* Darin sah er die Vorhersage der Entwicklung der Atombombe.

In einem weiteren Vierzeiler spricht Nostradamus von brennenden *»höllischen Lampenschalen«.* Das können die brennenden Ölquellen in Kuwait nach dem Einmarsch der irakischen Armee gewesen sein. Berühmt geworden ist Nostradamus mit der vermeintlichen Vorhersage des Todes des französischen Königs Heinrich II.

»Der junge Löwe überwindet den Alten auf dem Kampffeld durch ein Einzelduell. Im goldenen Käfig sticht er sich die Augen aus«, so dichtete Nostradamus. Ein Jahr nach Veröffentlichung seiner ersten Prophezeiungen kam Heinrich II. bei einem Turnier ums Leben, indem eine Lanzenspitze in den Kopf eindrang. Vermeintlich war dies aber wohl nur ein Zufallstreffer. Alle stimmigen Interpretationen über bestimmte Ereignisse sind erst nachträglich den Versen zugeordnet worden. Das Unheimliche, wie die Fähigkeit in die Zukunft zu sehen, ist für die Menschen immer sehr reizvoll. An so etwas wollen viele bis heute glauben. Wenn selbst die Originalverse nicht wolkig genug sind, legen Interpreten mitunter selbst Hand an.

So kursierten schon wenige Stunden nach den Terror-Anschlägen auf die USA vom 11. September 2001 Gerüchte, Nostradamus habe den Einsturz der Türme des World Trade Centers treffsicher prophezeit. Die weitest verbreitete Version des entsprechenden Vierzeilers lautete:

»In the City of God there will be great thunder, two brothers torn apart by Chaos, while the fortress endures, the great leader will succumb« Nostradamus, 1654

Nicht nur, dass Nostradamus bereits 1566 starb. Diesen Vers hatte er nie verfasst. Es handelte sich lediglich um einen kruden Mix aus verschiedenen Nostradamuszeilen. Dennoch stellt sich die Frage, warum und wie Nostradamus seine Prophezeiungen gemacht hat.

Er fühlte sich auf jeden Fall berufen, Vorhersagen zu machen.

Vielleicht stellten die katastrophalen Vorhersagen bis ins Jahr 3797 ein Rettungsanker für die Menschen dar, denn im 16. Jahrhundert suchten mehrere Pestepidemien die Bevölkerung in Europa heim. Hinzu kamen Kriege wie der Einfall der Türken in Europa. Viele waren überzeugt, dass der Weltuntergang nahe ist. Mit den Vorhersagen konnte Nostradamus den Menschen aber zeigen, dass das Leben weitergeht und der Weltuntergang vorerst nicht kommt. Es sei auch möglich, dass Nostradamus gar keine Visionen gehabt hat. Er könnte dann Ereignisse mit bestimmten Planetenkonstellationen verbunden haben. Traten diese Himmelskonstellationen erneut nach Jahren auf, geschehen nach dieser Logik vergleichbare Katastrophen.

Zweites Kapitel

Wie wir wissen, wird bereits schon seit 30 Jahren für den Atomausstieg gekämpft. Die Erzeugung von Atomenergie birgt gewaltige Risiken für Mensch und Umwelt. Die zweite Atomkatastrophe erlebt die Welt, nach Chernobyl, nun in Japan, zudem gibt es nach wie vor keine Lösung für das größte Problem, den Atommüll. Wir denken, Chemie ist, wenn es knallt, zischt und stinkt? Nicht immer! Viele Chemikalien, mit denen jeder von uns tagtäglich in Berührung kommt, fühlen wir nicht, schmecken wir nicht und nur manchmal kommt durch den Geruch Verdacht auf.

Sie stecken in unseren Shampoos, Parfüms, Handys oder Computern, in unseren Schuhen, der Kleidung, ja sogar in Lebensmitteln. Es werden Gesetze gebraucht, die ein weltweites Verbot gefährlicher Chemikalien bewirken und ein wirksames Chemikalienrecht mit strengen Zulassungspflichten. Unsere Vision eines grünen Planeten sollte eine komplette Energieversorgung durch erneuerbare Energien sein. Für Deutschland ist das bis 2050 fast komplett möglich und könnte ganz nebenbei noch eine Menge Arbeitsplätze schaffen.

Notwendig ist dafür allerdings, dass nicht weiter Milliarden in die alten, fossilen Energieträger gesteckt werden und wir endlich aus der gefährlichen Atomenergie aussteigen. Dieses Aussteigen ist nun nach dem schweren Erdbeben mit einem kolossal nachfolgendem Tsunami in Japan mehr als erforderlich geworden. Die dort betriebenen Atomkraftwerke bilden, in der Zeit des Schreibens dieses Buches, noch immer eine der geschichtlichen größten Gefahren für die Menschheit. Gleich vier *AKWs* stehen vor einem *Super-GAU*. Die Energiewende ist nur zu schaffen, wenn die Politik sie durchsetzt. Notfalls auch gegen die Interessen der Energiekonzerne.

In vielen Gebieten auf unserem Globus kommt es zu Spannungen, zu Streitfällen und oft zu kriegerischen Auseinandersetzungen. Kriege sind aber kein Mittel zur Lösung von Konflikten. Krieg und Gewalt widersprechen elementar dem Selbstverständnis von der überwiegenden Mehrheit der Menschen, die sich dem Verzicht auf Gewalt verpflichtet fühlen. Dieses Verständnis geht über das eigene Verhalten hinaus. Veränderungen bestehen aber auch bei der Gentechnik-Industrie.

Ginge es nach ihrem Willen, wären Genpflanzen auf dem Acker und im Essen längst die Regel. Dabei häufen sich Beispiele dafür, dass diese Risikotechnologie Gefahren für unsere Gesundheit und Umwelt mit sich bringt. Fremde Gene in Lebensmitteln können neue Giftstoffe und Allergien verursachen. Der Anbau von Genflanzen gefährdet die biologische Vielfalt und führt zu einem vermehrten Pestizideinsatz.

Unsere Vorgänger-Generationen leben seit Millionen von Jahren mit und von den Weltmeeren. Das Bestehen der Ozeane auf unserem Planeten ist urgeschichtlich, doch der Mensch hat nur wenige Jahrzehnte gebraucht, sie aus dem Gleichgewicht zu bringen. Überfischte Meere, ölverseuchte Strände, abgestorbene Korallenriffe und radioaktiv verseuchtes Wasser, längst sind die Zeichen der Zerstörung allgegenwärtig. Aber noch sind die Weltmeere nicht verloren, denn unser Planet hat seine Grenzen und doch schreitet die Zerstörung der natürlichen Lebensgrundlagen unaufhörlich voran. Die Artenvielfalt schwindet. Das Klima heizt sich auf. Die letzten Primärwälder werden vernichtet. Böden erodieren, Frischwasserreserven sind bedroht. Schwer abbaubare toxische Chemikalien belasten die Biosphäre. Atommüllberge wachsen stetig und die Weltmeere werden übernutzt und verschmutzt. Business as usual in einer *globalisierten Welt* droht dem Planeten den Garaus zu machen, auf Kosten zukünftiger Generationen.

Die Menschheit darf nicht mehr so weitermachen. Wir müssen umdenken.

Wir alle nutzen die ungebremste Mobilität, vorzugsweise per Auto. Sie gehört zu den Selbstverständlichkeiten unseres heutigen Lebens. Gleichzeitig ist diese Mobilität aber die Ursache für zahlreiche Umweltprobleme.

Unter anderem trägt der Straßenverkehr erheblich zum Klimawandel bei. Als ideale Lösung dieses Problems soll neuerdings das Elektroauto herhalten.

Schon als Kind haben wir gelernt, daß der natürliche Wald ein wertvolles Ökosystem ist, das vor pflandzlicher und tierischer Vielfalt nur so strotzt. Je nach Klimazonen passen sich Waldtiere und Pflanzen den Bedingungen ihrer Umwelt an. Von den kleinsten nur wenigen Zentimetern hohen Krüppelbirken der nordischen Arktis bis hin zu den über 135 Meter hohen Riesenmammutbäumen in Kalifornien. Ohne Bäume wäre ein Leben auf diesem Planeten nicht vorstellbar. Keine andere Pflanze hat Lebensräume ähnlich stark geprägt und wird gleichzeitig in so vielfältiger Weise von Menschen genutzt, misshandelt und zerstört. Oft in meiner Jugend hörten wir die Aussage:

Stirbt der Wald, sterben die Menschen.

Für uns alle wäre es jedoch gut, wenn die Vorhersagen schlicht und einfach falsch sind, denn sonst müssten sich die Menschen für die nächsten Jahre auf einiges gefasst machen. Es gibt eine gewisse Unruhe in der Nostradamusgemeinde, dass in den Jahren 2010 bis 2012 fast so etwas wie ein Weltkrieg entstehen könnte. Vielleicht etwas weit hergebracht, doch gerade jetzt aber mehren sich die Anzeichen für einen 3. Weltkrieg. Unsere Welt befindet sich in einem totalen Wandel, wir versuchen den Vorhersagen nicht Glauben zu schenken, doch wir wollen die Wirklichkeit in der wir leben ebenso nicht wahrnehmen. Wir überlassen das Denken Anderen und fühlen uns unverstanden, werden träge und gleichgültig.

Bis der Zeitpunkt des Erwachens kommt, ist es dann meist zu spät.

So sehe ich die Situation der USA. Die USA sind nicht nur durch Übernahme der Bankschulden auf den Staatshaushalt, sondern auch wegen ihrer ohnehin drastisch gestiegenen Staatsschulden, in der größten Finanzkrise seit dem Zweiten Weltkrieg. Sie brauchen *eine Milliarde Dollar pro Tag Kredite* aus dem Ausland zum Überleben. Kommen die ausländischen Finanzzuflüsse nicht mehr oder würden sie sich zur Flucht aus dem Dollar umkehren, stehen die USA vor einem Staatsbankrott.

Dennoch machen die USA keine ausreichenden Versuche, ihre ansteigenden Staatsschulden durch Sparmaßnahmen zu reduzieren. Weder erhöhen sie die Steuern, um mehr Einnahmen zu erzielen, noch machen sie ernsthafte Sparanstrengungen in den öffentlichen Haushalten, vor allem nicht bei dem am stärksten gewachsenen Militärhaushalt. Es wurden in den letzten zwei Jahren bisher mehr als *zwei Trillionen Dollar* an Staatshilfen in die marode Wirtschaft gepumpt, mit wenig Erfolg für die arbeitende Bevölkerung.

Immerhin haben die USA überall in der Welt 200.000 Soldaten im Kampfeinsatz. Keiner hat deshalb verstanden, dass der größte Kriegsherr der Welt trotz Erhöhung der Truppenstärken einen Friedensnobelpreis bekam. Mögliche Erklärung dafür: Er bekam den Preis vorsorglich, weil es vor allem von ihm abhängt, ob der Krieg in Iran beginnt oder nicht.

Häufig in der Geschichte haben Politiker, wenn sie wirtschaftlich am Ende waren, den Krieg als letzten Ausweg zum Machterhalt gewählt. Dies gilt umso mehr, wenn ein Land in Krisen steckt und einen Krieg als letzten Ausweg aus der Wirtschaftskrise sieht. So haben die USA ihre größte Wirtschaftskrise des Zwanzigsten Jahrhunderts durch Eintritt in den Ersten Weltkrieg überwunden, die Weltwirtschaftskrise durch Eintritt in den Zweiten Weltkrieg und könnten jetzt versucht sein, ihre dritte Wirtschaftskrise in gleicher Weise zu lösen. Immerhin haben die USA durch die beiden Weltkriege nicht nur ihre beiden größten Staatsverschuldungen überwinden können, sondern sich auch zur führenden Wirtschaftsmacht der Welt entwickelt. Da ist die Versuchung groß, diesen gleichen Weg auch zum dritten Mal zu gehen. Vor diesem Hintergrund sind eine Reihe von Kriegsvorbereitungen alarmierend.

Der rechtsradikale Ministerpräsident Israels ist kriegslüstern und unberechenbar. Er behauptet ständig wechselnde Bedrohungen aus Iran, von denen bisher nicht eine einzige stichhaltig erwiesen ist.

Sein Ton wird aber immer schärfer, und er ist in den letzten Monaten in allen wichtigen Hauptstädten der Welt herumgereist, um Unterstützung zu erreichen. Wie man hört, soll Frau Merkel ihm sogar Nibelungentreue versprochen haben, wie vor den früheren Weltkriegen Wilhelm II. den Österreichern oder Engländer und Franzosen den Polen.

Israel hat auch die von Deutschland gelieferten Atom-U-Boote bereits mit Atomraketen vor Iran in Stellung gebracht und in Georgien die vor anderthalb Jahren von den Russen zerstörte Atomraketenstellung nicht nur wieder aufgebaut und gegen Iran ausgerichtet, sondern auch mit 90 US-Raketenspezialisten verstärkt.

Die von Israel beeinflusste Presse der Welt verschärft von Woche zu Woche den Ton gegen Iran mit wechselnden Begründungen. Der gleiche Propagandafeldzug, welcher auch vor dem Irakkrieg mit falschen Behauptungen die Welt kriegsbereit und sogar hilfsbereit gemacht hat. Auch die militärischen Vorbereitungen sind weit gediehen. Dem US-Militär ist es zwar noch nicht gelungen, die beiden Nachbarstaaten Irak und Afghanistan zu befrieden. Sie haben dort jedoch die größte Militärkonzentration der Welt im Kriegseinsatz geübt. Zusätzlich haben die USA vor Iran die größte Flottenkonzentration zusammengezogen, die sie je vorbereitet haben.

Das Friedensnobelpreiskomitee hat in dieser Situation richtig kalkuliert, dass ein Krieg gegen Iran nicht ohne Zustimmung des US-Präsidenten stattfinden kann, am wenigsten von einem Friedensnobelpreisträger. Dennoch könnte der Druck der Banken, der Ölmultis, der Rüstungslobby, des Militärs und der Israellobby einen Kriegseintritt der USA erzwingen, wenn Israel einen Erstschlag gegen Iran führt und die vorgenannten Mächte ihre Interessen sichern wollen.

Immerhin sind die USA nicht nur das am meisten verschuldete Land der Erde, sondern mit ihrer Währung verfällt auch ihr Weltreich. Die angeblich einzige Weltmacht der Erde implodiert zurzeit genauso wie vor 20 Jahren die russische. Die Chinesen haben dem US-Präsidenten bereits durch Fußtritte zu verstehen gegeben, dass sie dessen Herrschaft nicht mehr anerkennen. Der US-Präsident steht also, wenn Israel losschlägt, vor der verzweifelten Frage, ob er weiter in den Sumpf der Finanz-, Wirtschafts- und Sozialkrise versinken oder die Lösung in einem Weltkrieg suchen soll, wie dies schon zweimal die USA zum Gewinner werden ließ.

Die Gefahr eines neuen Weltkrieges war seit dem Zweiten noch nie so groß wie jetzt. Mit Recht haben deshalb seit einem Jahr auch die Warnungen an die USA vor allem aus europäischen intellektuellen Gruppen zugenommen. Hindern können wir es aber nicht. Ein Krieg in Iran bliebe nicht mehr ein lokales Ereignis, selbst wenn er anfangs nur mit Raketen geführt wird. Aufseiten Irans werden die Chinesen direkt oder indirekt und möglicherweise die Russen eingreifen, um nicht das amerikanische Militär an ihre Grenzen rücken und die USA nicht übermächtig werden zu lassen.

Aufseiten Israels und der USA werden die NATO-Staaten wie beim Irak zur Hilfe verpflichtet werden, vor allem wenn sie ebenfalls vorher Nibelungenschwüre abgegeben haben. Wir müssen uns also deshalb auch in Europa auf Kriegsbeteiligung einstellen. Welche Auswirkungen könnte ein dritter Weltkrieg in Iran für uns haben?

Jeder Krieg mit Iran würde sofort die Straße von Hormuz unpassierbar machen und den Ölpreis um so dramatischer ansteigen lassen, je länger der Krieg die Region gefährdet. Ölpreissteigerung ist aber immer Kostensteigerung für Wirtschaft und Verbraucher. Wir müssen also mit Verknappungen, mit Einschränkungen und mit Preissteigerungen in der Güterversorgung rechnen.

Jeder Krieg steigert die Nachfrage nach Rüstungsgütern. Die Rüstungsindustrie in der Welt, vor allem in den USA wird also jubeln, wird wieder ausgelastet, kann wachsen. Das wirkt sich auch auf eine wachsende Produktion in Nebenbereichen aus, wie zum Beispiel der Automobilindustrie, der Textilindustrie, der Werften- und Luftfahrtindustrie und anderen. Die Produktion steigt, wenn auch zu deutlich steigenden Preisen. Gewinner jedes Krieges sind die Banken. Man wird nicht mehr über Giftmüllprodukte sprechen, sondern die Zentralbanken müssen den Krieg mit frischem Geld fluten. Die Banken können wieder neue Kredite geben. Eine wachsende Inflation wird den Dollar vorerst bis Kriegsende halten. Erst nach Kriegsende folgen üblicherweise die Generalbereinigungen der Sünden der Kriegsfinanzierung.

Dass die USA ihren steigenden Finanzbedarf auch bei ihren Vasallen abkassieren, war schon bisher im Irakkrieg und im Afghanistankrieg üblich. Der Krieg wird also nicht nur die USA und Israel, sondern uns alle ärmer machen. Da das Geld für einen Krieg nicht vorhanden ist, wird die Finanzierung über Inflation wie in den beiden früheren Weltkriegen geschehen, müssen wir uns also auf eine dramatische Inflation einstellen. Für einen Krieg in Iran würden die USA auch die NATO mobilisieren, ein sogenannter Bündnisfall. Dann würde die Regierung unseren Soldaten erklären müssen, weshalb sie nicht nur in Afghanistan, sondern auch in Iran Söldnerdienste zu leisten hätten, und sie müsste im Bundestag eine Mehrheit für die Kriegskosten bekommen.

Schon einmal haben SPD und Grüne mit der Lüge eines Friedenseinsatzes tatsächlichen Kriegseinsatz beschließen können. Für einen neuen Dritten Weltkrieg wird eine Mehrheit aber trotz allem Druck der USA schwieriger werden. In der Bevölkerung dürfte inzwischen die Ablehnung überwältigend sein und möglicherweise dann zur Ablösung der dienstwilligen Regierung führen.

Vielleicht sieht aber auch die Regierung Merkel in einem Krieg einen politischen Ausweg aus ihrer verfahrenen Situation nach der Bankenhilfe, der öffentlichen Überschuldung, dem drohenden Finanzkollaps der Sozialsysteme und den aus wirklichen Korrekturen drohenden gesellschaftlichen Unruhen. Die Kriegsgefahr steht vor uns. Die nächsten Monate werden darüber entscheiden, ob wir in einen Dritten Weltkrieg gezogen werden oder dieser Gefahr noch entgehen können. Wir sehen zurzeit den Beginn der neuen islamischen Revolution in Nordafrika und im Mittleren Osten. Diese, gerade erst begonnenen Veränderungen der islamischen Welt, werden uns noch in Atem halten. Libyen, mit seinem kopfkranken Machthaber, aber auch der Rest der nordafrikanischen Länder werden große Probleme für den Westen heraufbeschwören.

Ob die Vorhersagen nun der Wahrheit entsprechen oder nicht, unsere Welt in ihrer jetzigen Form unterliegt vielfachen, starken Veränderungen. So frage ich mich oft:

Sind wir am Ende, urteilen Sie bitte für sich selbst,

Oder stehen wir an einem neuen Anfang?

Unter einem neuen Anfang verstehe ich die Beachtung der Zehn Gebote in unserem täglichen Lebensablauf. Wir sollten versuchen uns zu erinnern. Bringen Sie diese Lebensmaßregeln in Ihr Gedächtnis zurück. Prüfen Sie sich. Leben wir entsprechend danach? Kennen wir die einzelnen Gebote noch und befolgen und achten Sie sie?

Die Zehn Gebote gelten als die Grundlage der christlichen Ethik.

Bereits im Alten Testament sind sie an zwei Stellen in den Bücher Mose zu finden. Die Gebote sind keine Rechtssprüche mit Strafmaßvorgaben. Gebote, Forderungen und auch Verbote finden sich an vielen Stellen des Alten Testaments.

Es kann gesagt werden, dass die ersten drei Gebote das Verhältnis zu Gott klären, während die letzten sieben das Verhältnis zu den Mitmenschen und damit auch unsere soziale Verantwortung ansprechen. Die Zehn Gebote sind keine religiöse Zwangsbestimmungen, vielmehr erinnern sie den Menschen an seine soziale Verantwortlichkeiten und bestätigen ihn als freiheitliches Wesen, deshalb erscheint es mir wichtig, darauf hinzuweisen.

Die Gebote sind entnommen aus dem großen Katechismus von Martin Luther.

1. *Du sollst keine anderen Götter haben neben mir.*

Gott stellt sich mit Namen vor. »Ich bin, der ich bin « oder »Ich werde sein, der ich sein werde « und zugleich »Ich bin bei Euch «.

2. *Du sollst den Namen des Herrn nicht missbrauchen.*

Du sollst den Namen des Herrn, deines Gottes, nicht missbrauchen. Auch hier steht im Urtext wieder der Eigenname doch statt des Eigennamens, wurde nur »*der Herr*« gesagt. Das Gebot warnt davor, Gott dienstbar oder nutzbar für trügerische oder egoistische Zwecke zu machen. Zum Tun im »*Namen Gottes*« zählen der Meineid, der Fluch, die falsche Prophetie, oder Zauberei. Einzig wird hier sogar eine Strafe angedroht. So wird bis heute die Religion, oder der Name Gottes als Aufhänger für Kriege oder Attentate benutzt.

3. *Du sollst den Feiertag heiligen.*

Luther übersetzte den Sabbattag mit Feiertag und löst das Gebot aus seinem historischen Kontext. Es spricht sowohl die Beziehung zu Gott als auch die Beziehung zu den Mitmenschen an. Einerseits soll an die Ehre Gottes gedacht werden, andererseits aber auch sollen die Menschen selber sich schonen.

4. *Du sollst deinen Vater und deine Mutter ehren.*

Das Gebot ist nicht an Kinder gerichtet, sondern an die erwachsenen Söhne, die zur Versorgung der Eltern verpflichtet waren, wenn sie alt wurden. *Der Verlust der Leistungskraft sollte nicht mit dem Verlust der Freiheit einhergehen.* Das Gesetz schließt auch ein, den Eltern ein würdiges Begräbnis zu geben. Heute, in unserer Gesellschaft kann der Generationenvertrag parallel dazu gesehen werden.

5. *Du sollst nicht töten.*

Hier steht das Gebot für die Tötung eines Mitmenschen durch den Einzelnen. Das Gebot schloss also das Töten im Krieg oder die durch die Gemeinschaft angeordnete Tötung, wie die Todesstrafe, aus. Später erweiterte sich die Bedeutung auf alles, was sich gegen menschliches Leben richtet. Dazu gehört aktuell auch die Diskussion um das vorgeburtliche Leben und den Umgang in der Forschung mit Embryonen.

6. *Du sollst nicht ehebrechen.*

Mit dem Gesetz sollte verhindert werden, dass ein Mann eine fremde Ehe brach, die Ehe des Nachbarn sollte geschützt werden. Gesichert wurde so die Rechtmäßigkeit der Nachkommenschaft und damit die Altersversorgung. Das Gesetz diente dem Schutz des Hausfriedens und des Gemeinschaftslebens.

7. *Du sollst nicht stehlen.*

Besitz war die materielle und auch die rechtliche Grundlage für die Freiheit. Wer seinen Besitz verlor, musste in die Sklaverei. Aktuell lässt sich das Gebot auf die Diskussion um das Solidarprinzip in der Gesellschaft beziehen, oder parallel, zwischen den Nationen in der globalisierten Welt. Das Solidarprinzip einer Gesellschaft oder der Nationen untereinander ist ein Mittel, um soziale oder globale Gerechtigkeit herzustellen und soziale oder globale Ungleichheiten abzufedern.

8. *Du sollst nicht falsch Zeugnis reden.*

Du sollst nicht falsches Zeugnis reden wider deinen Nächsten. Ursprünglich bezog sich dieses Gebot auf die Aussage vor Gericht, er betraf also die Rechtsprechung. Der Zeuge musste die Wahrheit sagen, damit kein Falscher zu Schaden kam, sprich sein Leben, sein Besitz oder seinen guten Ruf verlor. Doch das Gebot kann aktuell sowohl auf die Rechtsprechung, als auch auf das alltägliche Leben bezogen werden, in dem die Rede über den Freund, Kollegen, Nachbarn, Verwandten diesen nicht beschädigen, verraten oder verleumdet soll. Das im Arbeitsleben stattfindende mobben steht für einen solchen Vorgang der Rufschädigung im Arbeitsleben.

9. *Du sollst nicht begehren deines nächsten Haus.*

Das neunte und das zehnte Gebot sind Verbote gegen das unmäßige Begehren. Gemeint ist hiermit, dass man sich keiner hinterhältigen Machenschaften bedienen soll, um an den Besitz eines anderen zu kommen. Mitgemeint ist damit aber auch die planvolle Zerstörung einer sozialen Gemeinschaft, für die das Haus steht.

10. *Du sollst nicht begehren deines nächsten Weibes.*

Du sollst nicht begehren deines nächsten Weib, Knecht, Magd, Vieh noch alles, was dein Nächster hat. Im zweiten Buch Mose wird die Frau unter den Gütern aufgeführt, die zum Haus des Mannes gehören, gemeint ist die gesamte Hausgemeinschaft.

Drittes Kapitel

Oft, in unserem Leben, stellen wir uns selbst die große Frage. In welcher Zeit leben wir eigentlich? Wir suchen und wollen eine Antwort.

Zu schnell und brutal überrollt uns die neue Technologie. Wir hören von Free Trade, Globalisierung, Profiten weit weg von unserem Verstehen, Arbeitslosigkeit, Bonuszahlungen, Standortwechseln, Umweltverschmutzung und der sich, wie ein Flächenbrand, ausweitenden *»neuen Armut«*.

Eine Armut, die Millionen von Menschen in Not bringt, Familien sprengt, Betriebe zur Schließung zwingt und nie gekannte Unterwürfigkeit der Arbeitslosen erzeugt.
Aus der Vergangenheit wissen wir, dass Japaner sehr stolz sind.
Beim Einsetzen der Weltwirtschaftskrise, mit ihren verheerenden Folgen für viele Investoren und Firmen des Mittelstandes, stieg die Zahl der Selbstmorde im Land der aufgehenden Sonne dramatisch an.
Menschliche Gefühle sollten ausgesperrt werden und dies zum Wohle, der die Welt global erfassten Profitgier, und dem stetigen Abbau von Arbeitsplätzen und der Vernichtung und Aufweichung kommunalen Lebens.
Trotz aller Sparmaßnahmen werden wir von Kostensteigerungen aufgefressen, wobei das Einkommen nur unwesentlich oder gar nicht angepasst wird oder ein Arbeitsplatzverlust eintritt.

Der Teufelskreis des Kapitalismus hat Orkanstärke angenommen und die Welt steht vor einem herannahenden wirtschaftlichen Tsunami der Weltgeschichte.

Ein Krieg der Devisen ist angesagt, die Staaten rüsten zum Weltkrieg der Währungen. Bis jetzt geloben alle Länder Mäßigung bei der Geldpolitik, doch die Krise ist kaum mehr abzuwenden. Um sich Handelsvorteile zu verschaffen, drücken Amerika und China ihre

Währungskurse und stürzen die Welt in ein finanzielles Wettrüsten. Doch bis jetzt konnte die Welt aufatmen. Amerika und China wollten sich auf kein gefährliches Abwerten der Währungen einlassen. Zu groß sei die Gefahr eines protektionistischen Wettrüstens, das den Welthandel lähmt und den Aufschwung bremst.

Die Erleichterung war groß, doch sie währte nicht lange. Der Passus zu den Währungen war wachsweich. Die Ankündigungen enthielten keine bindenden Absprachen. Die Versuchung, Politik im eigenen Interesse zu machen, ist weiterhin sehr groß. Tatsächlich zeichnet sich genau das gerade ab. Schon in kürzester Zeit könnte die US-Notenbank Fed neue Dollar-Milliarden auf den Markt schütten. Primär dient diese Maßnahme dazu, die amerikanische Konjunktur zu stützen, doch gleichzeitig wertet sie den Dollar ab, was andere Länder dazu verleiten könnte, ihrerseits neuen Einfluss auf den eigenen Wechselkurs zu nehmen.

Man befürchtet, dass Schwellenländer wie Südkorea, Mexiko, Indien, Indonesien, Taiwan oder Brasilien ihre Währungen in den kommenden Wochen weiter abwerten, sollte der Druck an den Märkten zu groß werden. Die weltweite Wirtschaftskrise hat eine neue Stufe erreicht. Nach Immobilien- und Finanzkrise, nach Rezession und Staatsschuldenkrise, treffen die Nachbeben des großen Crashs nun den internationalen Währungsmarkt.

Eine fatale Kettenreaktion ist in Gang. Die Supermächte USA und China drücken durch ihre Konjunkturpolitik den Außenwert ihrer Währungen künstlich nach unten und verschaffen sich so Handelsvorteile. Andere Staaten ziehen nach. Mittelmächte und Schwellenländer versuchen, durch währungspolitische Eingriffe den wackligen Aufschwung im eigenen Land zu stützen. Die Zentralbank der Schweiz etwa warf seit Frühjahr 2009 enorme Mengen Franken auf den Markt, um den Höhenflug der eigenen Währung zu stoppen. Auch die japanische Notenbank griff erstmals seit Jahren massiv in die Märkte ein. Die brasilianische Regierung erhöhte kürzlich schon zweimal die Steuern, die ausländische Anleger beim Kauf brasilianischer Staatsanleihen zahlen müssen, um die Aufwertung der Landeswährung Real zu stoppen.

Experten betrachten diese Entwicklungen mit Sorge, denn Wechselkurse beeinflussen sich stets gegenseitig. Jedes Mal, wenn eine Regierung den Kurs der eigenen Währung drückt, geraten die Währungen anderer Länder unter Druck. Je einflussreicher der Staat ist, desto größer der Effekt. Immer mehr Regierungen werden so dazu verleitet, die eigenen Wechselkurse zu manipulieren. Die Währungskrise nährt sich selbst, sie droht, außer Kontrolle zu geraten.

Manche warnen schon vor dem Schlimmsten. Brasiliens Finanzminister sieht die Welt mitten in einem »*Währungskrieg*«, auch der Chef des Internationalen Währungsfonds, benutzte diese Vokabel. Der Deutsche Wirtschaftsminister warnte, der Währungskrieg könne zum Handelskrieg werden.

Was haben wir in den letzten Jahren gelernt, oder steht die Welt bereits am Abgrund?

Wie die Erfahrungen der großen Depression zeigen, verlieren dabei letztlich alle. Schon in den dreißiger Jahren ließen sich die Weltmächte zu einem Abwertungswettlauf hinreißen. Doch sie verrannten sich. Die globalen Güterströme versiegten, und die Weltwirtschaftskrise verlängerte und verschärfte sich dramatisch.

Weltweiter Protektionismus macht Menschen arm, er stimmt Nationen feindlich, schmälert die Chancen für Unternehmen und Arbeitnehmer.

Wie funktioniert nun eigentlich der globale Währungsmarkt?

Der globale Währungsmarkt heißt offiziell **Devisenmarkt**. Immer wenn ein Unternehmen ein Geschäft im Ausland tätigt, immer wenn ein Anleger eine Staatsanleihe aus den USA erwirbt, immer wenn ein deutscher Tourist Euro in britische Pfund umtauscht, hat es Einfluss auf die Wechselkurse von Staaten, wenn auch einen kaum messbaren, denn der Devisenmarkt ist der größte Finanzmarkt der Welt. Viertausend Milliarden Dollar werden nach Schätzungen der Bank für Internationalen Zahlungsausgleich täglich an ihm gehandelt. Gut zwölfmal so viel Geld, wie Börsianer an allen Aktienmärkten der Welt hin- und herschieben. Und der Devisenmarkt schläft nicht. Er ist 24 Stunden geöffnet – 7 Tage die Woche. Auf dem freien, unregulierten Markt symbolisiert der Wechselkurs die wirtschaftliche Stärke einer Nation.

Je attraktiver ein Staat für ausländische Investoren und Anleger ist, desto höher steigt der Wechselkurs seiner Währung. Boomt zum Beispiel die Industrie in Brasilien, eröffnen ausländische Unternehmen dort neue Filialen oder Fabriken. Sie stecken ihr Kapital ins Land, und da die meisten Geschäfte in der heimischen Währung abgewickelt werden, steigt auf dem Geldmarkt die Nachfrage nach dem Real und damit der Kurs der Währung. Geht es einer Nation dagegen schlecht, zum Beispiel weil sie hochverschuldet ist, unter hoher Arbeitslosigkeit und einer lahmen Konjunktur leidet, wird sie von Investoren gemieden. Die Nachfrage nach der Landeswährung sinkt. Oft versuchen Regierungen allerdings, die lahmende Wirtschaft durch milliardenschwere Konjunkturprogramme anzuschieben. Um das Geld dafür zu bekommen, geben sie neue Staatsanleihen aus. Länder wie die USA werden ihre Schuldscheine stets ohne Probleme los. Auch ausländische Anleger kaufen sie und zahlen in der Landeswährung des Schuldnerstaats. Das stabilisiert den Wechselkurs wieder etwas. Sinkt der Wechselkurs, dann hat das für die Wirtschaft eines Landes tendenziell drei Effekte:

Die Verbraucherpreise steigen:

Die Währung ist im Vergleich zu den Währungen anderer Länder weniger wert. Warenimporte werden dadurch teurer. In Ländern, die viele Rohstoffe importieren, steigen dann die Energiekosten und dadurch die Produktionskosten. Mittelfristig zieht die Inflation an.

Die eigene Exportindustrie wird stärker:

Da die Landeswährung im Vergleich zu anderen Währungen weniger wert ist, kosten die im Land gefertigten Produkte in anderen Staaten weniger. Im Preiskampf mit den Produkten anderer Länder ist das ein Vorteil.

Industrien anderer Länder werden zerstört:

Verschafft sich ein Land über Jahre hinweg solche Wettbewerbsvorteile, kann es in anderen Ländern ganze Industrien zerstören. China nutzt den günstigen Yuan zum Beispiel, um Europas Solarmodulherstellern Marktanteile abzutrotzen. Um zu vermeiden, dass der eigene Wechselkurs zu stark schwankt, können Notenbanken in den Währungsmarkt eingreifen. Sie haben dafür verschiedene Methoden entwickelt.

Will eine Zentralbank den eigenen *Kurs drücken*, kauft sie oft große Mengen einer fremden Währung und zahlt dafür mit der eigenen. Die Notenbank wirft also große Mengen der eigenen Währung auf den Markt, was bei gleichbleibender Nachfrage eine Abwertung bewirken soll. Zuletzt haben dies die Japaner und Schweizer versucht – wohlgemerkt versucht. Tatsächlich verpuffte die Wirkung ihrer Eingriffe schon nach wenigen Tagen. Auf dem Devisenmarkt sind die Umsätze so hoch, dass selbst die Notenbanken mit direkten Interventionen nur begrenzt Wirkung erzielen können.

Andere Staaten versuchen, den Anstieg des eigenen Wechselkurses *zu dämpfen*, indem sie die Kapitalflüsse in ihr Land bremsen. Brasilien etwa erhöhte diesen Monat bereits zweimal die Steuer für ausländische Käufer brasilianischer Anleihen. Auf zuletzt sechs Prozent. Thailand führte für ausländische Investoren eine 15prozentige Staatsanleihen-Ertragsteuer wieder ein.

Neben Strafsteuern und direkten Devisen an- und -verkäufen gibt es noch zwei weitere Methoden, mit denen Staaten den Kurs der eigenen Währung drücken können. Eine Methode wenden die USA an, die andere China. Die USA drücken durch ihre Konjunkturpolitik den Kurs der eigenen Währung nach unten. Erstens hält die Zentralbank Fed den Leitzins ultraniedrig, bei knapp über null Prozent. Der Leitzins ist der Zinssatz, zu dem sich Banken bei der Zentralbank Geld leihen. Die Institute geben die niedrigen Zinsen oft an Unternehmen und Verbraucher weiter – in Form von billigen Krediten. Ein niedriger Leitzins hat Auswirkungen auf den Wert der Währung, denn aus Sicht von

Finanzinvestoren bedeuten niedrige Zinsen eine niedrige Rendite. Niedrigzins-Länder sind für sie unattraktiv. Sie ziehen ihr Geld aus dem Land ab, dadurch sinkt die Nachfrage nach der Landeswährung.

Allerdings ist Amerika ein Sonderfall, denn der Dollar unterliegt nicht nur natürlichen Marktkräften, sondern auch massiv dem Einfluss Chinas. Die Regierung in Peking hat den Yuan an den Dollar gekoppelt. Um das Gleichgewicht zu erhalten, kauft sie massenweise amerikanische Staatsanleihen und erhöht so künstlich die Nachfrage nach der US-Währung. Schätzungen zufolge besaß China im dritten Quartal des laufenden Jahres mehr als *2.500 Milliarden Dollar Devisenreserven.* Ein Großteil davon sind Staatsanleihen, der Rest weitere in Dollar gezeichnete Bonds.

Jetzt allerdings drückt die US-Notenbank noch stärker auf den Dollar. Mehrfach hat sie selbst amerikanische Staatsanleihen gekauft und so die Menge der zirkulierenden Dollars vergrößert. Nun ist eine neue Ausweitungsrunde angedacht. Demnach plant die Fed, weitere 600 Milliarden Dollar in den Markt zu pumpen.

Eine ganz andere Geldpolitik verfolgt China. Die kommunistische Volksrepublik lässt kaum »*Yuan*« aus dem eigenen Land heraus und überwacht innerhalb der Grenze alle legalen Kapitalströme. Chinesische Exporteure müssen einen Großteil ihrer Euro-, Yen- oder Dollar-Einnahmen zu einem festen Kurs in Yuan umtauschen. Ausländische Unternehmen, die in China Geschäfte machen wollen, müssen dies in Yuan tun. Tauschen können sie ihr Geld nur in der Volksrepublik. Touristen dürfen maximal 20.000 Yuan ein- und ausführen. Ein internationaler Yuan-Markt kann so nicht entstehen, und damit kein auf Angebot und Nachfrage basierender Wechselkurs. Die Regierung in Peking hat die volle Kontrolle über den Wert der eigenen Währung, und sie scheint das auszunutzen. Experten zufolge ist der *Yuan stark unterbewertet. Chinas Exporte haben so auf dem Weltmarkt einen permanenten Wettbewerbsvorteil, die Industrien anderer Staaten leiden.*

Die Geldpolitik, die China verfolgt, ist sehr umständlich. Auch wenn die Kapitalströme computergesteuert sind, ist es wahnsinnig aufwendig, sie in Echtzeit zu überwachen. Der Kontrollaufwand ist immens. Dennoch gibt es aus chinesischer Sicht gute Gründe für eine solche Politik.

Erstens hat das Land in der Vergangenheit schon zahlreiche Währungskrisen durchlebt. Als Volk sahen die Chinesen in etwas mehr als einem Jahrhundert so viele Währungen kommen und gehen, dass sie fast noch mehr Anlass für monetäre Phobien hätten als die inflationsneurotischen Deutschen.

Zweitens hängt die Legitimation der Regierungspartei stark vom wirtschaftlichen Erfolg ab. Sollten Währungsturbulenzen zu einem Wachstumseinbruch führen, würde sie rasch ihre Machtgrundlage verlieren. Seit 2001 ist die Volksrepublik Mitglied der Welthandels- organisation (*WTO*). Sie darf seitdem grundsätzlich keine protekt- ionistischen Zölle mehr erheben, um die eigenen Industrien zu schützen. Sie nutzt die gefesselte Währung daher als Bollwerk zum Schutz der eigenen Wirtschaft.

Drittens nutzt die Regierung in Peking ihre Währung als außen- politisches Druckmittel. Schon heute hat sie den Dollar quasi als Geisel genommen.

Über was alles nachgedacht wird und welche Auswirkungen es auf die Weltwirtschaft haben könnte. So denke ich, sollte die Frage erlaubt sein:

Was würde passieren, wenn China plötzlich einen Teil seiner gewaltigen Dollarreserven auf den Markt wirft?

Dieses Szenario ist wenig wahrscheinlich. Schließlich würden die Chinesen damit auch ihre eigenen Exporte in die USA erschweren und den Wert ihrer eigenen Dollar schlagartig verkleinern. Doch das Drohszenario bleibt bestehen. Schließlich handeln Staaten nicht immer rational. Allein in der jüngeren Geschichte sind gut ein Dutzend Mal Kriege angefangen worden, obwohl die Beteiligten genau wussten, dass sie der eigenen Wirtschaft dadurch massiv schaden. Die aktuellen Vorgänge auf dem Devisenmarkt sind jede für sich gesehen noch nicht ungewöhnlich. China hält die eigene Währung seit Jahren niedrig, auch Länder wie die Schweiz haben in der Vergangenheit immer wieder Geld in der eigenen Währung auf den Markt geworfen, um den Anstieg des Wechselkurses abzumildern.

Auffällig ist allerdings die Häufung der währungspolitischen Eingriffe. Die Anzahl der Länder, die den eigenen Wechselkurs manipulieren, ist zurzeit außergewöhnlich hoch. Und die aktuellen Spannungen könnten sich auf absehbare Zeit noch verschärfen. Prognosen zufolge werden die USA jahrelang unter Dümpelwirtschaft und hoher Arbeitslosigkeit leiden. Der Anreiz für eine aktive Währungspolitik wäre also gegeben. Auch die Regierung in Peking sendet keine Signale, ihre Währung signifikant aufwerten zu wollen. In dieser Gemengelage geraten gerade Schwellenländer wie Südkorea, Thailand, Südafrika oder Brasilien unter Druck.

Chinas Dumping-Kurs und die niedrigen Leitzinsen in den USA lenken die Kapitalströme in ihre Richtung. In der Folge werten sie ihre Währungen auf, die Wettbewerbsfähigkeit ihrer Exporte schrumpft, ihre wirtschaftliche Genesung ist bedroht. Durch den Druck auf die eigene Währung dürften sich immer mehr Länder zu währungspolitischen Eingriffen gezwungen sehen. Ein Abwertungswettlauf droht, mit verheerenden Folgen für alle. Dadurch aber wächst die Gefahr, dass noch weit gravierendere Maßnahmen ergriffen werden. Der Schritt zu Zollschranken und Investitionsbeschränkungen sind nicht mehr weit, der Währungskrieg droht so zu *einem Handelskrieg* zu werden.

Nun aber sind die Wirtschaftsmächte gefragt. Sie müssen verhindern, dass die Krise eskaliert. Experten sind vor allem die Staats- und Regierungschefs der 20 wichtigsten Wirtschaftskräfte. In der *G 20* gibt es drei wesentliche Gruppen. *Konsumenten* wie Amerika, *Ausfuhrnationen* wie Deutschland und *exportstarke* Schwellenländer wie China. Diese Gruppen müssten sich auf einen Konsens zum Wohle aller einigen. Auf eine Welt, in der Länder wie China mehr Geld ausgeben, in der Länder wie die USA stärker sparen und in der die Währungen der Schwellenländer kontrolliert aufgewertet werden. Um 20 bis 25 Prozent im Verlauf von ein bis zwei Jahren.

Viertes Kapitel

Wir alle erleben und hören bewusst oder unbewusst von diesen Krisen. Unser Leben scheint manchmal auf dem Kopf zu stehen. Es fällt uns schwer, die Meinung von Andersdenkenden zu verstehen. Wir erkennen sie nicht an. Wir geben uns zu oft vorgefertigten Meinungen hin, überprüfen nicht ihre Echtheit und nehmen diese ungeprüften Aussagen als unsere eigene Meinung an. Später müssen wir erfahren, dass das, an was wir glaubten, wieder einmal nur heiße Luft war. Nicht greifbar, unecht, und wieder wird ein Stück unseres Selbstbewusstseins gestört, wir waren wieder einmal einer Manipulation unserer fehlenden Information und Überheblichkeit aufgesessen.

Oft sehen wir dies bei partnerschaftlichen sowie geschäftlichen Verbindungen. Misstrauen entsteht, wir werden abweisend, ziehen uns zurück und eine persönliche Veränderung beginnt. Unsere Umwelt sehen wir nicht mehr als die Schöpfung Gottes. Wir entfernen uns von unseren Familien, dem wirklichen, echten und naturbewussten Leben.

Wir sind stolz, einen Computer bedienen zu können, er fragt nicht und gibt auch keine unpassende Antworten. Wir fühlen uns stark und selbstbewußt, wir sind ja mit Twitter oder Facebook verbunden und können der Welt täglich zeigen, was auf unserem Teller liegt oder unwichtige Mitteilungen rund um den Globus senden. Ein Mobiltelefon bedeutet die absolute Freiheit. Mit Textmitteilungen und E-Mails überhäufen wir Bekannte, Freunde und den Rest der Welt. Doch ansonsten verbringen wir vereinsamt unser isoliertes Leben. Viele fühlen sich Drücken ausgesetzt. Druck, der eigentlich von uns selbst aufgebaut wird. Meist sehen wir uns nicht imstande klare Antworten auf Fragen zu geben, können uns nicht wehren. Dieses Unverständnis und, der Mangel, Zusammenhänge klar zu erkennen, macht uns schwach. Wir fühlen uns unglücklich. Doch sollten wir nicht vergessen,

Wissen ist Macht und Macht macht stark.

Dies Wissen die Verkaufsexperten der neuen Technologien auf der ganzen Welt.

Man denkt smart, denkt global, man denkt nur noch »Dollar«.

Ich frage mich oft, wo wird unsere Gesellschaft enden? Sind wir wirklich bereit für die totale Globalisierung und grenzenloses Wachstum unsere eigene Lebensweise und jahrtausendalte Kultur zu verändern, oder gar aufzugeben? Alles dies zum Wohl der geld-gierigen, neureichen, angeblich so clever denkenden Unternehmen und deren Managern?

Im Moment können wir hören, dass Finanzbehörden verschiedener Länder, grenzüberschreitend Steuerprüfungen von global operier-enden Unternehmen vornehmen. Als Ergebis stellt sich heraus, dass viele dieser doch so bekannten und beliebten Firmen mit Milliarden von Steuerschulden belastet werden sollen. So hat eine große Mobiltelefongesellschaft, mit einer 30-Tage-Frist, 2,6 Milliarden Dollar an die indische Regierung zu zahlen. Sie hatten es ver-standen, die Gewinne so lange von Land zu Land zu schieben, bis Verluste ausgewiesen werden konnten. Beispiele gibt es viele, die Zeitungen erfreuen uns täglich mit den Steuergeschichten und den trickreichen, hoch bezahlten Managern. Die schweizerische Finanz-behörde ist nun zum langen Arm des bundesdeutschen Finanz-amtes geworden. In Zusammenarbeit ist man dabei, die Schwarz-geldkonten auf beiden Seiten zu sichten und Nachforderungen in Milliardenhöhe den Steuerhinterziehern zuzustellen. Diese Steuer-hinterziehungen belasten unsere Volkswirtschaften ungemein. Die Steuereinnahmen fehlen und Projekte für die Zukunft müssen auf Eis gelegt werden. Zum Wohle der geldhungrigen Multis.

Für viele Unternehmen explodieren die Gewinne geradezu. Nach starken Kosteneinsparungen, sprich Personalabbau, streicht man wieder fette Gewinne ein. Die verantwortlichen Manager werden mit horrend hohen Bonuszahlungen überschüttet. Sie haben die neue Weltordnung verstanden. *Rücksichtsloses Entlassen, kürzen der*

Kosten und Druck ausüben sind gefragt. Die Ausschaltung der menschlichen Gefühle wird gut honoriert. Die Anleger, die ja das Geschäft erst ermöglicht haben, gehen leer aus und ihr lebenslängliches Spargeld ist verloren. Die weltumfassende Globalisierung macht es möglich. Man ist ja schließlich Mitglied im feinsten Klub, der *Welt Trade Organisation.*

Welche Auswirkungen diese Mitgliedschaft mit sich bringt und welche Probleme damit verbunden sind, möchte ich an einem kurzen Überblick verdeutlichen.

Während Jahrhunderten ließen sich die meisten Probleme auf lokaler Ebene lösen, nur wenige erforderten einheitliche Lösungen auf der Ebene einer ganzen Nation. Seit der Industrialisierung hat sowohl die Komplexität wie auch die geografische Ausdehnung der Auswirkungen von menschlichen Tätigkeiten fortlaufend und massiv zugenommen.

So hatte zum Beispiel zu Beginn des 19. Jahrhunderts noch jede Stadt ihre eigene Zeit, die sich nach dem Stand der Sonne richtete. Die Einführung der Eisenbahnen erforderte eine Vereinheitlichung, damit die Fahrpläne und Reisezeiten für die Passagiere überschaubar wurden. Ebenfalls im 19. Jahrhundert ersetzten national einheitliche Währungen und Maßeinheiten eine unüberschaubare Vielzahl von lokalen Regelungen, Zollschranken innerhalb der Staaten wurden abgeschafft. Man stelle sich vor, heute von Zürich nach Bern zu reisen und dabei an Dutzend Brücken einen Brückenzoll bezahlen zu müssen, jedes Mal in einer anderen Lokalwährung. Ein ähnlicher Prozess findet zurzeit in Europa statt. Der Euro hat in vielen Staaten Europas die nationalen Währungen abgelöst und die Zölle zwischen den Staaten der Europäischen Union wurden abgeschafft. Die Vereinheitlichung von Währung, Maß und Gewicht und die Aufhebung der Binnenzölle gaben dem Handel und damit auch der produzierenden Industrie enorme Wachstumsimpulse. Im 19. und 20. Jahrhundert wuchsen allerdings nicht nur die Wirtschaft, die Weltbevölkerung und die Lebenserwartung der Menschen, sondern auch die von Menschen verursachten Umweltbelastungen und Zerstörungen. Zudem ist der

Wohlstand auf der Welt ebenso wie innerhalb der einzelnen Länder extrem ungleich verteilt.

Längst haben viele Probleme die Staatsgrenzen überschritten, verschmutztes Wasser, Dürren, Seuchen, Wirbelstürme, Überfischung der Meere, verpestete Luft, globale Klimaerwärmung sind alles Probleme, die ein einzelner Staat selbst mit den besten Gesetzen nicht lösen kann, wenn die anderen Länder dieser Erde nicht in die gleiche Richtung arbeiten. Diese Situation ruft nach internationalen Absprachen und gemeinsamem Handeln der Staatengemeinschaft. Die dazu notwendigen Institutionen sind mit der UNO und ihren Spezialorganisationen eigentlich vorhanden. Die UNO kann aber nur so gut funktionieren, wie die einzelnen Länder bereit sind, auf kurzfristige eigene Vorteile zu verzichten und dafür eine langfristig nachhaltige Entwicklung der Welt zu ermöglichen, die allen Menschen dieser Erde zugutekommt. So notwendig die weltweite Zusammenarbeit zur Lösung der globalen Probleme ist, so wenig darf man übersehen, dass die richtige Einsicht und die schönen Worte an internationalen Konferenzen allein nicht genügen, die Lösungen müssen auch in jedem Land umgesetzt werden. So unterschiedlich die Länder, so unterschiedlich wird auch die Umsetzung sein. Deshalb gilt das Motto:

Global denken – lokal handeln.

Die Demokratie hat sich auf der Ebene der einzelnen Staaten bisher als beste Voraussetzung für eine gesunde wirtschaftliche Entwicklung und für die Lösung der auftretenden Probleme erwiesen. Diese Einsicht lässt sich im Zeitalter der Globalisierung auf die ganze Welt übertragen. Demokratische Entscheidungsprozesse im Rahmen der UNO und ihrer Organisationen, die von allen Staaten akzeptiert und mitgetragen werden, stellen die beste Chance für eine nachhaltige Entwicklung einer Welt dar, die immer enger zusammenwächst und in der die Staaten immer mehr voneinander abhängig werden. Diese Abhängigkeit hat als Begleiterscheinung die »neue Armut« ins Leben gerufen. Die »neue Armut« kommt oft über Nacht und sie kann jeden von uns treffen.

Gestern standest du noch weit oben auf der Erfolgsleiter, an der natürlich einige deiner Kollegen schon lange sägten, doch heute hast du durch die überregionale Presse erfahren, dass dein Arbeitgeber die Entscheidung gefällt hat, noch in diesem Jahr mehr als die Hälfte der Arbeitsplätze in der Produktion nach Polen zu verlegen, weil die Arbeitslöhne dort z. Zt. noch nur etwa ein Siebtel von denen in Deutschland betragen. Nebenbei unterstützt der deutsche Staat den Umzug und vergütet die entstehenden Kosten mit steuerlicher Absetzbarkeit und tatkräftiger Hilfe bei den Sozialpaketen, die natürlich auch noch steuerlich abgesetzt werden können.

Die Geschäftsleitung dementiert zwar offiziell noch. Von einem guten Freund, der im Betriebsrat ist, hast du schon die inoffizielle Bestätigung. Er hat dir sogar erzählt, dass er gehört habe, dass Sätze gefallen wären, wie, man müsse doch noch froh sein, dass der Umzug noch Europa und nicht Indien oder gar China sei.

Wenigstens die jüngeren oder unverheirateten Kollegen hätten noch die Chance, mit überzusiedeln und dort Karriere zu machen. Das wäre nichts für dich und für deine Frau und deine Kinder schon gleich gar nichts; aber deine Abteilung steht ja bisher, Gott sei Dank, gar nicht zur Disposition. Du als Abteilungsleiter demzufolge schon gleich gar nicht. Noch mal Glück gehabt! Du erfährst es dann knapp 5 Wochen später, kurz nach der Feier zu deinem 20-jährigen Firmenjubiläum, dass man auch den Großteil deiner Abteilung ausgesucht hat, und es sehr gerne sehen würde, wenn du dich dieser Aufgabe stellen würdest. Laut der Änderungskündigung müsstest du ja *»nur«* auf etwa ein Drittel deines Gehaltes verzichten und hättest wenigstens noch einen sicheren, doch wie lange noch, Arbeitsplatz. Anderenfalls wolle man dir keinesfalls Steine in den Weg legen und dir gerne eine großzügige Abfindung anbieten. Du solltest aber auch bedenken, dass das Leben in Polen ja entsprechend preiswerter ist. Seit 20 Jahren hast du jetzt für diese Firma gearbeitet, die dir nun die Pistole auf die Brust setzt. Wenn du nicht mit nach Polen gehst, hast du hier keine Arbeit mehr.

Man könne dir, deinem Einverständnis vorausgesetzt, eventuell noch eine Halbtagsstelle als Laufbursche anbieten, der die ausgehende Post frankiert und die eingehende Hauspost im Haus verteilt. Du müsstest dich dann nur bereit erklären, auch die Wagenpflege der Limousine deines Chefs zu übernehmen, und, wenn dessen Fahrer seinen Urlaub hat, rund um die Uhr als Fahrer zur Verfügung zu stehen.

Außerdem hättest du im Sommer den Rasen zu schneiden, im Herbst das Laub zusammenzufegen und biologisch adäquat zu entsorgen und im Winter selbstverständlich die Straße vor dem Anwesen und die der Straße zugewandte Seite des Firmengebäudes schnee- und eisfrei zu halten. Bei Letzterem hättest du selbstverständlich die Unterstützung der beiden auszubildenden Industriekaufleute.

Wenn es dir langweilig wäre, könntest du den Kollegen bei der Warenannahme stundenweise vertreten, sofern bei diesem ein Arztbesuch ansteht und diesem nicht wieder zuzumuten ist, dass er seinen wohlverdienten Jahresurlaub unterbricht, nur weil »Not am Mann« ist. Der sei schließlich aktiver Gewerkschafter und damit seien die Probleme vorprogrammiert.

»Ach ja«, meinte der Personalchef mit einem süffisanten, breiten Grinsen: »Dass ich es nicht vergesse, die junge Gattin von Herrn Direktor Großkotz hat sich letztes Jahr einen teuren Afghanen zugelegt«, was eine sprachlose Verunsicherung meinerseits zur Folge hat.

»Der müsste während des jährlichen Safari-Urlaubs von Großkotzs Anfang November bis Mitte Januar bei Ihnen untergebracht und täglich angemessen bewegt werden. Sollten Sie etwas an Hundefutter benötigen, lassen Sie es bei Hund und Katz anschreiben, Afghanen sind aber im Allgemeinen eher sehr genügsam «.

Kalter Schweiß läuft mir über das Gesicht, wenn ich sehe, wie viel ich verdienen muss, allein um meine fixen Kosten decken zu können. Überall wird immer mehr Geld von mir verlangt, aber ich verdiene keinen Cent mehr, im Gegenteil. Ist denn meine Arbeit plötzlich von heute auf morgen weniger wert geworden oder ist es auch hier das Gesetz des Arbeitsmarktes, nämlich Angebot und Nachfrage?

Eigentlich brauche ich ja nur deshalb mehr, weil alle mehr von mir wollen. Wieso können die alle weniger zahlen aber für alles mehr verlangen?

Was funktioniert denn da nicht mehr?

Wieso erzählt mir ein Freund, dass die Direktorin des Sozialgerichtes Darmstadt in einer Verhandlung behauptete, die Mieten seien seit Jahren rückläufig; er solle froh sein, dass die bereits 10 Jahre alten Mietbeihilfesätze aktuell Berücksichtigung fänden; aktuell seien diese Beihilfen sonst noch niedriger als 345,-- Euro. Wieso soll mein Freund aus seiner Wohnung ausziehen, weil ihm, mit seiner Frau zusammen nur 60 Quadratmeter zugestanden werden und weil diese Wohnung mit ca. 75 Quadratmeter eben rund 25 Prozent zu groß und mit seinerzeit 400,-- Euro nicht etwa zu teuer sei? Nebenbei bemerkt hat dieser Freund früher ein Reihenhaus mit rund 150 Quadratmeter Wohnfläche bewohnt. Wieso darf ein anderer Bekannter, der mit seiner Frau zusammen ebenfalls zu zweit in einem selbstbewohnten, aber zu mehr als zwei Drittel noch der Bank gehörenden Einfamilienhaus wohnt, doppelt so viel Wohnfläche beanspruchen?

Wieso erhalten Bundesbürger der neuen Bundesländer ebenso viel Leistungen wie die der alten Bundesländer, obwohl sie durchschnittlich meist deutlich weniger als die Hälfte der Mietkosten haben und Leute, die im teuren München wohnen, für die Unterkunft rund 25 Prozent mehr Geld aus der Staatskasse?

Wenn man mit Kapital deutlich mehr verdient als mit Arbeit, dann ist etwas ganz erheblich faul. Wenn dieser Trend durch äußerst unglückliche innenpolitische Umstände wie eine große Koalition noch begünstigt wird, ist dies eine Katastrophe, von denen nur die ganz Großen profitieren. Die Kleinen aber massiv und nachhaltig geschädigt werden.

Es kommt noch soweit, dass sich jeder halbwegs Betuchte mehrere Hausangestellte »*halten*« kann, was nicht viel anders ist als die, mittlerweile erheblich kritischer gesehenen, Sklaven-Herr-Verhältnisse in der Kolonialzeit.

Gäbe es, als Beispiel, keine Polinnen, die bereit sind für einen Bruchteil des hier üblichen Gehaltes ältere Menschen zu betreuen, hätte unser Sozialstaat noch größere Probleme, denn für eine permanente 24-Stunden-Betreuung würde man in Deutschland irgendwo zwischen 8.000,-- und 10.000,-- Euro pro Monat rechnen müssen. Die Polinnen erhalten zwischen 1.000,-- und 1.500,-- Euro pro Monat, was, verglichen mit den in deren Heimat üblichen Gehältern absolut fürstlich viel ist. Verglichen mit dem Zeitaufwand der ständigen 24-Stunden-Bereitschaft und der Reduzierung des eigenen Privatlebens innerhalb dieser Zeit auf Null jedoch extrem wenig.

Dieses Reduzieren der Bezahlung von Arbeit hat unser Land in eine ungute Situation gebracht. Deutschland driftet auseinander.

Während sich Topmanager Millionengagen und Abfindungen genehmigen, wären viele Bürger schon froh, wenn sie von ihren Löhnen leben könnten. Nie erschien ihnen ihr Land ungerechter als in Zeiten der Berliner Republik. Seit ein paar Jahren aber beobachtet man einen Wandel, der spektakulär ist. Spätestens seit dem Zusammenbruch der New Economy stürzen Deutschlands Werte ab, die bereits den Klassengesellschaften Großbritanniens oder Griechenlands bedrohlich nahekommen. Die Einkommen der ärmeren Schichten sind gegenüber dem Jahr 1992 preisbereinigt *um 13 Prozent gesunken.* Die Bezüge der Spitzenverdiener haben im selben Zeitraum *um fast ein Drittel zugelegt.* Während das reichste Zehntel der Bevölkerung mittlerweile über fast 60 Prozent des bundesdeutschen Immobilien-, Aktien- oder Geldvermögens verfügt, haben die unteren Einkommensschichten oft gar nichts mehr, außer Schulden. Der große Graben zwischen oben und unten verbreitert sich derzeit in vielen Industrieländern. Das Tempo aber, mit dem sich die sozialen Gegensätze in Deutschland verschärfen, lässt selbst erfahrene Verteilungsökonomen staunen.

Die Entwicklung ist erschreckend.

Viele Menschen sind verunsichert, denn der Strukturwandel hat sich beschleunigt, die Einkommensungleichheit nimmt zu. Gerade

Unternehmer und Manager müssen sich verantwortungsvoll verhalten, denn wer den Mitarbeitern Einschnitte abverlangt, sollte sich
zweimal fragen, ob es angemessen ist, sich selbst großzügige Gehalts-
steigerungen zu gönnen.

Das ist die große Debatte. Manche Manager gönnen sich gewaltige
Gehälter und Abfindungen, auch wenn ihre Leistungen schlecht
waren. Viele Arbeitnehmer verdienen dagegen so wenig, dass die
Bundesregierung sie mit Mindestlöhnen schützen und stützen soll.
Wie soll da eine Gesellschaft zusammenfinden, zusammenhalten.
Nur noch 15 Prozent der Deutschen sagen, dass es gerecht zugehe
im Land. Nie zuvor war dieser Wert niedriger. Und nur 5 Prozent
der Befragten sagen, Deutschland sei das Industrieland, das ihren
Vorstellungen von sozialer Gerechtigkeit am Nächsten komme. Die
Große Koalition streitet seit einem Jahr darüber, ob man solchen
Versorgungsexzessen mit Gesetzen beikommen sollte. Zusammen
mit den Auseinandersetzungen um die Mindestlöhne ist das der
Ausdruck der Suche nach Ober- und Untergrenzen für
Einkommen, damit Deutschland nicht noch mehr auseinanderdrif-
tet. Dabei ist es noch nicht lange her, dass Politiker fast aller Parteien
für wachsende Unterschiede plädiert haben, für Eliten und gegen
Egalität. Die rot-grüne Regierung war kaum ein Jahr im Amt, da
verschob sich die Rhetorik. Es war die Zeit einer globalen Euphorie.
Weltweit explodierten die Börsenkurse, eine lang anhaltende
Wachstumsphase schien gesichert.

Viele Sozialdemokraten beriefen sich auf die Theorie der
Gerechtigkeit, wonach soziale und ökonomische Ungleichheiten
durchaus erwünscht seien. Voraussetzung sei, wenn sie, erstens, zum
größten zu erwartenden Vorteil für die am wenigsten begünstigten
führen und wenn, zweitens, garantiert ist, dass gesellschaftliche
Positionen allen unter Bedingungen fairer Chancengleichheit offen-
stehen. Es geht nicht um Verteilungsgerechtigkeit, es geht um
Chancengerechtigkeit.

Dieser Rhetorik folgten bald Taten, die auch dringend notwendig
waren, denn Deutschland taumelte gerade in eine Wirtschaftskrise.
Die Arbeitslosigkeit wuchs und wuchs, der Kanzler reagierte mit der
Agenda 2010, die den Deutschen einige Sicherheiten nahm. Auch

die Mittelschichten können auf alte Sicherheiten wie den lebenslangen Job oder die Gewissheit sozialer Absicherung nicht mehr vertrauen. Mittlerweile haben selbst Menschen mit einem Jahreseinkommen von knapp 60.000,-- Euro Sorgen vor der Zukunft. Seit einigen Jahren beobachtet man, dass das Gehalt stagniert, die Ausgaben aber stetig steigen. *Was reinkommt, geht auch wieder raus.* Eigentlich hofft man, Rücklagen für die Rente und die Ausbildung der Kinder bilden zu können. Aber daran ist nicht zu denken.

Klagen möchte man nicht. Sogar einen Ski-Urlaub mit den vier Kindern konnte man sich noch leisten. Im Sommer wurde für zwei Wochen eine Ferienwohnung gemietet. Die größten Sorgen sind die Privatisierungstendenz im Bildungssystem. Man hat Angst, dass ein ordentlicher Studienplatz 5.000,-- Euro im Semester kostet, bis die Kinder so weit sind.

Wer heute in Deutschland als Kurierfahrer oder Wachmann, Pförtner oder Reinigungskraft arbeitet, ist meist nur befristet angestellt, seine soziale Absicherung deckt oft nicht mal das Existenzminimum. Wer arbeitslos wird, muss damit rechnen, rasch auf Fürsorgeniveau zu rutschen. Im Land des Exportweltmeisters ist eine neue *Unterschicht der arbeitenden Armen* entstanden, die schon froh ist, wenn der Lebensstandard wenigstens einen Hauch über Hartz IV liegt. Vor ein paar Jahren noch galt der deutsche Arbeitsmarkt als Hort der Überregulierung und Inflexibilität. Heute können sich die Arbeitgeber aus einem ganzen Katalog flexibelster Beschäftigungsformen bedienen. So stieg die Zahl der Teilzeitbeschäftigten zwischen 1996 und 2007 von 7,3 auf 11,8 Millionen. Die Zahl befristeter Beschäftigungsverhältnisse legte im selben Zeitraum von 2,3 auf 3,3 Millionen zu. Und die Zahl der Selbstständigen, die mitunter nur für einen Auftraggeber tätig werden, kletterte von 3,7 auf 4,4 Millionen.

Wie gewünscht, brachte die Liberalisierung den Arbeitsmarkt in Schwung. Die offizielle Zahl der Arbeitslosen sank in den vergangenen Jahren von über 5 auf 3,2 Millionen. Die Schattenseite war nur, dass die meisten neuen Jobs gering bezahlt werden und die neuen Beschäftigten kaum noch Rechte haben. Wer befristet beschäftigt ist, gründet keinen Betriebsrat. Wer als Minijobber ackert, tritt selten einer Gewerkschaft bei. Wenn man so will, sind viele auch ein Opfer der Globalisierung. Keine andere Entwicklung hat den deutschen Arbeitsmarkt so umgekrempelt. Sie hat aus Verlierern Gewinner gemacht und Gewinner in Verlierer verwandelt. Seit Jahren schüttelt diese Globalisierung die deutsche Gesellschaft durcheinander. Seit Millionen einfacher Jobs nach China, Indien oder Osteuropa abgewandert sind, seit im Gegenzug viele Billigflieger als Erntehelfer oder Putzkräfte vorwiegend aus Osteuropa anrücken, hat sich die deutsche Arbeitswelt zu einer Dreiklassengesellschaft entwickelt.

Unten tauchen die Prekären, oben treiben Manager. Dazwischen aber gibt es noch immer die klassischen Facharbeiter, deren Schicksal vor allem davon abhängt, welcher Industrie sie angehören. Ob es eine Branche ist, für die die Globalisierung einen Platz in Deutschland oder in ärmeren Teilen der Welt vorgesehen hat.

Wer einen festen Job in den exportstarken Sektoren der deutschen Auto-, Chemie- oder Maschinenbauindustrie hat, gehörte auch in den vergangenen Jahren meist zu den Gewinnern.

Die Stahlindustrie in Deutschland galt schon als sterbende Branche, doch jetzt sind Werke bis an die Kapazitätsgrenze ausgelastet. Die neuen Autofabriken Osteuropas hungern nach hochwertigen Karosserieblechen. Die Industrialisierung Indiens und Chinas treibt die Preise. Ausgerechnet an der deutschen Ostgrenze hat der weltweite Stahlboom ein kleines Wirtschaftswunder geschaffen. Noch glücklicher als die Arbeiter sind in Deutschland nur noch die Manager über die Entwicklung der vergangenen Jahre. Sie haben einen Weg gefunden, sich persönlich auch in den neuen, den unsicheren Zeiten weitestgehend abzusichern. Beraten von Vergütungsspezialisten und Anwälten, handeln sie Verträge aus, die einer Vollkasko-Police gleichen. Ganz selbstverständlich haben Manager, die für ihre Belegschaften kürzere Kündigungszeiten fordern, einen Fünfjahresvertrag. Wird ihnen gekündigt, erhalten sie eine entsprechende Abfindung für die restliche Laufzeit. Bis Anfang des neuen Jahrtausends basierte das Vertrauen in die deutsche Wirtschaftsordnung auch auf einem Grundkonsens. Wenn es den Unternehmen besser ging, erhielten die Belegschaften mehr Geld, und dann konnten auch die Chefs mehr kassieren. Im Krisenfall wurden dafür Einschnitte akzeptiert, weil auch die Führungskräfte mit weniger auskommen mussten.

Nun ist die Entwicklung gegenläufig. Die Belegschaften sollen verzichten, während die Vorstände sich immer höhere Einkommen sichern. Die Vorstandschefs der Dax-Konzerne konnten in vier Jahren ihre Vergütung um rund 60 Prozent steigern.

Solche Zahlen spalten nicht nur Unternehmen, sondern die ganze Gesellschaft in zwei Welten.

Die Zweiteilung der Gesellschaft setzt sich beispielsweise im Gesundheitswesen fort, wo Kassenpatienten schon lange schlechter behandelt werden als Privatversicherte. Man glaubt sogar, dass Kassenpatienten systematisch bei der Versorgung mit überlebenswichtigen Spenderorganen benachteiligt werden. Obwohl Privatpatienten in Deutschland nur etwa 10 Prozent der Bevölkerung stellen, haben sie 16 Prozent aller verwendeten Spendernieren erhalten. Von den gespendeten Herzen wurden sogar 20 Prozent für Privatversicherte verwendet.

Auf welcher Seite der Überlebensgrenze man steht, entscheidet sich schon im Kindesalter. Oskar zum Beispiel ist auf der richtigen Seite gelandet. Er besucht die private Berliner Phorms-Schule. Im Unterricht hat Oskar immer zwei Lehrer vor sich, einen für das jeweilige Fach und einen reinen Pädagogen. Man unterhält sich fast immer auf Englisch, ein perfektes Training für die globalisierte Welt. Rund 1.000,-- Euro im Monat zahlen seine Eltern, damit Oskar und sein kleiner Bruder Tom eine bessere Ausbildung bekommen als ihre Freunde auf der staatlichen Schule. Oskars Eltern sind nicht wirklich reich, aber ihre Kinder sind es ihnen wert. Seit1 1992 stieg die Zahl der Privatschüler um 52 Prozent. Während an öffentlichen Schulen die Zahl der Schüler sinkt und der Staat Schulen schließen muss, kommen jedes Jahr 80 bis 100 allgemeinbildende Schulen in privater Trägerschaft hinzu.

Nichts bestimmt so sehr über den späteren Wohlstand wie die Ausbildung. Deren Erfolg wiederum hängt in kaum einem europäischen Land so stark vom Status der Eltern ab wie in Deutschland. Das hat die PISA-Studie belegt. Demnach ist der durchschnittliche Anteil der Kinder aus bildungsnahen Schichten, die ein Gymnasium besuchen, mehr als viermal so hoch wie der Anteil der Kinder aus Facharbeiterfamilien. Und nur 6 von 100 Arbeiterkindern beginnen ein Hochschulstudium, während 49 von 100 Kindern aus einkommensstarken Familien später eine Universität besuchen.

Wer arm zur Welt kommt, hat statistisch gesehen schon verloren. Und arm sind immer mehr Kinder in Deutschland. Als arm gelten Kinder, deren Eltern weniger als 60 Prozent des deutschen Durchschnittsverdienstes bekommen. Zurzeit sind es 1,8 Millionen.

Es war nicht grundsätzlich falsch, dieser Gesellschaft Sicherheiten zu nehmen. Die neuen Unsicherheiten im Arbeitsleben sind zum großen Teil notwendig, damit das Land als Ganzes im internationalen Wettbewerb bestehen kann. Man kann die Folgen auffangen, durch einen gesetzlichen Mindestlohn in anständiger Höhe, durch ein Ende der Zweiklassenmedizin, durch eine gerechte Besteuerung von Vermögen und Einkommen. Wer die Gesellschaft auseinanderreißt, muss dafür sorgen, dass so ziemlich jeder die Chance bekommt, einen Platz in der besseren Hälfte zu ergattern. Das geht nur über Erziehung und Bildung, in Kindergärten, Schulen und Hochschulen. Jedes Kind muss die Chance haben, dass es nicht dort landet, wo Ralf gelandet ist.

Ralf war Müllmann bei einer privaten Entsorgungsfirma in Berlin.

Vor Jahren verdiente er im Großhandel über 1.600,-- Euro netto. Dann wuchtete er Müllcontainer auf den Lkw und bekam 1.050,-- Euro brutto. Er fing morgens um 05:00 Uhr an und schuftete oft bis 18:00 Uhr. Als der Betriebsrat gegen die Arbeitsbedingungen protestierte, gründete die Unternehmensleitung eine neue Firma, um die Mitarbeitervertretung auszuhebeln. Zugleich wurden die Arbeitsverträge auf zwei Jahre begrenzt, die Probezeit dehnte man auf sechs Monate aus. Ralfs Bezahlung blieb gleich. Überstunden seien im Gehalt enthalten, hieß es im Vertrag. Von nun an ging alles einen Zacken schärfer zu. Dann schnitt er sich an einer Glasscherbe durch den Arbeitshandschuh den Daumen auf. Ralf ließ sich krankschreiben. Einen Tag später hatte er die Kündigung im Briefkasten.

Am Tag der Kündigung hat sich Ralf zum ersten Mal Gedanken gemacht über das System, in dem er lebt. *Gerechtigkeit ist die Balance zwischen Geben und Nehmen.*

»Wenn ich etwas gebe, will ich auch etwas bekommen. So schwere Arbeit zu machen und so behandelt zu werden wie ich, das ist nicht gerecht «.

Ähnlich ist es auch mit den Helfern in der Landwirtschaft, die als Saisonarbeitskräfte bei der Ernte von Spargeln, Trauben, Gurken etc. wohl nicht mehr wegzudenken sind. Sie verdienen hier in den paar Wochen Schwerstarbeit so viel, dass sie in ihrer Heimat den Rest des Jahres davon leben können. Aber wie lange wird dies nach der Europäisierung noch so bleiben?

Früher war es keine Seltenheit, dass ein Arbeitnehmer von der Lehre bis zur Rente im gleichen Unternehmen gearbeitet hat, heute ist dies nur noch die absolute Ausnahme.

Die Arbeitgeber waren sich früher ihrer erheblichen sozialen Verantwortung bewusst und sahen das Arbeitsverhältnis als gegenseitiges Geben und Nehmen.

Heute regieren die Heuschrecken. Es geht nur noch darum sich als, viel zu hoch bezahlter Manager, kurzfristig zu profilieren und das funktioniert am einfachsten, in dem man den höchsten Kostenblock, *die Personalkosten, drastisch reduziert.*

Dass dies mittelfristig fast immer extrem negative Auswirkungen auf die betroffenen Unternehmen hat, weil sowohl *Service* als auch *Qualität* meist erheblich darunter leiden, interessiert diese Leute praktisch gar nicht; bis diese dann sehr massiv spürbar auftreten, sind sie ja sowieso nicht mehr da, sondern ruinieren meist bereits das nächste Unternehmen.

In Managerkreisen hat sich die Meinung verbreitet, dass *Konkurrenzunternehmen oft nur aufgekauft werden, um sie zu liquidieren und damit einen unliebsamen Wettbewerber loszuwerden, um danach noch ein größeres Stück »vom Kuchen« holen zu können.*

Immer wird das gleiche erpresserische Druckmittel angewandt. Der Mythos von den Arbeitsplätzen, deren Zahl in jedem Fall zurückgeht, ein Rückgang, den die vorgeblichen Kämpfer für die Arbeitsplätze mit nicht nachlassendem Eifer betreiben.

Statt der vermeintlichen Kämpfe wird nur ein Spiel gespielt. Es braucht zwar mehrere Teilnehmer, doch haben alle an der Verschwörung Beteiligten ein und dasselbe Ziel und hängen ein und derselben verschleierten Ideologie an.

Alle Beteiligten spielen im selben, höchst exklusiven Klub. Bei diesem Spiel kann man verlieren oder gewinnen, Cliquen oder Hierarchien bilden und neue, für manche Teilnehmer nachteilige Spielregeln aufstellen. Man kann schummeln, sich Fallen stellen oder einander beistehen, sich im Extremfall bis aufs Messer bekämpfen, man bleibt jedoch immer unter sich und in völligem Einvernehmen über die unbestreitbar notwendige Existenz des Klubs, die verschwindend kleine Zahl neuer Mitglieder und deren Vorrangstellung und über die Bedeutungslosigkeit derer, die dem Klub nicht angehören.

Was ist mit Konkurrenz, was mit Wettbewerb?

Sie finden nur innerhalb des Klubs statt und erfolgen mit Zustimmung all seiner Mitglieder. Man steckt unter einer Decke. Konkurrenz und Wettbewerb sind Elemente des Spiels, das sie bestimmen und das Außenstehende nichts angeht. Sie erzeugen keine Rivalitäten zwischen den Menschen außerhalb.

In Wirklichkeit wird die Partie ohne die Bevölkerung gespielt, um nicht zu sagen, gegen sie. Konkurrenz und Wettbewerb halten die Unternehmen und Märkte weit weniger in Atem, als immer behauptet wird, vor allem nicht so, wie dies immer behauptet wird. Die weltweiten, multinationalen Zusammenschlüsse sind viel zu stark miteinander verzahnt und verknüpft, als dass Konkurrenz und Wettbewerb ihnen echte Sorgen bereiten könnten.

Die Arbeitslosigkeit wütet heutzutage auf allen Ebenen aller sozialen Klassen und zieht großes Elend, Unsicherheit und Schamgefühle nach sich.

Das ist im Wesentlichen den Irrtümern einer Gesellschaft zuzuschreiben, die die Arbeitslosigkeit immer als Ausnahme von der allgemeinen, auf ewig festgesetzten Regel ansieht. *Eine Gesellschaft, die auf einem Weg fortschreiten will, den es nicht mehr gibt, anstatt nach anderen Lösungen Ausschau zu halten.*

Die Schicksale der betroffenen Arbeitnehmer und deren Familien sind den Verantwortlichen dabei meist völlig gleichgültig.

Es vergeht für viele von uns kaum ein Tag, an dem nicht ein Schreiben eines Gläubigers, eines Inkasso-Instituts, eines Gerichtsvollziehers eintrifft, oder auch »nur« eine Verbrauchsrechnung kommt. Mal ist es die Stromrechnung, mal die Gasrechnung, mal die Telefonrechnung, mal die Rechnung des Internetproviders, mal die GEZ, mal die Rechnung für das Kabel-TV.

Dabei buchen die meisten ohnehin ja nur noch automatisch ab, ohne dass man überhaupt eine Rechnung erhält und wenn man eine erhält, ist diese in weiten Teilen unverständlich und man muss auch als Abiturient oder als Bundeskanzler einen Durchblicker Lehrgang mitgemacht haben, um sie zu verstehen, wie Altkanzler Helmut Schmidt einmal sehr treffend bemerkt hat.

Dadurch hat man nie wirklich Gelegenheit, sich einmal richtig zu erholen, sondern steht immer irgendwie unter Strom.

Es geht so weit, dass es einem schon unangenehm wird, wenn es an der Haustür klingelt. Man erschrickt, auch wenn es oft nur der Paketbote ist, der klingelt, um ein Paket für einen Nachbarn abzugeben, der noch Arbeit hat.

Er will seinen Zustellauftrag ja gerne erfüllen und weiß, ach der ist ja sowieso da und wird das Paket für Frau Maier schon annehmen und dafür unterschreiben. Es interessiert ihn dabei nicht, ob er den »Schwarzen Peter« hat, wenn Frau Maier gar nichts bestellt hat und das Paket eigentlich gar nicht haben möchte, sondern er ist nur froh, morgen wieder ein Paket weniger loswerden zu müssen. Es interessiert ihn auch gar nicht, ob man die ganze Nacht vor lauter Probleme wälzen kein Auge zugetan hat, und sich mittags gerade hingelegt hat, um den Schlaf nachzuholen.

Jeder Mensch ist gleich viel wert, erst mal und auch nur theoretisch, denn das würde ja bedeuten, dass auch die Arbeit gleich viel wert ist. Die Stunde eines Universitätsprofessors ebenso wie die eines Straßenkehrers, die Stunde eines Aufsichtsratsvorsitzenden einer AG ebenso viel wie die einer Hausfrau, die Stunde eines erfolgreichen Formel 1-Rennfahrers ebenso viel wie die einer Toilettenfrau.

Aber wollen wir das überhaupt?

Doch was ist normal?

Normal bedeutet eigentlich, dass etwas üblicherweise so gemacht wird, wie es gemacht wird, also der »*Norm*« entspricht.

Das würde jedoch bedeuten, dass man, würde es zutreffen, dass mehr als die Hälfte aller Menschen stehlen und morden würden, logischerweise auch als *»normal«* bezeichnen, müsste. Spätestens daran wird jeder erkennen, dass auch Ethik und Moral ihren Anteil an dem Begriff *»normal«* haben müssen, weil sonst zwangsläufig alles aus der Bahn laufen muss.

In einer Gesellschaft, in der Geld die Welt regiert, kann es nicht sein, dass eine derart erhebliche Diskrepanz zwischen »*arm*« und »*reich*« besteht und sich diese noch permanent verstärkt.

Eine Volkswirtschaft kann sich nicht leisten, dass sich aufgrund ungerechter, weil zu geringer Entlohnung, ein Drittel der Menschen als »*wertlos*« empfinden muss. Dies ist überaus kontraproduktiv.

Die Hoffnung stirbt zuletzt sagt man, aber wenn man sich in seinem Freundes- und Bekanntenkreis umhört, wird man, je nach Lebensalter, sicher auf eine ganze Reihe von Personen oder gar Familien treffen, die von ALG II leben müssen; nicht etwa weil sie das wollen, sondern weil es einfach nicht anders geht.

Die Preise für Energie, vor allem Benzin, Diesel, Heizöl, Gas, sind in den letzten Monaten und Jahren so extrem angestiegen, ohne dass ein entsprechender Ausgleich erfolgt ist, sodass die betroffenen Personen noch weiter erheblich in ihrer Kaufkraft eingeschränkt sind, sodass die Binnennachfrage aus verständlichen Gründen nicht nur stagniert, sondern erheblich rückläufig ist.

Ein besonderes Ärgernis ist, dass die offiziellen Teuerungsraten immer künstlich schön gerechnet werden, weil der Warenkorb nicht danach gewichtet ist, was jemand, der am Existenzminimum lebt, kauft, sondern immer noch teuere Elektrogeräte, auch Computer mit eingerechnet werden, die sich Otto Normal Hartz-IV-ler überhaupt gar nicht mehr leisten kann. Diese Geräte der vorletzten und vorvorletzten Generation sind aufgrund der stark rückläufigen Nachfrage aufgrund einer Marktübersättigung und immer neuerer, energiesparender Techniken erheblich günstiger geworden, weil sie nunmehr nahezu unverkäuflich sind. Dadurch ergibt sich rechnerisch ein deutlich geringer angestiegener Index, als er der tatsächlichen Inflation entspricht, die überwiegend in Lebensmitteln und Energiepreisen niederschlägt, statt ca. 15 Prozent ergeben sich somit nur ca. 3 Prozent gegenüber dem Vorjahr, bei dem die Preise ja übrigens auch schon satt gestiegen waren!

Hoffnungslos ist man aber auch, wenn man trotz Qualifikation auch nach der 200. Bewerbung immer noch keinen Job hat, und sich weiter vorwerfen lassen muss, man würde dem Staat nur auf der Tasche liegen. Durchforscht man die Stellenangebote, kann man sich des Verdachtes nicht erwehren, dass nur noch junge verheiratete Akademiker mit mindestens 15 Jahren qualifizierter Berufserfahrung gefragt sind, die als Mann Verpflichtungen wie Wehr- oder Ersatzdienst selbstverständlich schon hinter sich haben und als Frau so karrieregeil sind, dass sie den Kinderwunsch zugunsten einer kommenden Karriere glaubhaft auf einen Termin nach dem 40. Geburtstag verschieben. Wer seine Teamfähigkeit bereits im Ausland unter Beweis stellen konnte und möglichst auch in leitender Position tätig war und neben Deutsch, Englisch und Französisch mindestens noch Italienisch oder Spanisch, besser aber noch Japanisch oder Chinesisch spricht, kann weitere Pluspunkte sammeln, die schon mal 50,-- Euro im Monat ausmachen.

Mittlerweile habe ich aber auch erkennen müssen, dass man auf InitiativBewerbungen aus Kostengründen doch wohl eher verzichten sollte, da genervte Personalchefs dies mittlerweile in persönlichen Gesprächen schon offen zugeben. Es ist vollkommen logisch, dass ein Staat Geld braucht, um seine Aufgaben wahrnehmen zu können. Das Dümmste, was ein Staat tun kann, ist aber, seinen Bürgern das Geld schon aus der Tasche zu nehmen, bevor sie etwas damit anfangen konnten. Doch genau das passiert bei uns in Deutschland. Genau umgekehrt wäre es sinnvoll; denn jeder kann nur konsumieren, wenn er Geld hat.

Warum lässt man dem Arbeitnehmer nicht viel mehr Geld in der Tasche?

Dieser wird es dann zum größten Teil für Konsumgüter ausgeben; die Binnennachfrage steigt und es entstehen wieder jede Menge echte Arbeitsplätze, jenseits von lächerlichen 400,-Euro-Jobs.

Da dann aus Empfängern von Bezügen nach Hartz-IV-SteuerZahler werden, die auch Beiträge zur Sozialversicherung leisten, spart der Staat, oder das Land, Unsummen, die dazu dienen, für jeden Einzelnen die Beiträge zu senken. Ich wundere mich, warum es nicht gemacht wird, wenn die Lösung so einfach ist.

Das Kernproblem ist der Egoismus der jeweiligen Lobby und die verschiedenen beteiligten Kassen, die sich für diese Ausgleichsaktionen einigen müssten, in Deutschland seit jeher ein Unding.

Jeder sieht nur die erheblichen Ausfälle, die zunächst ja auch tatsächlich entstehen würden, wenn man nicht statt des Faktors Arbeit im Gegenzug die Wertschöpfung verteuert. Es wäre auch gerechter so zu handeln. Reine Grundnahrungsmittel, Kartoffeln, Gemüse, einheimisches Obst, Brot, Zucker, Mehl, Mineralwasser, sollten komplett von der MwSt. befreit werden, Luxusgüter sollten, je nach Notwendigkeit, sie zu besitzen, nach einer Tabelle mit 20 bis 50 Prozent MwSt. belastet werden. Als Ausgleich sollten sämtliche weiteren Abgaben, insbesondere für Kranken- und Rentenversicherung, permanent entsprechend gesenkt werden.

Durch das fehlende Geld wird man auch sozial isoliert.

Nicht nur, dass das Geld für die Eintrittskarten von Theater, Konzert und Kino fehlt, auch die Häufigkeit privater Feiern nimmt spürbar ab, weil das Geld fehlt, Freunde und Bekannte einzuladen. Wer nicht selbst einladen kann, lässt sich auch nur ungern einladen.

Auch an der Kleidung sieht man, ob jemand finanziell sehr gut gestellt ist oder ob er sparen muss, von teurer Markenkleidung einmal ganz abgesehen, was vor allem bei schulpflichtigen Kindern im Pausenhof mehr oder weniger stark zu Ausgrenzung und in vielen Fällen auch zu Mobbing führt. Hat man früher häufig recht gut erhaltene Kleidung zur Altkleidersammlung gegeben, so überlegt man sich das heute schon sehr gut. Es könnte ja sein, dass man 15 kg abnimmt, und dann würde die schwarze Hose von Omas Beerdigung von vor zehn Jahren sicher wieder passen; sie ist ja noch wie neu. Bei dem Kühlschrank funktioniert das Birnchen nun auch schon im siebten Jahr nicht; jeder Versuch, es auszutauschen ist gescheitert, vermutlich irgendetwas mit der Elektronik und in jedem Fall zu teuer, um es reparieren zu lassen. Zum Glück erfüllt er ja immer noch seine Hauptaufgabe, nämlich kühlen, allerdings er frisst ja auch ganz schon viel Strom. Tja, und die Waschmaschine wird auch schon bald volljährig; Glück gehabt, dass bisher noch nichts dran war, aber was ist, wenn sie von heute auf morgen den Dienst verweigert. Von Hand waschen?

Die Matratzen müssten eigentlich auch dringend mal erneuert werden, vielleicht könnte man dann ja auch wieder besser schlafen. Die Brille geht nun auch schon ins achte Jahr, aber nicht mehr Fielmann, sondern alles selbst bezahlen ist angesagt, und das geht eben nicht. Ein neues Gebiss wäre auch kein Luxus; man hat ja kaum noch Kauflächen, aber es findet sich wohl leider kein Sponsor.

Man hat entschieden, dass 345,-- Euro zum Leben reichen. So hoch ist nämlich der Regelsatz für Empfänger von Arbeitslosengeld II, bei Paaren *»reichen«* je 311,-- Euro. In diesem Regelsatz sollen angeblich auch die Kosten für Strom enthalten sein.

Der Hartz-IV-Empfänger soll sich aktiv um Arbeit bemühen und bereits für die Vorstellungsgespräche auch weite Anfahrtswege in Kauf nehmen. Wie denn? Es geht schon einmal damit los, dass er hierzu eine Tageszeitung abonnieren, oder einen Internetanschluss besitzen muss. Allein die Kosten für Passbilder, Fotokopien und Porto belasten das Budget menschenunwürdig, da diese Ausgaben zusätzlich beim, ohnehin sehr kargen, Essen fehlen.

Bei einem Aufenthalt in Deutschland lernte ich im Frankfurter Zoo, den ich mit meinem Sohn Christopher besuchte, eine junge, scharf und klar nachdenkende Frau kennen. Bei einem Eis unterhielten wir uns über die Situation der Arbeitslosen. Sie erklärte mir, dass sie eigentlich gute Voraussetzungen für den Arbeitsmarkt mitbringen würde. Sie spreche mehrere Sprachen, weil sie in Frankreich aufgewachsen sei und in Maastricht studiert habe. Ihren Bachelor habe sie dort an einer angesehenen BWL-Uni gemacht. Trotzdem war sie diesen Sommer plötzlich arbeitslos, weil ihr Arbeitgeber insolvent war. Nach dem Abschluss hatte sie Anfang 2008 bei einem Schmuckhersteller angefangen, der Teil einer internationalen Holding war. Als ein Jahr später die Nachricht kam, dass die Firma im Prinzip fast pleite sei, war sie fassungslos. Sie hatten kurz vorher noch ihren Arbeitsvertrag auf eine Schwestern-Firma in Hongkong umschreiben lassen. Ihre Chefin hatte darauf gedrängt mit der Begründung, dass unser Kerngeschäft sowieso in Asien liege und wir vielleicht von einer asiatischen Firma übernommen würden. Das sei dann besser für sie. Jetzt dachte sie nur noch, die können mich von heute auf morgen vor die Tür setzen, und dann stehe ich ohne alles da. Ich bin überhaupt nicht abgesichert.

Die nächsten Monate waren ziemlich schlimm. Immer mehr Leute mussten gehen, man sah richtig, wie die Stühle sich leerten. Und immer wieder kamen neue Gerüchte auf, wer als Nächstes dran ist. Die Chefin sagte ihr ganz klar, bei ihr sei es auch wacklig und ihr würde genau auf die Finger geschaut. Doch dies machte es eher schlechter als besser. Wenn sie an diese Monate denke, kommt in ihr immer noch ein Gefühl der Angst hoch. Ein paar Mal gab es Jubelnachrichten über angebliche neue Investoren. Kurz darauf hieß es dann jedes Mal, macht die Sektflaschen wieder zu, das wird doch nichts. Im Juni bekam sie die Kündigung. Sie musste schrecklich heulen, obwohl sie versucht hatte, sich zusammenzureißen. Ihre Chefs sagten ihr zwar, dass sie in normalen Zeiten mit ihr weitergearbeitet hätten, aber sie hatte trotzdem das Gefühl, in ihrem ersten Job versagt zu haben.

Die Stellensuche war ziemlich mühsam. Sie hatte gute Vorstellungsgespräche, aber man hatte gemerkt, dass es auf dem Arbeitsmarkt kriselte. Einmal zum Beispiel wollte sie ein Unternehmen haben aber als sie versuchte, über das Gehalt zu verhandeln, wie man es ja in jedem Karriereratgeber empfohlen bekommt, hieß es sofort, dann eben nicht, wir haben genug andere Bewerber. Sie hatte nicht einmal die Chance zurückzurudern!

Sie hat einfach nicht weiter darüber nachgedacht. Sie hatte sich zum Geldverdienen einen Job als Verkäuferin in einem Modegeschäft besorgt, so war sie rund um die Uhr beschäftigt. Ein Bekannter, der Personalberater war, hat sie außerdem immer wieder aufgebaut und erklärt, dass das alles ganz normal sei. Seit ein paar Wochen hat sie nun tatsächlich eine neue Arbeit bei einer anderen Firma, aber sie ist ziemlich froh, dass dieses Jahr vorbei ist.

Sie lebt nun in Frankfurt und hofft auf ein berufliches Weiterkommen und einer Stabilisierung der allgemeinen Geschäftslage.

Fünftes Kapitel

Dieses Gespräch in meiner alten Heimat ließ mich aufhorchen. Mir war schon eine Veränderung in den Fußgängerzonen aufgefallen. Gut sichtbar die Zunahme junger Bettler und abgestumpft herumsitzenden Obdachlosen. Ein Gemisch aus allen Ländern der Welt versuchten, sich ein paar Cent zu verdienen. Singen, tanzen, Instrumente spielen oder gaukelnde Zauberei den vorbeihastenden Menschen vorzuspielen. In der Wiesbadener Tageszeitung fiel mir dann ein Bericht ins Auge, der über die zunehmende Armut der Stadt berichtete. In meiner Geburtsstadt ist nach Angaben des Berichtes jeder siebte Wiesbadener überschuldet. Durchschnittlich 14,35 Prozent der über 18-jährigen können nach Angaben von Kreditreform ihre Schulden nicht mehr bezahlen. Das heißt: Rund 33.100 Wiesbadener geben mehr Geld aus, als sie verdienen.

Innerhalb Wiesbadens gibt es bei der Überschuldungsquote jedoch riesige Unterschiede unter den Stadtgebieten. Wenig überraschend ist, dass das Gebiet Sonnenberg/Nordost mit 7,91 Prozent die niedrigste Überschuldungsquote aufweist, leben hier doch die wohlhabenden dieser Stadt.

Doch zeigt die Untersuchung auch, dass das soziale Gefälle innerhalb der Stadt eklatant ist. So weist Nordost/Westend eine Überschuldungsquote von 29,64 Prozent auf. Von den Bewohnern dieses Stadtquartiers kann fast jeder Dritte seine Verbindlichkeiten nicht mehr bezahlen. Im Stadtteil Mitte und Teilen des Westends liegt die Überschuldung bei 20,93 Prozent. Jeder fünfte kann dort nicht mehr für das zahlen, was er bestellt hat.

Immer mehr junge Menschen machen Schulden, weil ihre Einkommenssituation angespannt ist, da junge Leute im Schnitt weniger verdienen, oder etwa, weil ihr Konsumbedürfnis größer ist. Teilweise bekommen Kunden zu leicht Kredite. Oft genug machen es etwa Versandhäuser verschuldeten Menschen zu leicht, mit Bestellungen weitere Schulden zu machen. Einige Unternehmen gehen unbedacht mit ihrem Risikomanagement um. Es zeigt, dass nicht jedes Einzelhandelsunternehmen vorher eine Finanzauskunft

überprüft, ob der Kunde bereits wegen mangelhafter Zahlungs-
moral aufgefallen ist.

Für das Sozialamt sind die Zahlen der Überschuldung keine
Überraschung. Es ist nur ein weiterer Indikator für die Anzeichen
von Armut in der Stadt.

Als Beispiel, man muss alle Anstrengungen unternehmen, die
Menschen frühzeitig zu beraten, dafür gibt es das Projekt » *Soziale
Stadt*«. In dessen Rahmen werden zum Beispiel Stadtviertel
stadtplanerisch aufgewertet, Kleingewerbe angesiedelt. Über eine
gezielte Stadtplanung solle auch verhindert werden, dass sich
einzelne Stadtviertel in Gettos verwandeln. Zum Glück ist man aber
davon weit entfernt, so die Meinung der Stadtplaner.

Aus meiner Zeit liegen mir andere Erfahrungen vor. So spricht man
im Wellritzviertel überwiegend Türkisch und deutsche Geschäfte
oder Restaurants sind sehr selten zu finden. Ich sehe dies als ein
Stück ausländisches Getto im einheimischen Wohngebiet an und
versuche zu verstehen, warum die Stadtverwaltung nicht schon
früher auf eine bessere Intekration der Ausländer geachtet hat.
Auffällig aber für Wiesbaden ist das Gefälle zwischen Wirtschafts-
kraft und einem hohen Anteil an armen Menschen. Der Anteil der
Sozialhilfeempfänger in den Großstädten der Region ist nur in
Offenbach größer – 19,3 Prozent. Während Frankfurt einen Anteil
von 12,6 Prozent, Mainz von 8,9 Prozent und Darmstadt von 10,8
Prozent zählt, sind in Wiesbaden 13,6 Prozent der unter 65-
Jährigen auf staatliche Hilfe angewiesen. Bei der Überschuldungs-
quote verhält es sich ähnlich. Hier nimmt im Rhein-MainGebiet
Wiesbaden einen Spitzenwert, nach Offenbach,ein. Mainz liegt bei
der Überschuldungsquote bei nur 8,51 Prozent und Frankfurt bei
10,58 Prozent. Im Rheingau-Taunuskreis liegt die Quote bei 7,34
Prozent, im Main-Taunus-Kreis sogar nur bei 6,69 Prozent. Einen
Topwert erreicht etwa Eltville bei einem Anteil von nur 3,7 Prozent
an Schuldnern, denn auch hier leben ausschließlich Bessergestellte,
Gutverdienende.

Die Gründe für das Gefälle zwischen Wohlhabenden und Armen
sieht man im Wegfallen vor allem der industriellen Arbeitsplätze in

den vergangenen Jahren. Es fehlen heute die Arbeitsgelegenheiten für einfache Tätigkeiten. Gerade diese einfachen Tätigkeiten aber sichern die Kaufkraft der Menschen und garantieren dem Land oder Staat Steuereinnahmen und geben den Menschen das Gefühl, gebraucht zu werden.

Die totale Abhängigkeit von Billigprodukten lässt uns die Wirklichkeit unseres Daseins vermissen, Arbeit ist nicht mehr für jeden erreichbar. Mit dem Schuldneratlas untersucht die Wirtschaftsauskunftei Kreditreform, wie sich die Überschuldung in Deutschland entwickelt. Die Schuldnerquote bezieht sich auf den Anteil der Volljährigen, die ihren Zahlungsverpflichtungen in absehbarer Zeit nicht nachkommen können, auch nicht durch Kredite. Die Gesamtausgaben sind bei diesen Schuldnern dauerhaft höher als die Einnahmen. Die Ergebnisse aus dem Schuldneratlas werden Telekommunikationsfirmen, Versandhäusern oder Banken zur Verfügung gestellt. Die Daten fließen dort etwa bei der Prüfung für die Kreditvergabe ein.

Eine andere, menschenverachtende Beschäftigung für 1,-- Euro pro Stunde wurde ins Leben gerufen. Herbe Kritik wird geübt und Unzufriedenheit besteht. Bei der Stadt Wiesbaden selbst sind 137 Ein-Euro-Jobber für eine Dauer in der Regel von sieben bis neun Monaten beschäftigt. Der größte Anteil von 330 Ein-EuroJobbern sei aber bei der Wiesbadener Jugendwerkstatt beschäftigt, einer Einrichtung der Stadt Wiesbaden. Zu meiner Zeit als junger Wiesbadener beförderte ich öfters für einen Freund von mir Behinderte der Jugendwerkstatt. Bei Gesprächen mit den Eltern zeigten sich diese sehr zufrieden mit der Betreuung ihrer behinderten Kindern und es wurde nicht von einer Bezahlung gesprochen. Auf dem Friedhof traf ich einen jungen Mann, der Unzufriedenheit über seinen Ein-Euro-Job laut werden ließ. Er hatte die Gehwege des Friedhofes vom herbstlichen Laub zu reinigen und alle Abfallkörbe täglich zu leeren. Mit seinem Ein-Euro-Job liese sich kein meschenwürdiges Leben bestreiten. Die weiteren Hilfsbedürftigen sind bei anderen sozialen Trägern untergekommen. Die Stadt Wiesbaden hat den Erfolg ihrer Wiedereingliederungsmaßnahmen, der Ein-Euro-Jobs untersucht.

Bei denjenigen, deren Qualifizierungsmaßnahmen abgeschlossen waren, wurde ein Jahr später überprüft, ob sie in eine Berufstätigkeit vermittelt werden konnten. Die Stadt unterscheidet hier zwischen drei Zielgruppen:

In der ersten Zielgruppe sind Menschen, die einen Ein-Euro-Job aufnehmen sollen, um sich wieder sozial zu integrieren, etwa wegen Suchtproblemen. Hier seien 25 Prozent nach einem Jahr nicht mehr auf Leistungen angewiesen gewesen.

Bei Zielgruppe zwei geht es um den Test, ob die Erwerbslosen überhaupt in den Arbeitsmarkt integrierbar sind. Hier habe die Wiedereingliederungsquote 27 Prozent betragen.

Und bei Zielgruppe drei, die tatsächlich für den ersten Arbeitsmarkt fit gemacht werden soll, läge die Quote bei 40 Prozent. Wer übrigens seinen Ein-Euro-Job nicht wahrnimmt, muss mit Leistungskürzungen von bis zu 30 Prozent beim Arbeitslosengeld rechnen. Allerdings liege die Quote in Wiesbaden bei lediglich zwei Prozent. Aber selten, weil sie ihren Ein-Euro-Job nicht wahrnehmen, sondern meistens, weil sie zu Gesprächsterminen nicht erscheinen.

Bei all meinen Ausarbeitungen über Armut stellte sich heraus, dass 23 Prozent aller Wiesbadener Kinder von staatlichen Leistungen leben. In absoluten Zahlen: 10.000 Wiesbadener Kinder sind von Armut betroffen. Besonders arm sind Mädchen und Jungen, die bei alleinerziehenden Elternteilen, in den allermeisten Fällen den Müttern, aufwachsen. Und Kinder aus großen Familien mit vier oder mehr Geschwistern.

Als arm definiert wird in Wiesbaden beispielsweise ein Paar Haushalt mit einem Kind unter 14 Jahren, der nicht mehr als 1.441,- Euro monatlich zur Verfügung hat. Alleinerziehende mit einem Kind, das jünger als 14 ist, gelten in der Landeshauptstadt als arm, wenn ihnen weniger als 1.231,-- Euro zur Verfügung stehen.

Hessenweit gilt für die Alleinerziehenden mit einem Kind unter 14 ein Einkommen von unter 1.060,-- Euro als Definition für arm.

Dass der Betrag in Wiesbaden höher angesetzt wird, liegt vor allem an den hohen Mieten in der Stadt. Und diese machen sich für Alleinerziehende eben deutlicher bemerkbar, als für Paare mit Kindern. Nicht ganz überraschend ist die räumliche Verteilung der Armut. Im Schelmengraben und im Inneren Westend sind **51 Prozent** aller unter 18-Jährigen arm. Es folgen die Quartiere Bergkirche, Erbenheim Hochfeld und das Sauerland, bevölkerungsreiche Stadtteile, sodass auch die absoluten Zahlen eine deutliche Sprache sprechen. Im Inneren Westend leben 654 Kinder und Jugendliche von Sozialhilfe, im Schelmengraben 657. Zum Vergleich: In Frauenstein sind es zwölf, das entspricht einem Anteil von 3,2 Prozent. *Für mein Verständnis ein klägliches Bild der sich stark ausbreitenden neuen Armut. Doch machen wir uns nichts vor. Die letzten Jahre wurde auch unsere Rentenversicherung nicht geschont.*

So können wir hören, dass die oben genannten Armutseinkommen noch mit der staatlichen Rentenversicherung gefördert werden. So zeigen Prognosen, dass es 2030 nicht mehr zum Leben reicht.

Die gesetzliche Rente für den Ruhestand von morgen wird alles andere als üppig ausfallen, dies ist lange klar.

Eine DIW-Studie enthüllt nun, wie bitter es wirklich wird, vor allem für den Osten. Starker Tobak für Rentner. 2010 wird es keine Rentenerhöhung geben. Noch härter kommt es in einigen Jahren. Nach Berechnungen des Deutschen Instituts für Wirtschaftsforschung (DIW) wird die gesetzliche Rente in zwei Jahrzehnten nicht mehr zum Leben reichen, vor allem für Menschen in Ostdeutschland.

In 20 Jahren werden die Renten in Ostdeutschland dramatisch sinken, und zwar für Männer wie Frauen. Danach werden vor allem die heute 40-jährigen im Durchschnitt weniger als 600,-- Euro im Monat an Rente beziehen. Damit liegen sie unter dem Satz der Grundsicherung. Im Westen hingegen bleibt das Niveau relativ stabil, wenngleich auch niedrig. Bislang galten die Renten in Ostdeutschland als sicher. Doch 20 Jahre nach der Wende schlägt die Arbeitsmarktmisere des Ostens mit voller Wucht auch auf die gesetzliche Rente durch. Die Rente ist eine Bilanz des gesamten Erwerbslebens. Und die sieht gerade in Ostdeutschland alles andere als gut aus. Seit der Wiedervereinigung ist gerade die Langzeitarbeitslosigkeit und der häufige Wechsel von Beschäftigung, Arbeitslosigkeit und ABM-Maßnahmen im Osten stärker ausgeprägt gewesen als im Westen. Doch auch dort ist nicht alles eitler Sonnenschein. So wird auch die Rente der westdeutschen Männer in 20 Jahren leicht zurückgehen, einzig berufstätige Frauen können sich über höhere Renten freuen, doch nur wenn sie gut ausgebildet sind. Verlierer der Rentenprognosen in Ost wie West sind nämlich alle, die nur einen geringen Bildungsabschluss haben.

1.000,-- Euro Rente im Monat, darüber können sich nur noch die älteren Jahrgänge in Ostdeutschland freuen. Für alle künftigen Rentner in Dresden, Magdeburg oder Leipzig wird es fast die Hälfte weniger geben. Besonders dramatisch sieht es bei Frauen um die 45 aus. Gehen sie in Rente, bekommen sie nicht mal 600,-- Euro Rente, genau 592,-- Euro monatlich errechnete das DIW für die Durchschnittsrentnerin. Wer heute zwischen 39 und 44 Jahre alt ist, kann mit gerade mal 466,-- Euro pro Monat vom Staat rechnen, wie die Tabelle zeigt:

Geburtsjahrgang	Männer	Frauen
1937 – 1941	886	646
1942 – 1946	996	720
1947 – 1951	898	792
1952 – 1956	804	708
1957 – 1961	680	706
1962 – 1966	663	592
1967 – 1971	594	466
Gesamt	**801**	**680**
	Quelle:	

Monatlicher Rentenzahlbetrag des Alterseikommen in Euro nach Abzug des Eigenanteils zur Kranken und Pflegeversicherung.

Studie » Erwerbsbiografien und Alterseinkommen im demografischen Wandel«, DIW 2010

Bei den Männern an Oder, Elbe und Spree errechnen die Experten nur für die älteren Jahrgänge Renten über 900,-- Euro. Wer heute um die 60 ist, wird laut DIW gerade mal mit 898,-- Euro sein Leben bestreiten müssen. Das sind 80 Prozent des Werts, den ein Jahrgangskollege im Westen im Schnitt erhält. Wer heute um die 55 ist, sieht sogar nur knapp 800,-- monatlich. Besonders betroffen: die jüngeren um das 40. Lebensjahr. 594,-- Euro Rente errechnen die Experten für den Durchschnittsrentner in 20 Jahren. Das Rentenniveau sinkt damit von 43 auf 30 Prozent des durchschnittlichen Bruttolohns. Ein heute 70-jähriger bekommt im Schnitt noch 43,1 Prozent des durchschnittlichen Bruttolohns von 2.057,-- Euro, ein 39-Jähriger nicht einmal mehr ein Drittel. Besonders fatal wirkt sich diese Rentenentwicklung aus, weil der Osten in Sachen Vermögens-aufbau dem Westen weit hinterherhinkt. Gerade einmal 31.000,-- Euro hat der Ostdeutsche im Schnitt auf der hohen Kante, verglichen mit 100.000,-- Euro Durchschnittsvermögen im Westen.

Ostdeutsche können im Alter nicht auf die Rente des Partners setzen. Das zeigt sich schon bei allen um die 55. Hier kommen Paare nicht mehr an das Pro-Kopf-Rentenniveau von westdeutschen Haushalten heran, und das, obwohl die meisten Frauen zu DDR-Zeiten trotz Familie gearbeitet haben. Auch hier schlägt die steigende Arbeitslosigkeit seit der Wiedervereinigung auf die Rentenhöhe durch. Noch spüren die Rentner diese Abwärtsspirale nicht. Sollte jedoch der Arbeitsmarkt in den nächsten zehn Jahren nicht in Gang kommen, lässt sich laut Expertenmeinung das Rentendesaster im Osten nicht mehr aufhalten. Selbst unter günstigeren Prognosen lässt sich der Verfall der Renten nur abmildern, nicht jedoch aufhalten.

Eitler Sonnenschein an Rhein, Isar und Main? Von wegen. Die Prognosen lesen sich zwar weniger trist, dennoch nicht überragend für angehende Rentner in den alten Bundesländern. Die Renten der Männer bleiben relativ stabil. Ein heute 40-jähriger kann mit durchschnittlich 1.000,-- Euro im Monat rechnen. Das liegt nur wenig unter dem Satz, den ein heute 70-jähriger bekommt. Ihr Rentenniveau, bezogen auf den Durchschnittsbruttolohn von 2.433,-- Euro, bleibt somit stabil bei gut 45 Prozent.

Die Einzigen, die es schaffen, ihr Rentenniveau anzuheben, sind die Frauen. Sie erteilen der Hausfrauenehe zunehmend eine Absage und können sich auf leicht höhere Renten als die vorherige Generation freuen. Freilich sind die Aussichten auf 600,-- Euro Rente für eine heute 45-jährige alles andere als rosig. Im Vergleich zu ihrer 70-jährigen Mutter wird sie jedoch 150,-- Euro mehr im Monat bekommen. Teilzeit und Minijob sei Dank. Dass mehr Frauen nach der Babypause in den Job zurückkehren, hebt das Rentenniveau.

Geburtsjahrgang	Männer	Frauen
1937 – 1941	1140	449
1942 – 1946	1104	540
1947 – 1951	1124	544
1952 – 1956	1189	560
1957 – 1961	1091	542
1962 – 1966	1102	606
1967 – 1971	1090	591
Gesamt	**1121**	**554**

Monatlicher Rentenzahlbetrag Quelle;

Auch wenn die prognostizierten Rentenhöhen im Westen keinen Lebenswandel in Saus und Braus versprechen, haben Westdeutsche dennoch auch künftig mehr zum Leben als Ostdeutsche. Zwei Gründe haben die Experten für das höhere Haushaltsnetto im Westen ausgemacht. Zum einen haben die Menschen in Hamburg, Köln und Stuttgart viel früher und viel mehr Vermögen aufgebaut, als es etwa in Ostdeutschland der Fall war. Dieses Vermögen wird in den nächsten Jahrzehnten an die jüngere Generation weitergegeben.

Der zweite Grund liegt in der Rente des Partners. Die meisten Paare in Westdeutschland greifen auf ein höheres Haushaltseinkommen zurück als der Osten. Im Schnitt auf 850,-- Euro pro Kopf. Die Minirente der Frau wird nach wie vor durch eine hohe Rente des Mannes ausgeglichen. Ein Umstand, den vor allem Frauen in Ostdeutschland nicht mehr spüren. Nahezu jeden dritten ostdeutschen Mann bis 45 erwartet eine Rente unter 600,-- Euro. Zum Vergleich: Im Westen sind es nur verschwindend geringe zwei Prozent.

Und jetzt? Was tun, mit der bitteren Erkenntnis über Mini-Renten für alle heute Erwerbstätigen? Haben die Rentenkürzungen der Vergangenheit und die Verschiebung des Renteneintritts auf 67 Jahre keinen Effekt auf die voraussichtliche Rentenhöhe im Alter?

Doch, sagen die Wirtschaftsforscher. Sie mildern das Desaster ab. Vor allem die längere Lebensarbeitszeit wirkt dem Negativtrend entgegen, so stellten die DIW-Forscher klar und geben der Politik gleich einen Fahrplan aus der Rentenmisere mit auf. Die Diskussion um Hartz-IV, Bildungsarmut und Alterssicherung verträgt darüber hinaus noch weitere Vorschläge, Weiß das DIW. Für das Institut sollte auch Immobilienvermögen bei der Grundsicherung einbezogen werden. Zusätzlich könnten die Renten bei Geringverdienern anders berechnet werden, etwa durch einen Bundeszuschuss aus Steuermitteln.

Finanziert werden könnte der aus der Streichung einer erst vor acht Jahren eingeführten staatlichen Vorsorgeform – der Riester Rente. Für das DIW ist diese Form der geförderten Altersvorsorge schlicht zu teuer und nicht sinnvoll genug. Sie plädieren anstelle der Riesterförderung auf eine gesetzliche Verpflichtung zur Altersvorsorge, zum Beispiel in Form inflationsgeschützter Staatspapiere. Gelten könne diese für Personen, deren Rentenversicherungsbeiträge eine spätere Rente unter dem Grundsicherungsniveau erwarten lassen.

Wenn wir all dies wahrnehmen, hören von Grundsicherung im Alter, Armutssatz, Verdienstgrenzen und Einkommensgrenzen, so müssen wir uns zwangsläufig die Frage stellen, was verdient eigentlich ein Politiker, der uns all diese Grenzen beschert und verordnet. *Besteht hier noch eine Verbindung zum Volk oder spricht man besser vom Selbstbedienen?*

Ich hatte mir die Arbeit gemacht und einmal etwas tiefer in die Gehaltslisten der Regierung geschaut, so kam ich zu sehr erstaunlichen Ergebnissen. Die Gehälter von Bundeskanzler und Ministern orientieren sich an der Beamten-Besoldungsstufe B11. Der Regierungschef bekommt fünf Drittel und die Bundesminister vier Drittel dieser Stufe.

Die Kanzlerin, kein Kind, verheiratet, bezieht nach Angaben des Steuerzahlerbundes ein Gehalt von 15.800,-- Euro. Hinzu kommt eine steuerfreie Dienstaufwandsentschädigung von 1.023,-- Euro. Ein Bundesminister oder eine Bundesministerin, verheiratet, ohne Kind, erhält monatlich 12.860,-- Euro Gehalt plus 307,-- Euro Aufwandsentschädigung. Staatssekretäre bekommen 9.880,-- Euro plus 230,--Euro steuerfreie Pauschale. Hinzu kommen Pensionsansprüche und Übergangsgelder bei Ausscheiden aus dem Amt. Beiträge zur Arbeitslosenversicherung *zahlen Regierungsmitglieder wie Beamte nicht.* Sind Regierungsmitglieder zugleich Mitglieder des Bundestages, dann werden die Abgeordnetendiäten halbiert. *Die Kanzlerin* kommt, ohne die Aufwandsentschädigung, demnach auf *19.769,50 Euro* und ein *Bundesminister* auf *16.529,50 Euro an Gehalt plus Diät.*

Ein *Durchschnittsverdiener* kommt nach *45 Versicherungsjahren* auf eine *Rente* von *1.175,-- Euro*, ein *Bundesminister nach zwei Jahren Amtszeit auf 1.965,-- Euro*. Die erhält er aber *schon mit 60.* Der Bund der Steuerzahler hat ermittelt, welche Pensionsansprüche die Kanzlerin und ihre Minister haben. Bleibt ein Minister länger im Amt, steigen die Pensionsansprüche sprunghaft an, *den Höchstsatz von 9.168,-- Euro erhält er nach einer Amtszeit von 22 Jahren.* Man hat errechnet, dass ein *Durchschnittsverdiener dafür 352 Jahre lang in die gesetzliche Rentenversicherung einzahlen müsste.*

Der Minister braucht hingegen für seine Altersversorgung keine Beiträge zu zahlen.

Nach § 15 des Bundesministergesetzes haben Mitglieder der Regierung einen Anspruch auf Ruhegehalt, wenn sie eine Amtszeit von mindestens *einem Jahr und 274 Tagen* erfüllt haben. Der Bund der Steuerzahler hat ermittelt, welche Pension den einzelnen Kabinettsmitgliedern zusteht. Eine komplizierte Rechnung. Zu den reinen Ministerpensionen kommen nämlich noch Ansprüche aus früheren Tätigkeiten als Abgeordneter oder Landesminister hinzu, die von Bundesland zu Bundesland anders angerechnet werden.

Nun wollen wir doch auch wissen, welche Pensionen wem zustehen. Ein kleiner Ausschnitt soll zeigen, wie gut es unseren Volksvertretern geht. *Für die Pension von SPD-Ministerin Wieczorek-Zeul müssten Normalsterbliche 347 Jahre arbeiten.* Und auch Ulla Schmidt wird üppig belohnt.

Die nach dem Regierungswechsel ausscheidenden Bundesminister können sich auf teils üppige Altersbezüge freuen. Entwicklungs-ministerin Heidemarie Wieczorek-Zeul hat ab sofort Anspruch auf eine monatliche Pension von 9.430,-- Euro. Für eine Rente in dieser Höhe müsste ein durchschnittlicher Arbeitnehmer 347 Jahre arbeiten. Dies ergab eine veröffentlichte Berechnung des Bundes der Steuerzahler. Ab sofort pensionsberechtigt ist auch die 60jährige Gesundheitsministerin Ulla Schmidt, sie kommt auf *8.410,- Euro* pro Monat. Außenminister Frank-Walter Steinmeier hat sich demnach

bereits Pensionsansprüche von *3.560,-- Euro* erworben. Justiz-
ministerin Brigitte Zypries kommt immerhin schon auf monatlich
5.500,-- Euro. Beide müssen allerdings noch einige Jahre warten, bis
sie die Pensionen beziehen können. Gleiches gilt für Arbeits-
minister Olaf Scholz. Sein monatlicher Anspruch beträgt lediglich
2.070,-- Euro aus seiner Tätigkeit als Abgeordneter. Seine
Amtszeiten als Hamburger Senator und Bundesminister reichen für
zusätzliche Ansprüche noch nicht aus. Bei den übrigen SPD-
Ministern, Sigmar Gabriel, Peer Steinbrück und Wolfgang
Tiefensee, sind die Ansprüche noch unklar, da die Berechnung
wegen ihrer unterschiedlichen Tätigkeiten besonders kompliziert
ist. Wieczorek-Zeul hat als einzige Bundesministerin alle elf
Regierungsjahre der SPD durchgestanden. Nach der historischen
Wahlschlappe ihrer Partei muss die 66-Jährige nun Abschied
nehmen von der Macht. Die »rote Heidi «, deren Karriere vor über
35 Jahren als Juso-Chefin begann, ist aber längst nicht die einzige.
Auch andere Bundesminister halten in diesen Tagen Ausschau
nach neuen Aufgaben.

Mir wird ganz schlecht, wenn ich das so niederschreibe. Lassen sie
uns zur *neuen Armut* zurückkommen. So hat die Armut zum Teil
erwartete, zum Teil überraschende Folgen für das Leben der
betroffenen Kinder und Jugendlichen. Bekanntlich ist der
Zusammenhang zwischen materieller Situation und Bildung in
Deutschland besonders eng. So verwundert es nicht, dass von den
armen oder an der Armutsgrenze lebenden jungen Wiesbadenern
etwa *14 Prozent* die Hauptschule besuchen und von den Kindern
nicht armer Familien nur *1 Prozent.* Überraschender war für mich,
dass auch das Freizeitverhalten der armen Kinder sich von dem der
anderen ziemlich stark unterscheidet. Kaum erwartet hatte ich, dass
die Zugehörigkeit zu einem Sportverein auch vom Einkommen der
Eltern abzuhängen scheint. Eine Befragung von Eltern von Viert-
klässlern hat ergeben, dass *36,5 Prozent* der Mädchen und Jungen,
die aus einem armen Elternhaus kommen, in einem Sportverein
trainieren. Bei den Kindern aus besser gestellten Familien sind es
71,4 Prozent. Auch andere Vereine scheinen ihre jungen Mitglieder
mehr aus der Mittelschicht zu gewinnen, als aus den armen
Familien.

Der Armutsbericht spielt auch bei der Debatte über den Ausbau von Krippenplätzen eine Rolle. Man sieht das Schaffen weiterer Krippenplätze vor allem für Kinder aus armen Familien für eine der vordringlichsten Aufgaben. Je früher diese Kinder in eine Einrichtung kommen, desto besser. Wiesbaden habe in den vergangenen Jahren mit Volldampf neue Krippen geschaffen und eingerichtet.

Doch kommen wir zurück zu den nach Arbeit suchenden Mitbürgern. Der Arbeitssuchende soll sich privat weiterbilden und der Konkurrenz stellen. Hierzu sollte er Kurse belegen oder sich per Fernstudien fit machen; beides ist nicht kostenlos, sondern teilweise sogar sehr kostspielig. In der Regel benötigt er auch das eine oder andere teure Fachbuch. Wenn er privat Bücher lesen möchte, muss er sich diese schenken lassen oder er hat Pech gehabt; denn weder für Bildung noch für Kultur sind irgendwelche Ausgaben vorgesehen.

Diese beschriebenen menschlichen Schicksale spiegeln die Armut in Deutschland wieder. Armut ist keine Schande sagte man früher. Kriege, Wirtschaftskrisen und Missernten führten dazu, dass viele Menschen hungerten, krank wurden oder obdachlos. Doch Armut ist nicht nur ein Phänomen vergangener Zeiten oder ein Problem der Entwicklungsländer. Armut betrifft uns noch heute und das mitten in Deutschland. Laut des dritten Armuts- und Reichtumsberichts der Bundesregierung galten im Jahr 2005 ganze 13 Prozent der Bevölkerung als arm. Weitere 13 Prozent werden nur durch Sozialtransfers wie Kindergeld oder Arbeitslosengeld II vor dem Abrutschen in die Armut bewahrt. Die Tendenz ist steigend: 2002 galten 12,7 Prozent als arm, 1998 noch 12,1 Prozent. Besonders alarmierend: Jedes sechste Kind ist arm oder von Armut bedroht. Bei den Jugendlichen zwischen 15 und 18 Jahren sind es sogar noch mehr. Bei ihnen gilt jeder Vierte als arm. Nach Angaben des UN-Kinder-Hilfswerks *UNICEF* wächst die Armut von Kindern in Deutschland sogar stärker als in den meisten anderen Industrieländern. Auch die Altersarmut ist in Deutschland gestiegen. Von 11,4 Prozent im Jahr 2003 auf 13 Prozent im Jahr 2005. Neuere Zahlen liegen bislang noch nicht vor. Der vierte Armuts- und Reichtumsbericht soll erst 2011 erscheinen.

Dann werden wir ein echtes Aufwachen erleben.

Begriff Armut lässt sich nicht eindeutig definieren. Wirtschaftlich betrachtet ist Armut eine Mangelversorgung mit materiellen Gütern und Dienstleistungen. Generell gibt es eine Unterscheidung zwischen absoluter Armut und relativer Armut. *Absolute Armut* bedroht die physische Existenz. Als absolut arm gelten Menschen, die pro Tag weniger als einen US-Dollar ausgeben können. In Wohlstandsgesellschaften wie in Deutschland wird Armut meist als *relative Armut* definiert. Die relative Armutsgrenze bezieht sich auf statistische Zahlenwerte wie das durchschnittliche Einkommen. Die Weltgesundheitsorganisation *WHO* bezeichnet denjenigen als arm, der monatlich weniger als die Hälfte des Durchschnittseinkommens seines Landes zur Verfügung hat. Die *OECD*-Skala der Organisation für wirtschaftliche Zusammenarbeit und Entwicklung geht dagegen von 60 Prozent des durchschnittlichen Einkommens aus. Diese Armutsgrenzen sind jedoch umstritten. Weil die sogenannte Einkommensarmut den gesellschaftlichen Status nicht genügend wiedergibt, versucht man mit dem »Lebenslagenkonzept« eine weitere Beschreibung. Dieses Konzept interpretiert Armut als Unterversorgung in verschiedenen Bereichen, zum Beispiel in den Bereichen wohnen, Bildung, Gesundheit, Arbeit, Einkommen und Versorgung mit technischer und sozialer Infrastruktur. Eins haben fast alle Versuche, das Problem *»Armut«* zu beschreiben, gemeinsam. Es geht um die ungleiche Verteilung von Chancen, am gesellschaftlichen Leben teilzunehmen.

Früher waren in besonderem Maß ältere Frauen von Armut betroffen. Es hieß, *»Armut ist alt und weiblich«*. Heute ist Armut jung, man spricht von *»Infantilisierung«* der Armut. Wer viele Kinder hat oder alleinerziehend ist, trägt ein größeres Armutsrisiko als kinderlose Menschen oder Ehepaare, die gemeinsam ihre Kinder aufziehen können. Wesentliche Ursache für ein erhöhtes Armutsrisiko bleibt die Arbeitslosigkeit. Laut des dritten Armuts- und Reichtumsberichts der Bundesregierung lebten *43 Prozent* der Arbeitslosen im Jahr 2005 in Armut oder an der Armutsgrenze. Eine entscheidende Rolle für die Situation spielt das Bildungsniveau des Einzelnen: Wer über einen niedrigen Bildungsstand verfügt, ist stärker gefährdet in die Armut abzugleiten, denn gute Bildung und Ausbildung sind noch immer die besten Garanten für einen Arbeitsplatz.

Sehr gefährdet sind zudem wohnungslose Menschen, Ausländer und in Zukunft, durch die Gesundheitsreform und die Anpassung der Renten, wieder verstärkt alte Menschen, chronisch Kranke und Behinderte. Häufig kommen gleich mehrere Belastungen zusammen, wie geringes Einkommen, ungesicherte oder schlechte Wohnverhältnisse, Verschuldung, chronische Erkrankungen, psychische Probleme und soziale Ausgrenzung. Wer erst einmal auf staatliche Unterstützung angewiesen ist, hat es oft schwer, sich aus dieser Abhängigkeit wieder zu befreien. Eine der schlimmsten Auswirkungen von Armut ist der Verlust der eigenen Wohnung. Ein Teufelskreis beginnt. Wer obdachlos ist, bekommt keinen Job. Wer keinen Job hat, wird nur sehr schwer eine Wohnung bekommen oder kann sich erst gar keine leisten. Oft bekommen die Betroffenen das Gefühl, ihre Situation selbst zu verschulden. Dieses Gefühl wird ihnen auch von außen vermittelt. Viele sind deprimiert und verunsichert, vor allem, wenn sich ihre Lage jahrelang nicht verändert hat. Diese Menschen brauchen vor allem jemanden, der an ihre Fähigkeiten glaubt, denn wichtig ist, diesen Menschen Wertschätzung entgegenzubringen, ihnen das nötige Selbstbewusstsein zu vermitteln, sich aus diesem Teufelskreis wieder herauszubewegen.

Jeder kann einen Beitrag leisten, die Situation zu verbessern. Eine Möglichkeit ist es, Geld oder Kleider an eine der vielen Wohlfahrtsorganisationen zu spenden, zum Beispiel an die Caritas, die Arbeiterwohlfahrt oder das Rote Kreuz. Es müssen aber nicht unbedingt Spenden sein. Wer sich persönlich engagieren will, kann bei den gleichen Verbänden ehrenamtliche Mitarbeit anbieten. Dort können Interessierte zum Beispiel in der Kleiderkammer tätig werden oder bei der Essensausgabe in einer Suppenküche helfen. Auch im kleineren, privaten Rahmen gibt es genug Möglichkeiten zu helfen, zum Beispiel in der Schule. In vielen Klassen gibt es Schüler und Schülerinnen aus sozial benachteiligten Familien, die Unterstützung von außen benötigen. Damit die Betroffenen sich nicht *»outen«* müssen, könnte die Klasse beziehungsweise der

Lehrer oder die Lehrerin für einen *»Sozialfond«* sammeln. Mit dem Geld könnten Klassenfahrten, Schreibutensilien oder Bücher finanziert werden. Neben solchen praktischen Hilfsangeboten wäre es wichtig, dass Armut in der Gesellschaft zum Thema wird. Die Betroffenen sollten auch psychisch unterstützt werden. Wir sollten uns von Schuldzuweisungen entfernen und den Betroffenen mit Respekt begegnen.

Doch wie schon immer, mit der Armut und dem Leid der Menschen versuchen, dubiose Geschäftemacher, echte Geschäfte zu machen. Drei Millionen Haushalten in Deutschland, die Hälfte davon mit Kindern, steht das Wasser bis zum Hals. Die Haushalte gelten als völlig überschuldet und brauchen Hilfe. Doch Schuldnerberater von Kommunen, von Verbraucherzentralen und Wohlfahrtsverbände haben oft Wartezeiten von mehreren Monaten, ihnen fehlen die Kapazitäten.

In diese Lücken stoßen gewerbliche Schuldenregulierer. Sie melden sich mit Postwurfsendungen und im Internet. Ihre Botschaft: *»Wir helfen aus jeder Falle«*, mit einer *»diskreten und stressfreien Finanzsanierung«*, mit Express- und Umschuldungskrediten. Dies alles *»garantiert ohne Schufa-Nachweis«*. Gerade in der Zeit vor Weihnachten boomt die Branche.

Mit diesen dubiosen Beratern geraten viele immer weiter in die Schuldenfalle, so warnt die Verbraucherzentrale. Ihr sei bisher kein Fall bekannt, in dem eine der Firmen spürbar zur Reduzierung der Schulden beigetragen habe. Die Hoffnung, mit der versprochenen unbürokratischen Hilfe endlich aus der Klemme zu kommen, ende eigentlich immer im kompletten Finanzdesaster. Den Opfern wird in der Regel vorgegaukelt, für ihre Entschuldung brauche es zwei Firmen. Den Vermittler, der einen Umschuldungskredit gewährt und den Sanierer, der einen Tilgungsplan für die Schulden erstellt und mit den Gläubigern verhandelt. Bevor die jedoch tätig werden, soll sich der Schuldner erst einmal weiter verschulden: mit Vermittlungs- und Bearbeitungsgebühren von mehreren Hundert Euro, mit dem Abschluss von überflüssigen und teuren Versicherungen. Gegen Vorkasse werden wertlose Unterlagen verschickt, bei denen der Verschuldete glaubt, es sei der ersehnte Kreditvertrag.

All diese Kosten fallen für den Schuldner zusätzlich an, ohne dass ein einziger Euro der Schulden getilgt wird. Schlimmer noch. Versprochene Umschuldungskredite werden in der Regel nicht gewährt. Die einzige Dienstleistung des Schuldenregulierers besteht letztlich darin, die Raten für alte Kredite an die ursprünglichen Gläubiger weiterzuleiten und dafür horrende Gebühren zu kassieren. Vorsicht ist immer dann geboten, wenn ein verschuldeter Haushalt direkt von einem »*Kreditvermittler*«, oder von einem »*Schuldnerberater*« angeschrieben wird. Die Berufsbezeichnungen sind nicht geschützt. Entsprechende Adressen stammten aus den für jedermann einsehbaren Schuldnerlisten von Amtsgerichten wie von Industrie- und Handelskammern.

Auch Beratungs- und Bearbeitungsgebühren sollten die Schuldner stutzig machen. Bei kommunalen Beratern, bei den Wohlfahrtsverbänden und anderen anerkannten Trägern sind die Sätze wesentlich niedriger, oftmals ist die Beratung sogar kostenlos.

Auch die Anwalts- und Notariatskosten können bei mittellosen Schuldnern vom Staat übernommen werden.

Wie sich mit der Armut der Menschen noch weitere Annehmlichkeiten für das Management von Wohlfahrtsverbänden erreichen lässt, zeigt eine Auflistung von hohen Gehältern und teuren Dienstwagen. Wie viel verdient der Geschäftsführer des Neusser Parkinson-Verbandes? Unter Berufung auf ein erschienenes Schwarzbuch wurde ein Jahressalär von 200.000,-- Euro genannt. Tatsächlich sei das Gehalt wesentlich niedriger, behauptet der Verband. Eine Summe nennt er nicht. Unwidersprochen blieb bislang die Aussage, dass der Verband sich die Dienste von zwei Voll- und zwei Teilzeitkräften 350.000,-- Euro im Jahr kosten lässt. Der Geschäftsführer fährt einen 48.000,-- Euro teuren Audi A6 als Dienstwagen.

Nun ist die Öffentlichkeit für überzogene Gehälter von Geschäftsführern gemeinnützig tätiger Organisationen sensibler geworden. Bestes Beispiel: Der Ex-Geschäftsführer der Berliner Treberhilfe, mit einem Jahresumsatz 15 Millionen Euro, reiste bis vor Kurzem in einem 100.000,-- Euro teuren Maserati Quattroporte zu den sozialen Brennpunkten seines Wirkungskreises. Dann wurde der Maserati bei einer Geschwindigkeitskontrolle geblitzt und die Luxusallüren gerieten in die Schlagzeilen. Erstaunt notierte die Öffentlichkeit, dass der Helfer obdachloser Jugendlicher eine Dienstvilla am See mit Bootshaus und nachträglich eingebauter Sauna samt Dampfbad und Whirlpool bewohnt. Mit 35.000,-- Euro pro Monat ließ der Geschäftsführer sich angeblich seine Dienste vergüten. Inzwischen ermittelt der Staatsanwalt.

Der Geschäftsführer des Frauennothilfevereins »Hatun und Can« sitzt wegen Betrugsverdachts in Untersuchungshaft. Die Frauenrechtlerinnen hatten dem Verein, der sich vor allem um Opfer von Zwangsehen kümmert, 500.000,-- Euro gespendet, die sie bei Günther Jauchs TV-Quiz »Wer wird Millionär?« gewonnen hatte. Für einen Teil der Spenden kaufte sich der Geschäftsführer einen 60.000,-- Euro teuren BMW und für 5.000,-- Euro eine Uhr.

Spendenexperten von »*Charity Watch*« wissen, dass es nicht einmal krimineller Energie bedarf, um sich auf Kosten einer Sozialorganisation ein schönes Leben zu machen. Wenn die Gremien das absegnen, sind auch überzogene Gehälter strafrechtlich in Ordnung, so die Experten. Eine Reihe von Organisationen verwende gerade einmal zehn Prozent der Spenden und Mitgliedsbeiträge für den eigentlichen Vereinszweck. Der Rest versickere in der Verwaltung. Dass so etwas möglich ist, liegt an der mangelnden Transparenz auf dem Wohlfahrtsmarkt. Gemeinnützige Vereine müssen ja nicht einmal ihre Zahlen veröffentlichen. Die Kontrollen durch die Finanzämter reichen bei Weitem nicht aus. Das Risiko, dass gemeinnützige Vereine zum Selbstbedienungsladen werden, ist strukturell bedingt. Weder gibt es einen Haushalt wie bei der öffentlichen Hand noch eine Bilanz wie bei einem Marktunternehmen. Oft haben die Vereinsvorsitzenden gar kein Interesse daran, dass ihre Geschäftsführer effektiv arbeiten. Da geht es mehr ums Prestige und um den Zugang zu öffentlichen Geldquellen.

Aber wäre es bei Wohlfahrtsverbänden, die oft Tausende von Mitarbeitern und Mitgliedern haben, nicht angemessen, einen Geschäftsführer ähnlich wie in der Industrie zu bezahlen? Nein, wer eine Organisation mit ihrem besonderen Nimbus leitet, muss sich mit den Zielen identifizieren und darf nicht die Mentalität eines Investmentbankers haben. Qualifizierte Führungskräfte für diese Aufgabe kriegt man auch für unter 100.000,-- Euro im Jahr, so die Experten.

Geschäftemacher hin, teuere Gehälter her, die zunehmende Armut in Deutschland verfestigt sich. Die Betroffenen sind oft ausgeschlossen. Wir hören von einer neuen Kategorie sozial benachteiligter Menschen, die an den Rand der Gesellschaft geraten. Beunruhigend ist nicht nur diese neue Armut, sondern auch, wie der Rest der Gesellschaft sich von ihnen abschottet.

Simples Einkaufen gerät bei Soziologen manchmal zur Feldforschung. So hörte ich von einem Kasseler Soziologe, der neulich im Baumarkt war, Folgendes: Während er etwas ratlos vor dem Regal mit den Mischbatterien stand, sprach ihn ein Endfünfziger mit Blouson und Turnschuhen an und erklärte ihm detailliert die Vor- und Nachteile der einzelnen Produkte. Verkäufer war der Mann nicht, sondern Kunde, allerdings ohne eigene Kaufabsichten.- Vielmehr verbringt er seine Zeit im Baumarkt, weil er anderswo nicht gebraucht wird, und hat inzwischen beträchtliches Fachwissen angesammelt. Der Soziologe hörte sich unter Baumarktleitern um, und die bestätigten, dass sie solche Pseudokunden zur Belebung ihrer Häuser dulden. Die Zeit-Totschläger in den Heimwerkermärkten sind nur ein Beispiel für eine neue soziologische Kategorie von Menschen, die man entdeckt haben will. *Die Ausgeschlossenen.* Neben dem arbeitslosen Mittfünfziger kann das auch eine alleinerziehende Mutter sein, die sich das Geschenk zum Geburtstag der Freundin nicht mehr leisten kann, darum nicht zur Party geht und langsam vereinsamt. Oder der Akademiker, der nach der Neuorganisation seines Verlags seinen Job verliert. Im Kreise seiner Freunde galt er früher als belesener Weinkenner, doch seit ihn auch noch seine Frau verlassen hat, wird über seine Trunksucht getuschelt. Einladungen werden weniger. Die Soziologen interessieren sich also nicht nur für die soziale Lage der Ausgeschlossenen, sondern auch dafür, wie die Gesellschaft reagiert. So beschreiben sie, wie die Integrierten die Verlierer fallen lassen, ihnen Achtung verweigern und hinnehmen, dass ein Teil der

Gesellschaft im Gefühl der Ausweglosigkeit versinkt. Darin liegt die eigentliche Brisanz von Analysen.

Man beschreibt, wie die Integrationskräfte der Gesellschaft erlahmen, wie das Miteinander zerfällt. Früher wären die Pseudokunden im Baumarkt vielleicht noch Vorsitzende irgendeines Vereins gewesen oder hätten ein Schrebergärtchen gepflegt, heute wissen sie nichts mehr mit sich anzufangen und finden sich ab mit dem Urteil, das die Mehrheit über sie gesprochen hat. Nicht mehr zu gebrauchen. Ausgeschlossene sind Menschen, die sich daran gewöhnt haben, wenig zu besitzen, wenig zu tun und wenig zu erwarten, so die Soziologen. In dieses Abseits kann jeder geraten. Denn Bildung und Herkunft schützen nicht vor dem Knick im Lebenslauf, der den Ausschluss aus der Gesellschaft nach sich zieht. Das verstärkt die Ausgrenzung. Denn die Angst, vom Bazillus des Verfalls, der Abhängigkeit und der Apathie infiziert zu werden, führt zu mehr Abschottung. Wer noch etwas gilt in der Gesellschaft, zieht sich unter seinesgleichen zurück, schickt seine Kinder auf entsprechende Schulen, sucht nach Häusern in guten Wohnvierteln, verschanzt sich in Milieus der Selbstähnlichkeit. Diese Erklärungen haben mir in vielen Wegen die Augen geöffnet und ich denke oft an meine Lebenszeit in meiner Heimat nach. Hier lebten die Bewohner eng zusammen und nachbarschaftliche Hilfe und Verstehen waren der normale Tagesablauf. Jeder kannte ja jeden. Man war unter Kontrolle der Nachbarn, nicht im Sinne polizeilicher Kontrolle, nein, im Sinne nachbarschaftlichem Verstehens und gegenseitigem Helfen.

In der Öffentlichkeit kommen die Ausgeschlossenen nur noch als Konsumenten vor. Allerdings trifft man sie nur in Läden für Billigkleider, im Lebensmittelgeschäft häufen sie gesüßten Eistee und überwürzte Fertiggerichte auf das Warenband und kaufen dem Kind eine Tüte Chips.

Schnellstens verschwinden sie wieder in ihre Viertel, ihre Straßenzüge, denn auch räumlich sind sie ausgegrenzt. Wer sich in den Großstädten nur ein paar Kilometer aus dem Zentrum fortbewegt, kann das beobachten, denn dann gerät er in diese Stadtteile mit demolierten Bushaltestellen, Schulen im Container-Stil, beschmierten Häusern, auf denen sich die Satellitenschüsseln drängen. Zivilen Verfall nennt man das. Und wer dort angekommen ist, auf den wartet nach einem Leben in Lethargie die Armut und Einsamkeit des Alters.

Mit dieser Perspektive lassen die Soziologen einen Abgesang auf die gerechte Gesellschaft ausklingen. Keine Forderungen an die Politik,

keine Appelle an Pädagogen, Sozialarbeiter, Ehrenamtler. Nichts. Nach dieser drastischen Gesellschaftsbeschreibung soll der Leser selbst entscheiden, welche Schlüsse er zieht.

Sich beim Einkaufen wacher umsehen vielleicht, oder *einmal in die Gesichter* der Menschen schauen, versuchen Kontakt zu bekommen. Vielleicht sogar etwas helfen, gar ein kleines Geschenk machen. Denn wer beschenkt werden will, muss, wohl oder übel, auch selbst etwas schenken, sehr hart für die Ausgeschlossenen. Auch wenn es nur 10,-- Euro pro Person am Geburtstag und an Weihnachten sind, läppert sich das bei den meisten auch auf gut 200,-- bis 250,-- Euro pro Jahr zusammen.

Nun ist es absolut korrekt und richtig, dass es ein Anrecht auf Wohlstand gibt und das ist auch vernünftig und gerecht. Dennoch ist es äußerst fragwürdig und unmoralisch, 8 Jahre alte Kosten und Preise als Grundlage für die Berechnung des Arbeitslosengeldes zu verwenden, insbesondere dann, wenn die Kosten für Lebensmittel so trastig angestiegen sind wie in den letzten Jahren. Darüber hinaus ist kaum bekannt, dass bei der Berechnung der Regelsätze etliche Waren aus dem Korb herausgenommen wurden, weil ja anhand dessen, üblicherweise das Existenzminimum berechnet wird.

Das Mindeste, was ein Arbeitsloser verlangen kann, ist doch wohl, dass bei der Berechnung seiner Sätze korrekt gehandelt wird. Die Praxis ist jedoch weit davon entfernt. Zumindest die, ohnehin kosmetisch geschönte, tief gerechnete offizielle Inflationsrate sollte zeitnah ausgeglichen werden.

So können wir sehen und beurteilen, dass Armut, nicht gleich Armut ist.

Man spricht von einer gefühlten Armut, die sich darin zeigt, dass das Kind nicht mit auf Klassenfahrt gehen kann, da sich die Eltern die Kosten nicht leisten können.

Menschen tendieren dazu, sich ihren Freundeskreis unter Gleichgesinnten zu suchen. Aber wird ein 56-jähriger Wirtschaftsingenieur, dessen Arbeitgeber in Konkurs gegangen ist, oder ein 53-Jähriger, der fast 15 Jahre lang selbstständig war, und aufgeben musste, weil seine Schuldner ihre Rechnungen nicht gezahlt haben, ein anderer Mensch?

Nein, denn er kann nicht mehr einladen, da das alles zu viel Geld kostet, und zieht sich daher zurück. Wenn immer nur er eingeladen wird, muss er sich irgendwie als Schmarotzer fühlen.

Das Leben wird jeden Tag farbloser, wenn man immer weniger Geld zur Verfügung hat und sich nicht mal mehr das Notwendigste leisten kann. *Zum Leben zu wenig, zum Sterben zu viel* trifft hier in vielen Fällen zu und genau das ist volkswirtschaftlich der springende Punkt. Einem Land, in dem einem immer größeren Anteil der Bevölkerung kein Geld zum Konsumieren verbleibt, kann es nicht gut gehen.

Warum nimmt man den Leuten das Geld schon vorne ab, statt es zuerst einmal seine eigentliche Arbeit tun zu lassen, nämlich als Zahlungsmittel zu dienen?

Besteuere ich das Endprodukt, so hemme ich weder Wirtschaft noch Konsum, verhindere keine Arbeitsplätze und habe letztendlich genau so viel Geld in der Kasse.

Als Nebeneffekt erleben wir eine weitaus niedrigere Kriminalität und eine wesentlich höhere Volkszufriedenheit, da sich ja jeder wieder mehr leisten kann.

Arbeitsleistung zu besteuern ist absolut unproduktiv! Dazu kommt unverständlicherweise die ignorante Inkonsequenz, dass man nur menschliche Arbeit besteuert, nicht etwa die Arbeitsleistung von Maschinen, die nach und nach immer mehr Arbeit der Menschen übernommen haben und auch weiterhin übernehmen.

Dieses Versäumnis der letzten drei Regierungen hat ein zusätzliches Loch in die ohnehin sehr gebeutelte Rentenkasse gerissen, die ohnehin schon durch die Problematik des Falls der Berliner Mauer 1989 erheblich in Mitleidenschaft gezogen worden ist. Solche elementaren dilettantischen handwerklichen Fehler dürfen einfach nicht ungestraft passieren.

Das Leben hatte vorher viele Ups und Downs, jeder Tag wird dem anderen ähnlicher.

Wenn man noch nicht total resigniert hat, weil man alt oder krank ist, geht es bei den meisten Betroffenen in erster Linie darum, den Tag und die Nacht möglichst preiswert herumzukriegen und satt zu werden.

Der eine sitzt von früh bis spät vor der Glotze, der andere stürzt sich in die Arbeit und sitzt von früh bis spät und die halbe Nacht am PC, und beschäftigt sich mit Dingen, die niemanden interessieren. Auch die meisten Nächte verbringt man mit der Suche nach einer zündenden Idee, um endlich wieder aus dieser Monotonie des Alltagstrotts ausbrechen zu können, jedoch fast immer vergeblich.

Wenn du nur noch anhand des Inhaltes Deiner Pillenbox erkennst, welcher Wochentag heute ist, wird es bedenklich!

Dabei spielt es kaum eine Rolle, welchen Beruf man vorher ausgeübt hat, ob man selbstständig war und wie viele Leute man unter sich hatte, im Gegenteil.

Die Hoffnung stirbt zuletzt.

Treffender kann man es nicht sagen.

Aber was ist, wenn auch die schon gestorben ist?

Wenn man die 120. Bewerbung geschrieben hat, und erst die 15. schriftliche Absage erhalten hat, weil alle anderen mittlerweile aus Kostengründen bei Initiativbewerbungen noch nicht einmal die Unterlagen mehr zurückschicken?

Wenn das Gefühl, dass es sowieso nichts mehr gibt, immer massiver um sich greift?

Wer es schafft, dabei einigermaßen gesund zu bleiben, ist ein phänomenales Wunder; denn die Auseinandersetzung mit permanentem Misserfolg macht nachweislich krank. Da hilft nur eins. Ablenken, am besten durch Sport, also gesunder Stress zum Abbau des ungesunden Stresses.

Aber Waldlauf und Co sind nicht jedermanns Sache, Fahrrad fahren auch nicht und Schwimmen kostet ja wieder Eintritt. Für das Fitnessstudio würde es ja sogar einen Zuschuss von der Krankenkasse geben, was ja auch ganz vernünftig ist, aber so wie das geregelt ist, ist es von vornherein zum Scheitern verurteilt: Man soll zuerst einmal ca. 100,-- Euro bezahlen! Wo soll man die denn hernehmen, wenn man im Monat insgesamt nur 311,-- Euro pro Person oder 345,-- Euro als Alleinstehender zur Verfügung hat?

Den Großteil des Betrages würde man ja später wieder bekommen, wenn, ja wenn man auch nach zwei Monaten immer noch regelmäßig das Fitness-Center besucht und der Fitness Trainer gegenüber der Krankenkasse bescheinigt, dass man mit Eifer bei der Sache ist und die Trainingseinheiten regelmäßig besucht hat. Selbst wenn man Freunde oder Bekannte davon überzeugen könnte, einem das Geld zu leihen, doch wer gibt einem die Gewissheit, dass es auch wirklich zum Großteil erstattet wird und man es zurückzahlen kann?

In einem gesunden Körper wohnt ein gesunder Geist.

Dies behaupteten schon die Römer, aber auch die umgekehrte Aussage ist richtig. Hat man psychosomatische Erkrankungen, ist man auch nicht mehr in der Lage, klar zu denken und klare Entscheidungen zu treffen.

Lernen kann man immer, zumindest für sich selbst. Aber nur, wenn es kein Geld kostet, denn dann kann man sich Lernen schon wieder nicht mehr leisten.

Wir lernen nicht für die Schule, sondern für das Leben.

Dies wussten ebenfalls schon die alten Römer. Doch, was ist, wenn Wissen gar nicht mehr gefragt ist oder nicht mehr ausreichend honoriert wird?

Viele malen sich sicherlich aus, wie es bei Günther Jauchs »Wer wird Millionär? « für sie laufen könnte. Die Fragen sind ja fast alle machbar, entweder durch aktives Wissen oder aber durch das Ausschlussverfahren. Außerdem hat man dann ja noch, je nach Variante, drei oder vier Joker. Aber in der ungewohnten Umgebung des gleißenden Lichts der Studioscheinwerfer spielt die Nervosität bei vielen von uns eine nicht zu vernachlässigende Rolle. Vom Sofa aus kann man nicht begreifen, wieso der Kandidat nicht in der Lage ist, diese einfache Frage zu beantworten. Die Antwort ist leicht. Vom Sofa aus könnte er das sicherlich auch problemlos. Dass dieses Phänomen tatsächlich so existiert, ist ein Fakt, der immer wieder von Betroffenen bestätigt wird. Es in die Sendung zu schaffen, ist für viele gerade noch machbar, aber dann mit 9 Konkurrenten um Bruchteile von Sekunden zu wetteifern, während ein Langweiler vorne auf dem Thron wertvolle Zeit verschenkt oder von dem Meister aufs Glatteis geführt wird.

Auch ist es von wenigen Ausnahmefällen einmal abgesehen, nicht wirklich hilfreich, nächtelang vor dem TV-Gerät zu verbringen.

Sechstes Kapitel

Liest man in den Zeitungen oder hört in den Nachrichten, dass der Vorstand der Rheinischen Sandbank es wirtschaftlich für erforderlich hält, wieder mal ca. 10.000 Mitarbeiter zu entlassen, um sich so als Global Player besser dem Weltmarktniveau stellen zu können, muss einem doch schlecht werden. Wenn dies jedoch von der Nachricht begleitet wird, dass der Vorstand sich selbst die Gehälter fast im selben Atemzug nahezu verdoppelt hat, weil er ein so gutes Ergebnis erzielt habe, könnte man doch platzen angesichts hilfloser Wut.

Die Krönung der Perversität ist aber, wenn trotz der Zahl der Massenentlassungen die Aktienkurse der betroffenen Unternehmen förmlich zu explodieren scheinen, weil kurzfristig mit deutlich geringeren Ausgaben, gleichbedeutend mit höherem Gewinn, zu rechnen ist.

Die Grausamkeiten, die auf die Bevölkerung zukommen, spiegeln sich in einer Liste mit dem härtesten Sparkurs der letzten 60 Jahre wieder, die die neue britische Regierung veröffentlicht hat. Man denkt darüber nach, das Haushaltsdefizit von ca. 94 Milliarden bis zum Jahr 2015 auszugleichen. Die radikalen Maßnahmen werden die soziale Landschaft über Jahre hinaus prägen. Die Streichliste ist lang und bitter, jede Hoffnung auf Korrekturen erteilt die Regierung eine Absage. 490.000 Stellen baut die konservativliberale Regierung bis 2015 im öffentlichen Dienst ab. Das Rentenalter wird auf 66 Jahre angehoben, was Frauen, die derzeit mit 60 Jahren pensioniert werden, besonders trifft.
Schon zum 1. Januar 2011 wird die Budgetplanung für die Ministerien, auch im Portemonnaie der Privathaushalte im Königreich spürbar sein. Bei einem Familien-Jahresverdienst über 45.000,-- Euro fällt das Kindergeld weg. Drei Milliarden will Schatzkanzler George Osborne so in der klammen Staatskasse halten. Zugleich müssen Eltern mehr für die akademische Ausbildung ihrer Kinder zahlen.

Die Konservativen werden Universitäten weniger als bisher mit Steuergeldern ausstatten. Die Studiengebühren müssen also bald schon steigen, wenn die Universitäten rentabel arbeiten wollen.

Der Premier hatte alle Ministerien mit Finanzkürzungen über 20 Prozent konfrontiert. Das Verteidigungsministerium erwischt es mit 8 Prozent Minus zwar nur halb so schlimm, doch auch hier werden binnen vier Jahren 17.000 Stellen in der Armee und 25.000 Stellen in der Verwaltung wegfallen.

Heute bringen wir die Vernunft zurück in die Staatsfinanzen, so unter tumultartigen Szenen im Unterhaus. Wir müssen diese harten Einschnitte treffen, weil Labour uns den marodesten Nachlass der Neuzeit vererbt hat, so die Konservativen. Großbritannien sei nur knapp an der Staatspleite vorbeigeschlittert. Arbeitslose und Sozialhilfeempfänger werden den drastischen Sparkurs besonders spüren. Acht Milliarden Euro kürzen die Konservativen bei den Sozialleistungen. Und wer aus gesundheitlichen Gründen arbeitsunfähig ist, erhält in Zukunft unabhängig von ärztlichen Gutachten nur noch ein Jahr lang staatliche Zuschüsse, bevor er in die Sozialhilfe fällt. Diese beträgt zurzeit 74 Euro pro Woche. Nur Schwerkranke und Behinderte werden von der Neuregelung ausgenommen.

Man prophezeit Großbritannien bereits jetzt eine verlorene Dekade. Die Sparpläne gefährdeten den Aufschwung und sind ein rücksichtsloses Spiel mit dem Leben der Menschen.

Während die Konservativen das Budget nun zu 75 Prozent durch Einsparungen ausgleichen, hatte Labour dafür plädiert, 50 Prozent des Defizits durch breit gestreute Steuererhöhungen zu tilgen. Der Schatzkanzler bereitet die Ministerien auf ein eisernes Sparprogramm vor. Die wirtschaftliche Lage zwingt die Regierung, die Aufgaben des Staates neu zu bestimmen.

Die Budget-Box, eine rote Aktentasche, steht in Großbritannien symbolisch für den Haushalt. Den will der Finanzminister mit einem Sanierungsprogramm auf Vordermann bringen. Im öffentlichen Dienst sieht gerade die Wirtschaft Einsparpotenzial. Ein britischer Großunternehmer, der im Auftrag der Regierung den Schlendrian staatlicher Haushaltsführung der Ministerien analysiert hat, nimmt kein Blatt vor den Mund: »*Wenn ein Unternehmer so nachlässig arbeiten würde, wenn er Aufträge erteilt und Material bestellt, wäre er schnell raus aus dem Geschäft*«.

Er schätzt, dass Londoner Ministerien bei besserer Haushaltsführung leicht 5 bis 10 Prozent Kosten vermeiden könnten. Das wären fast 10 Milliarden Pfund.

Mit Bangen warteten die Briten auf das radikale Sparprogramm, mit dem der britische Schatzkanzler die Nation vor dem Parlament überrascht hatte. Die Maßnahmen werden das härteste Sanierungsprogramm für den öffentlichen Haushalt, das Großbritannien je schultern musste. Nie hat ein britischer Schatzkanzler dem Land innerhalb von nur vier Jahren Ausgabenkürzungen von 84 Milliarden Pfund und Steuererhöhungen von 29 Milliarden Pfund, also einen fiskalpolitischen Einschnitt von 6,3 Prozent des Bruttoinlandsproduktes, auferlegt.

Die Konsequenzen werden hart. Das staatliche Budget-Office erwartet, dass die Budgetkürzungen der Ministerien und Stadtbehörden dazu führen werden, dass 600.000 Arbeitsplätze im öffentlichen Dienst gestrichen werden. Die drastischen Kosteneinsparungen des Staates werden darüber hinaus Auswirkungen auf den Privatsektor haben. Auch dort werden wegen mangelnder Aufträge des Staates etwa eine halbe Million Arbeitsplätze bis zum Jahr 2015 wegfallen. Es wird vor allem den privaten Dienstleistungssektor und das Baugewerbe treffen. Dies wäre ein willkommener Beitrag für die 84 Milliarden Pfund, die Osborne an Kosten im öffentlichen Dienst streichen will. Er wird beweisen müssen, ob er an seinem Ziel festhalten kann, das Haushaltsdefizit von derzeit 11,8 Prozent des Bruttoinlandprodukts bis zum Jahr 2014/15 auf 4 Prozent zu reduzieren. Nach zermürbenden Verhandlungen der Regierung mit jedem einzelnen Ministerium wird er verkünden, in welcher Höhe die Ministerien ihre jeweiligen Sparprogramme umsetzen müssen. Dabei hat Osborne eingerechnet, dass die Ausgaben für das Gesundheitswesen real steigen müssen. Es ist von den Kürzungen ausgenommen, ebenso britische Hilfe an Übersee. Das Verteidigungs- und Bildungsministerium muss nur mäßig zur Haushaltssanierung beitragen, andere Haushalte dafür umso mehr, meist mit 25 Prozent Ausgabenkürzungen. Zu den Ministerien, die ihre Budgets am schärfsten reduzieren und daher wohl auch die meisten Arbeitsplätze werden abbauen müssen, gehören die Haushalte Transport, Justiz, Innenministerium, Arbeit, Wirtschaft und Forschung sowie die einzelnen Stadtbehörden.

Es hört sich alles so einfach und glaubwürdig an, doch die Wirklichkeit sieht in der Realität sehr viel anders aus. Das erste Quartal 2011, zeigt nicht die gewünschten Steigerungszahlen der Staatseinnahmen und es könnte sogar ein Rückfall in eine Rezession erfolgen.

Osborne darf mit Blick auf die Konjunktur das Vertrauen der Konsumenten nicht zu sehr schwächen. Aber es müssen auch Sozialleistungen gestrichen werden. Der Staat zahlt nach Angaben des Instituts for Fiscal Studies jährlich knapp 160 Milliarden Pfund für Sozialausgaben an seine Bevölkerung. Das sind umgerechnet etwa 3.000,-- Euro für jede Person im Land. Dies macht ein Viertel der gesamten Staatsausgaben im Jahr aus. Osborne schockierte daher den britischen Mittelstand und konservative Wähler, als er auf dem Parteitag der Konservativen verkündete, das Kindergeld werde für einen Haushalt von 2013 an gestrichen, wenn eine Person ein Jahreseinkommen von mehr als umgerechnet 48.000,-- Euro erzielt, damit also einem Steuersatz von 40 Prozent unterliegt. Bisher wurde das Kindergeld unabhängig vom Einkommen gezahlt. Kritiker fürchten, dass das Sparprogramm die Konjunkturerholung abwürgen könnte. Gewerkschaften bereiten sich auf Streiks vor. Zwar hat es in der Vergangenheit schon Finanzminister gegeben, die den Haushalt in ähnlicher Größenordnung saniert haben, nie aber in der kurzen Zeit, die Osborne bis zum Jahr 2014/15 bleibt. Mit einem Wirtschaftswachstum von nur 1,7 Prozent nach der Rezession ist der volkswirtschaftliche Hintergrund für die Haushaltssanierung prekärer als je zuvor. Dennoch setzt die Regierung darauf, dass die harten Maßnahmen an den Kapitalmärkten belohnt werden und der Staat und die Privatwirtschaft von niedrigeren Refinanzierungskosten profitieren werden. Dies würde dann auch der Privatwirtschaft helfen, neue Arbeitsplätze zu schaffen.

Der Notenbankgouverneur und seine Kollegen im geldpolitischen Komitee warten derweil ab, wie das Sparpaket ausfallen wird und was sich daraus für den Konsum und das Wirtschaftswachstum ablesen lässt. Noch hält die Bank von England an ihrem extrem niedrigen Eckzins von 0,5 Prozent fest. Ihr Programm der quantitativen Lockerung in Höhe von 200 Milliarden Pfund hat sie bisher nicht ausgeweitet.

Zurzeit hat die Bank von England ihre Wachstums- und Inflationsprognosen anpepasst. Derzeit lässt das Wirtschaftswachstum wieder nach, sinken die Preise am britischen Immobilienmarkt wieder, werden durch die Sparmaßnahmen im Lande insgesamt fast 1 Million Arbeitsplätze gestrichen und steht ab Januar eine Erhöhung der Mehrwertsteuer auf 20 Prozent bevor. Man hat die Ministerien aufgefordert, ihre Ausgabenpolitik grundlegend zu überprüfen. Ministerien mussten der Regierung Konzepte präsentieren, wie die Aufgabe des Staates in ihrem Haushalt neu formuliert werden könne, indem sein Handeln auf den Privatsektor gelenkt werde. Die Devise lautet: Sanierung plus Reform.

Leider sehen die Studentenschaft des Königreiches diese Spar--maßnahmen mit unterschiedlichen Augen. Kurz nach Bekanntgabe der stark steigenden Studiengebühren fanden sich in London zahlreiche Studenten zu Demonstrationen zusammen.

Berstende Fensterscheiben, verletzte Polizisten, brennende Plakate. In London sind die Studentenproteste gegen höhere Studiengebühren in Gewalt umgeschlagen. Studenten haben während einer Demonstration gegen höhere Studiengebühren die Zentrale der regierenden Tory-Partei in London gestürmt. Ein Teil der Demonstranten besetzte den Empfang im Erdgeschoss, wobei Möbel demoliert wurden. Auch Fensterscheiben gingen zu Bruch. Andere kletterten auf das Dach des Parteihochhauses am Themse Ufer und entrollten Plakate. Die Polizei wurde von der Gewaltbereitschaft der Demonstranten überrascht und war zunächst weitgehend machtlos.

Aus dem Demonstrationszug wurden Wurfgeschosse wie Flaschen und Stöcke auf Polizisten geschleudert. Vor der Parteizentrale entzündeten die Studierenden ein Feuer und lieferten sich Handgreiflichkeiten mit der Polizei. Einige Ordnungshüter, wie auch Demonstranten, erlitten leichte Verletzungen. Insgesamt wurden nach Polizeiangaben 8 Menschen in Krankenhäusern behandelt. Zuvor waren Zehntausende Studierende in einem Protestmarsch friedlich durch das Regierungsviertel gezogen.

Man verurteilte die Gewalt. 99,9 Prozent der Studenten haben friedlich demonstriert. Nach Angaben der Demonstranten beteiligten sich 50.000 junge Leute an dem Protest. Sie brachten ihren Ärger darüber zum Ausdruck, dass die Regierung die Studiengebühren auf bis zu 9.000 Pfund, also rund 10.440,-- Euro, pro Studienjahr fast verdreifachen will. Bisher zahlen Studierende an Universitäten in England, Wales und Nordirland bis zu 3.200 Pfund pro Studienjahr.

Die Erhöhung der Studiengebühren ist Teil des Sparkonzeptes der Regierung. Das nach der Bankenkrise hoch verschuldete Großbritannien kämpft gegen Staatsverschuldung und Rekorddefizit. In den nächsten vier bis fünf Jahren sollen im Staatshaushalt 81 Milliarden Pfund eingespart werden.
Die Hochschulen sollen mit 2,9 Milliarden Pfund zum Abbau des hohen Staatsdefizits beitragen. Die Regierung argumentiert, die höheren Studiengebühren würden den Wegfall der staatlichen Mittel kompensieren und die Attraktivität der Unis erhöhen.

Wie sich die Zeiten doch geändert haben. Aus der Vergangenheit wissen wir, dass es vor zwei, drei Generationen noch absolut undenkbar gewesen wäre, Sparkurse auf dem Rücken der arbeitenden Bevölkerung auszutragen. Denn nicht nur die Mittelständler hatten sich Ethik und Moral so weit verpflichtet, dass sie bereit waren, auch in schlechten Zeiten für ihre Mitarbeiter zu sorgen.

Wir müssen uns wirklich fragen, wie krank ist eine Gesellschaft, in der das Kapital deutlich mehr verdient als die Arbeitsleistung. Sei es nun geistige oder auch körperliche Arbeit.

Wenn einige wenige in der Stunde so viel verdienen wie Millionen von Arbeitnehmern im Monat, dann muss doch irgendetwas faul sein, und wenn ihnen das dann noch nicht einmal peinlich ist, sondern sie es für angemessen halten, dann kann man doch nicht einfach nur fassungslos zusehen.

Die Grundkosten des einfachen Lebens sind doch für jedermann gleich, aber bei Millionen geht mittlerweile mehr als die Hälfte des Einkommens schon für Miete und Nebenkosten weg. Dann sollen noch Rücklagen für die private Altersvorsorge getroffen werden.

Wovon? Und dann beklagt man die permanente Stagnation der Binnennachfrage und die daraus resultierend hohe Zahl der Arbeitslosen.

Unprofessioneller geht es doch wohl kaum noch!

Wenn Weihnachten auf einen 13. fällt, ist es schon möglich, dass es mit der Wirtschaft wieder bergauf geht.

Wenn Politiker vor der Wahl versichern, mit ihnen sei keine Erhöhung der Mehrwertsteuer zu machen, und eine andere Partei mutig eine Erhöhung von 2 Prozentpunkten ankündigt, so ergibt das unter dem Strich in Deutschland satte 3,0 Prozent Erhöhung. Wenn der erhebliche Mineralölsteueranteil auf Benzin, Super und Diesel auch noch *prozentual* mit Mehrwertsteuer belastet wird, so ist das mit an Sicherheit grenzender Wahrscheinlichkeit verfassungswidrig!

Wenn es so ist, wie gerade beschrieben, kann doch der Staat kein ernsthaftes Interesse daran haben, sich regulierend in die Preispolitik der Mineralölkonzerne einzumischen. Scheinheilig wird daher nach Außen ein günstigerer Benzinpreis gefordert, im stillen Kämmerlein reiben sich die Damen und Herren Politiker aber die Hände und der Finanzminister lässt die Korken knallen.

Pervers wird es dann, wenn es weder das Bundeskartellamt noch der ADAC mit der Macht von über 15 Millionen Mitgliedern schafft, dem selbstbedienerischen Treiben der Mineralölkonzerne

Einhalt zu gebieten. Die Regierung von Nigeria ist ja auch mit dem Mineralölkonzern Shell gut Freund, obwohl dieser nachweislich das Land und die Ärmsten der armen Einwohner von Nigeria ausbeutet und zugrunde richtet. *Wes Brot ich ess, des Lied ich sing.*

Es ist schlimm genug, wenn man dem Gewinnmaximierungsirrsinn zum Opfer gefallen ist, aber noch schlimmer ist, wenn man von den Arbeitgebern und vor allem den Volksvertretern regelrecht auf den Arm genommen wird. So werden ständig Tatsachen verdreht und Statistiken geschönt.

Umschüler und 400,-Euro-Jobber erscheinen nicht mehr in den Arbeitslosenstatistiken, obwohl man unter Arbeit eigentlich sozialversicherungspflichtige Arbeitsverhältnisse versteht, die auch ihren Mann ernähren. Alles andere ist nur Kosmetik und größtenteils menschenunwürdig. Das ist aber noch nicht alles.

Das eigentliche Kernproblem wird verschwiegen; denn bei Berechnung der späteren Rentenansprüche spielen nun mal die Einkünfte der letzten Jahre einer Erwerbstätigkeit eine wesentliche Rolle.

So macht es auch gar keinen Sinn, freiwillig Rentenbeträge für Fehlzeiten nachzuzahlen, es sei denn, man kann es sich leisten, Höchstsätze einzuzahlen, ansonsten rechnet es sich jedenfalls niemals.

Kürzlich konnte man hören, dass es klar wäre, dass man keine Arbeit mehr suchen würde, wenn man fast genau so viel bekäme, als Leute, die arbeiten. Diese Argumentation ist natürlich eine Farce. Fakt ist nämlich nur, dass dies beweist, dass die Entlohnung bei manchen Arbeitsverhältnissen *bei Weitem zu niedrig ist,* während das Kapital nahezu jedes Jahr sattere Gewinne macht.

Dies ist einfach unmoralisch und erinnert an Sklavenhandel.

Überall und ständig ist von Arbeitslosigkeit die Rede. Dieser Ausdruck ist heute jedoch seines eigentlichen Sinnes beraubt. Steht er doch für ein ganz anderes Phänomen als das, welches er zu bezeichnen scheint und das nicht mehr existiert. Man lenkt uns in dem Zusammenhang mit komplizierten, zumeist trügerischen Versprechen ab, die winzige Mengen an neuen Arbeitsplätzen in Aussicht stellen, die mit niedrigsten Löhnen verbunden sind. Lächerliche Prozentsätze angesichts der Millionen von Individuen, die von der Beschäftigung ausgeschlossen sind und es noch Jahrzehnte bleiben werden.

In welchem Zustand werden sie dann sein, sie, die Gesellschaft, der Arbeitsmarkt?

Tatsächlich ist immer wieder mit fröhlichen Betrügereien zu rechnen, wie etwa mit dem Trick, der mit einem Schlag 250.000 bis 300.000 Arbeitslose aus den Statistiken herausgenommen hat, indem all diejenigen aus der Statistik gestrichen wurden, die mindestens 78 Arbeitsstunden im Monat arbeiten, also weniger als zwei Wochen, und zwar ohne Absicherung. *Darauf muss man kommen.* Erinnern wir auch daran, dass das Schicksal der hinter den Zahlen der Statistiken verborgenen Körper und Seelen völlig gleichgültig ist, allein die Art der Berechnung zählt. Nur auf die Zahlen kommt es an, auch wenn sie keinerlei realen Zahlen, nichts Lebendigem, keinem Resultat entsprechen, auch wenn sie nichts anderes als die Vorführung eines Schwindels sind. Reine Eulenspiegelei!

Einige Monate zuvor hatte eine andere Regierung siegreich aufgejubelt und sich stolz in die Brust geworfen, hatte die Arbeitslosigkeit etwa abgenommen? Nein, gewiss nicht. Im Gegenteil, sie war weiter angestiegen, nur weniger schnell als im Vorjahr!

Während man so das Publikum unterhält, haben Millionen von Menschen für eine bestimmte Zeitspanne, die vielleicht allein durch ihren Tod begrenzt wird, nur einige wenige Rechte. Das Recht auf Elend oder auf mehr oder minder baldiges Elend, häufig das Recht auf den Verlust eines Daches über dem Kopf und auf den Verlust jeglicher sozialer Achtung und jeglicher Selbstachtung. Außerdem auf eine unsichere oder gescheiterte Identität. Uns das Recht auf das schmählichste aller Gefühle, die Scham.

Denn jeder sieht sich als gescheiterter Meister seines eigenen Schicksals, wo er in Wirklichkeit doch nur eine vom Schicksal geschlagene Ziffer in einer Statistik ist.

Es sind Massen von Menschen, die allein oder in der Familie darum kämpfen, nicht zu verkommen oder zumindest nicht allzu sehr und nicht allzu schnell. Ohne die unzähligen am Rande mitzurechnen, die Angst haben und mit dem Risiko leben, in den geschilderten Zustand abzugleiten.

Nicht die Arbeitslosigkeit für sich genommen ist das Verhängnisvollste, sondern das Leid, das sie hervorruft und das zum großen Teil daraus resultiert, dass der Begriff nicht mehr dem entspricht, was er charakterisiert. Der Begriff Arbeitslosigkeit vermittelt etwas, was zwar nicht mehr gilt, aber noch immer ihren Status bestimmt. Ein Arbeitsloser ist heute nicht mehr Objekt einer vorübergehenden Ausgliederung aus dem Wirtschaftsprozess, die nur einzelne Sektoren betrifft, nein, er ist Teil eines allgemeinen Zusammenbruchs, eines Phänomens, das mit Sturmfluten, Hurrikans oder Wirbelstürmen vergleichbar ist, die auf niemanden abzielen und denen niemand Widerstand entgegensetzen kann. Er ist Opfer einer globalen Logik, die die Abschaffung dessen erfordert, was Arbeit genannt wird, das heißt die Abschaffung der Arbeitsplätze.

Sozialpolitik und Wirtschaft tun jedoch noch immer so, als würden sie auf Wechselbeziehungen aufbauen, die auf Arbeit gegründet sind. Diese ist aber nicht mehr vorhanden und die so entstandene Diskrepanz hat unerbittliche Auswirkungen. Die Opfer dieses Verschwindens, die Beschäftigungslosen, werden nach denselben Kriterien behandelt und beurteilt wie zu der Zeit, als es Beschäftigung in Hülle und Fülle gab. Bei ihnen werden Schuldgefühle geweckt. Sie fühlen sich schuldig an der Tatsache, der Arbeit beraubt, um sie betrogen worden zu sein. Sie werden von trügerischen Versprechen eingelullt, die den schon bald wieder aufblühenden früheren Reichtum an Arbeit prophezeien und verkünden, die von widrigen Umständen hart bedrängte Konjunktur sei bald wieder in Ordnung gebracht.

Es kann doch nicht sein, dass ein Mann mehrere Jobs annehmen muss, damit seine Kinder, seine Frau und er überleben. Der Staat muss dafür sorgen, dass das Dach über dem Kopf und die Dinge, die man zwingend zum täglichen Leben braucht, wie Grundnahrungsmittel Brot, Kartoffeln, Nudeln, Reis, Gemüse, Salat, Obst, Mehl, Öl, für jeden erschwinglich bleiben. Ein Denkansatz hierbei wäre, bei diesen Produkten gänzlich auf Mehrwertsteuer zu verzichten. Aber auch das genügt nicht. Man könnte für Interessierte, Engagierte freiwillige Arbeitsplätze in der Landwirtschaft schaffen, die dazu beitragen, auf staatlichen Flächen entsprechende Grundnahrungsmittel anzubauen, sodass diese insgesamt mehr zur Verfügung stehen. Die Agrarlobby stimmt dem natürlich absolut nicht zu. Durch fallende Nachfrage würde ein größeres Angebot entstehen und somit die Preise fallen. Dies wäre sozialpolitisch das geringere Übel!

Hat man dann noch das Pech, allein zu sein und keinen Partner zu haben, der mit einem sprichwörtlich durch dick und dünn geht, ist ein Suizid nicht mehr allzu fern. Es ist nur eine Frage der Zeit. Besinnen wir uns also auf das Wesentliche im Leben.

Aber da geht es schon los.

Was ist denn eigentlich das Wesentliche?

Das den Menschen zum Menschen macht und damit von allen anderen, weniger intelligenten Lebewesen unterscheidet? Tiere kennen keine Moral. Dennoch schaffen es die meisten Arten, generationenübergreifend würde- und liebevoll miteinander umzugehen und sich gegenseitig nicht nur zu akzeptieren und zu respektieren, sondern auch und nicht zuletzt durch gutes Beispiel und Vorbild zu helfen.

Vielleicht liegt es daran, dass Tiere kein Geld haben und offenbar auch keines brauchen. Schon beim Heiligen Franziskus heißt es sinngemäß, dass man sich keine Sorgen machen solle; auch die Vögel würden nicht säen und dennoch stände ihnen die Ernte zur Verfügung. Dabei würden die meisten Menschen ja gerne säen, aber sie haben weder den Boden, um etwas zu säen noch Saatgut noch Geld für Saatgut. Also müssen sie sich, möglichst gewaltfrei, mit denen arrangieren, die das alles haben. Erst wenn ihr Anliegen permanent missachtet wird und sie dauerhaft ausgebeutet werden, haben Sie das legitime Recht, sich mit allen ihnen zur Verfügung stehenden Mitteln zu wehren. Aber dann wird es für viele wohl zu spät sein. Für die einen, weil sie weder die psychische noch physische Kraft haben, diesen Punkt zu erreichen, für die anderen, weil diejenigen, die diese Kraft sehr wohl haben, nicht mehr zu halten sein werden und in einem an Spartakus erinnernden, nie da gewesenen Amoklauf, wild um sich schießen werden.

Viele begeben sich in Gleichgültigkeit, doch Gleichgültigkeit ist grausam.

Sie ist die stärkste, wahrscheinlich die einflussreichste Kraft. Sie bildet den Nährboden für so viele Maßlosigkeiten und führt auf schlimme, ja verhängnisvolle Abwege. Unser Jahrhundert legt auf tragische Weise Zeugnis davon ab.

Die Gleichgültigkeit ist fast immer die Haltung der Mehrheit, und ihre Wirkung ist deshalb nicht zu bremsen. Die friedliche Ahnungslosigkeit der Gesellschaft angesichts einer völligen Einfluss-nahme bestimmter Kräfte war in den letzten Jahren nicht zu überbieten.

Noch nie wurden geschichtliche Entwicklungen in einem solchen Ausmaß verschleiert, immer weniger haben wir gemerkt, wie sehr unsere Gesellschaft unterwandert wird. Ein allgemeines Desinter-esse breitet sich aus. Es ist so groß, dass es gar nicht wahrgenommen wird. Sorglosigkeit und mangelnde Aufmerksamkeit sind sicherlich das Ergebnis heimlicher, aber zielstrebig angewandter Strategien, die wie trojanische Pferde langsam eingeschleust wurden und sich dabei auf das stützen konnten, worauf sie gezielt hingearbeitet hatten.

Das Fehlen jeglicher Wachsamkeit. Dadurch sind sie nicht aufzuspüren und arbeiten um so wirksamer.

So wirksam, dass die politischen und ökonomischen Landschaften sich vor den Augen der Öffentlichkeit verwandeln konnten, ohne Aufmerksamkeit oder gar Besorgnis zu erregen. Das neue Schema von globaler Geltung konnte sich unbemerkt in unser Leben einschleichen und herrscht, ohne beachtet zu werden, außer von den ökonomischen Kräften, die dieses Schema entworfen haben. Wir leben in einer neuen Welt, die von diesen Kräften nach unbekannten Regeln regiert wird, agieren und reagieren aber, als ob nichts wäre, und träumen noch immer nach den Regeln einer längst nicht mehr gültigen Ordnung und Wirtschaftsstruktur vor uns hin.

Unsere schläfrige Gleichgültigkeit und unser Schlummer waren so stark, dass wir, wenn wir heute wider Erwarten einen bestimmten politischen oder sozialen Prozess, ein bestimmtes politisch korrektes Piratenstück verhindern wollten, feststellen müssen, dass die Projekte, gegen die wir angehen wollen, während unseres Dämmerzustandes von langer Hand und gegen den Allgemeinwillen sorgfältig vorbereitet worden sind und inzwischen eine so solide Grundlage haben, dass sie die Einzigen sind, die den jetzt gültigen Prinzipien entsprechen. Sie erscheinen also als fest verankert, als nicht wieder rückgängig zu machen und oft sogar ganz einfach als eine der vielen politischen Gegebenheiten. Wenn wir eingreifen, oder einzugreifen glauben, ist bereits alles schon lange eingefädelt. Jede Form des Protestes wurde von vornherein im Keim erstickt. *Man hat uns nicht vor die vollendeten Tatsachen gestellt, man hat sie uns direkt aufgezwungen.*

Ich möchte zur Verständlichung der Situationen, hier eine Übersicht der letzten Demos in Paris und Stuttgart aufzeichnen.

Brennende Autos, Steinwürfe auf die Polizisten. In Frankreich ist es am Rande von Schülerprotesten gegen die Rentenreform zu schweren Zusammenstößen zwischen Polizei und Jugendlichen gekommen. Die Beamten setzen Tränengas ein. Streiks und Benzinknappheit beeinträchtigen den Flugverkehr schwer.

Im Pariser Vorort Nanterre warfen Schüler Steine auf die Einsatzkräfte und zündeten ein Auto an. Die Polizei setzte daraufhin Tränengas ein und sperrte das Gebiet ab.

Die Schule der Jugendlichen war bereits am Montag wegen Ausschreitungen geschlossen worden. 379 Schulen waren von Aktionen betroffen und damit deutlich mehr als bisher. In Paris blockierten etwa 200 bis 300 Schüler teilweise den Platz der Republik. Auch drei Universitäten in Bordeaux, Pau und Rennes waren völlig blockiert – andere teilweise. Logistisch versinkt Frankreich durch die Streiks im Chaos. Die Flughäfen des Landes forderten die Airlines zu einer drastischen Kürzung ihrer Flüge auf. Die Proteste verursachten ernsthafte Schwierigkeiten, erklärte die Luftfahrtbehörde. Der Nahverkehr in zahlreichen Städten war ebenfalls lahmgelegt, in Paris lief der U-Bahn- und Bus-Verkehr aber weitgehend normal. Viele Flüge mussten gestrichen werden; am Pariser Flughafen Orly sollte die Hälfte aller Flüge ausfallen, am Hauptstadt Flughafen Charles de Gaulle etwa 30 Prozent. Bei der Staatsbahn SNCF wurde damit gerechnet, dass nur einer von zwei TGVHochgeschwindigkeitszügen rollen würde.

Beschäftigte blockierten erneut Treibstoff-Depots und Raffinerien, um den Druck auf die konservative Regierung zu erhöhen. Weil das Benzin knapp wird, bildeten sich an den Tankstellen wieder Schlangen. Insgesamt waren inzwischen 2.500 der 12.500 Tankstellen des Landes von der Benzin- und Dieselknappheit betroffen; die zwölf Raffinerien des Landes waren weiter lahmgelegt. Die Regierung hatte beschlossen, auf die für 30 Tage angelegten strategischen Reserven in den Treibstoff-Depots der Industrie zurückzugreifen.

Die für 60 Tage reichenden strategischen Reserven unter staatlicher Kontrolle wurden noch nicht angezapft. Die Internationale Energieagentur hatte hervorgehoben, dass die französischen Reserven ausreichend seien. Natürlich gibt es ein logistisches Problem, um den Treibstoff an die Zapfhähne zu bringen, so ein Sprecher, mit Blick auf die Blockaden der ÖlDepots. Die Streiks und Blockaden richten sich gegen das Vorhaben der Regierung von

Präsident Nicolas Sarkozy, das Rentenalter von 60 auf 62 Jahre anzuheben. Die entscheidende Abstimmung über die Reform soll in Kürze im Senat stattfinden.

Die Gewerkschaften wollen die Regierung dazu bringen, das Gesetz doch noch fallen zu lassen. Sarkozy bezeichnete die Reform als den einzigen Weg, um Frankreichs Rentensystem zu retten.

Ich glaube, die Bevölkerung in Deutschland, genauso wie in Frankreich, wird nicht darum herumkommen, der Wahrheit ins Auge zu sehen.

Und die Wahrheit heißt:

Die Menschen leben länger, und wenn eine vernünftige Rente garantiert werden soll, dann muss die Tatsache, dass wir länger leben, auch dazu führen, dass die Lebensarbeitszeit länger wird. Auch in Deutschland fanden Proteste gegen die Erhöhung des gesetzlichen Rentenalters von 65 auf 67 Jahre statt. Auch dabei hatt es sehr viele Widerstände gegeben, und viele Menschen verstehen es bis heute nicht. Trotzdem muss jeder selbst die Weichen für seine Zukunft stellen. In Deutschland wird das stufenweise eingeführt, genauso wie in Frankreich.

Aber es wäre ganz schlecht für die junge Generation, wenn man jetzt einfach die Augen verschließen würde vor der Realität und eines Tages unsere Kinder und Enkel mit den ganzen Problemen dasitzen.

In Lyon warfen Randalierer Schaufensterscheiben ein, Mülltonnen und Autos wurden in Brand gesetzt. In der Hauptstadt wurde eine 15-Jährige durch einen explodierenden Motorroller so schwer verletzt, dass sie ins Krankenhaus gebracht werden musste. In der Stadt Le Mans brannte eine Schule ab, die zuvor blockiert worden war. Der Bürgermeister vermutete einen kriminellen Hintergrund. Unklar blieb aber, ob das Feuer im Zusammenhang mit den Protesten stand.

Die Regierung reagierte mit Unverständnis. Präsident Nicolas Sarkozy drohte mit einem entschlossenen Vorgehen gegen Randalierer und übte scharfe Kritik an der Blockade von Ölraffinerien, die einen landesweiten Treibstoffmangel verursacht haben. In einer

Demokratie, in der die Mehrheit der Menschen arbeiten wolle, dürfe so etwas nicht passieren, sagte Sarkozy. Das Recht zu demonstrieren bedeutet nicht, dass es ein Recht gibt, Dinge kaputt zu schlagen, konnte man hören. Die Regierung gab die Zahl der festgenommenen Randalierer seit Beginn der Protestwelle mit über 1.100 an.

Neben den Randalen gab es auch die friedlichen Kundgebungen. Insbesondere die mittelständische Wirtschaft in Frankreich klagt über die Auswirkungen der Streiks in wichtigen Branchen. Nach der Wirtschaftskrise der vergangenen drei Jahre hätten die Klein- und Mittelbetriebe keine Kraft mehr, länger an dauernden Arbeitsniederlegungen standzuhalten.

In Frankreich haben die Gewerkschaften bereits zwei Mal, in den Jahren 1995 und 2006, mit langwierigen Protesten eine Rentenreform verhindert. Den derzeitigen Plänen zufolge sollen die Franzosen künftig frühestens mit 62 Jahren statt bisher mit 60 Jahren in Rente gehen können. Die volle Rente können Franzosen dann erst mit 67 statt wie bisher mit 65 beziehen. Die Mehrheit der Franzosen unterstützt die Proteste gegen die Reform. Sarkozy bezeichnete es dennoch als seine Pflicht, die umstrittene Anhebung des Rentenalters durchzusetzen.

In Deutschland ist die Rentenreform mit einer Anhebung des Rentenalters von 65 auf 67 Jahre schon einige Jahre Gesetz. Doch gegen die 2012 startende Neuregelung gibt es auch in Deutschland nach wie vor große Vorbehalte.

Wollen wir uns doch einmal das Mindestalter und die Beitragszeiten etwas näher ansehen:

Frankreich: Das Mindestalter für den Bezug einer vollen Rente wird bis 2018 schrittweise von 60 auf 62 Jahre angehoben. Das bedeutet beispielsweise, dass diejenigen, die 1952 geboren wurden, acht Monate länger arbeiten müssen. Volle zwei Jahre länger müssen all diejenigen arbeiten, die 1956 geboren wurden.

Deutschland: Zwischen 2012 steigt das Alter zum Bezug einer ungekürzten Rente schrittweise von 65 auf 67 Jahre. Der erste Jahrgang, der einen Monat über das 65. Lebensjahr hinaus arbeiten muss, ist der Geburtsjahrgang 1947. Wer 1965 geboren wurde, muss für die volle Rente bis 67 arbeiten.

Beitragszeiten:

Frankreich: Um früh die volle Rente zu bekommen, müssen Franzosen künftig länger Beiträge zahlen. Wie es bereits ein Gesetz aus dem Jahr 2003 vorsieht, wird die Beitragsdauer verlängert. Grundlage dafür sind die Angaben des Statistikamtes zum Anstieg der Lebenserwartung. Bis 2020 müssen Franzosen voraussichtlich 41,5 statt 40,5 Jahre Beiträge leisten.

Deutschland: Eine Mindestbeitragszeit zum Bezug der Altersrente wie in Frankreich gibt es nicht. Allerdings hängt die Rentenhöhe von der Zahl der Beitragsjahre und den vom Einkommen abhängigen Beitragszahlungen ab. 2009 lag das

durchschnittliche Eintrittsalter in die Altersrente bei 63,2 Jahren

Sonderregelungen:

Frankreich: Das Renteneintrittsalter für diejenigen, die nicht auf die volle Beitragsjahreszahl kommen, soll bis 2023 schrittweise von 65 auf 67 Jahre angehoben werden. Diejenigen, die körperlich sehr hart arbeiten oder behindert sind, sollen weiterhin früher als andere in Rente gehen können. Sonderregelungen sind auch für Frauen mit vielen Kindern vorgesehen oder für Franzosen, die ihre berufliche Laufbahn sehr früh begonnen haben.

Deutschland: Von der Anhebung des Renteneintrittsalters ausgenommen sollen jene sein, die sehr früh ins Berufsleben gestartet sind und mindestens 45 Jahre Beiträge bezahlt haben. Sie dürfen auch künftig ohne Abschläge mit 65 in Rente gehen. Behinderte können mit 63 ohne Abzüge Rente beziehen. Wer nicht bis zum gesetzlich festgelegten Renteneintrittsalter arbeiten will, kann künftig frühestens mit 63 in Rente gehen, dann allerdings mit Abschlägen von 0,3 Prozent je Monat. Wer also nach 2029 schon mit 63 Rentner werden will, muss einen Rentenabschlag von 14,4 Prozent hinnehmen.

Rentenfinanzen:

Frankreich: Um das Milliardenloch in der Rentenkasse zu stopfen, ist zudem die stärkere Besteuerung von hohen Einkommen und Kapitaleinkünften geplant. Das französische Rentensystem ist derzeit mit rund 32 Milliarden Euro in den Miesen. Bis 2020 wird das Defizit Schätzungen zufolge auf 45 Milliarden Euro steigen.

Deutschland: Die Rentenkassen sind, trotz Krise, noch gut gefüllt. Zum Jahresende 2010 beträgt die «eiserne Reserve» voraussichtlich gut 14 Milliarden Euro, was etwa 87 Prozent einer Monatsausgabe entspricht. Ende 2009 betrug die Rücklage noch 16,2 Milliarden Euro. Stiege die Rücklage über 1,5 Monatsausgaben, müsste der Beitragssatz von derzeit 19,9 Prozent gesenkt werden. Die Beiträge werden von Arbeitnehmern und Arbeitgebern jeweils zur Hälfte bezahlt. Trotz all dieser Zahlen, Arbeitnehmer- und Arbeitgeberanteilen, Prozentsätzen und Altersklassen, es zeigt sich für mich sehr klar, wer die Macht hat, bestimmt den Ablauf des Geschehens. So können wir auch Wandlungen verfolgen.

Wie die eines der Stararchitekten für den Bau eines neuen Bahnhofes in Stuttgart. Er war einer der Väter von Stuttgart 21, doch nun fordert er den sofortigen Stopp des umstrittenen Bahn Projektes. Architekt Frei Otto warnt eindringlich vor den Gefahren für Leib und Leben. Eine Untersuchung bestärkt ihn. Otto warnt davor, mit dem Bau des neuen Hauptbahnhofes zu beginnen. Man müsse jetzt die Notbremse ziehen. Stuttgart 21 ist eines der teuersten Bahnprojekte aller Zeiten in Deutschland und das umstrittenste. Der alte, denkmalgeschützte Bahnhof soll teilweise abgerissen und unter die Erde gelegt werden, aus dem Kopf soll ein Durchgangsbahnhof werden. Dafür wird ein 33 Kilometer langes mehrgleisiges Tunnelsystem gebohrt. Otto, der vor einem Jahr aus der S-21 Projektgruppe wegen wachsender Sicherheitsbedenken ausschied.

»Aus moralischer Verantwortung heraus kann ich nicht anders handeln«. Mehrere Gefahren sieht der Architekt, der 1997 den Wettbewerb für den Tiefbahnhof gewonnen und ihn mit entworfen hat. Dass der Bahnhof eventuell überschwemmt werde, oder aber auch, dass er *»wie ein U-Boot aus dem Meer«* aufsteigen könne. Stuttgarts Erde ist tückisch. Voller Wasser und Quellen, Gipsschichten mit hohem Anhydridanteil, also Mineralien, die aufquellen, Hohlräume, die unkontrollierbar Krater bilden können. Im badischen Staufen, wo die Erde zwecks Erdwärmegewinnung angepiekst wurde, hoben sich Häuser und bekamen Risse. In der Nähe von Stuttgart selbst muss derzeit ein Autobahntunnel aufwendig repariert werden, weil der Druck aus der Tiefe die Straße verformt. Ein geologisches Gutachten für die Deutsche Bahn von 2003, das bisher nur ein kleiner Personenkreis kannte, nicht aber Abgeordnete oder gar Stuttgarts Öffentlichkeit, bestätigt Frei Ottos Bedenken.

Eine Studie belegt, wie gefährlich Stuttgarts Untergrund ist. Löchrig wie ein Käse, voller Dolinen und Hohlräume, sie zeigt, dass Bauarbeiten in diesem Grund enorm schwierig werden. Es lässt sich kaum abschätzen, wie lange sie dauern. Unkalkulierbar scheint zudem, wie viel die Arbeiten in diesem Untergrund kosten. *»Mit dem Wissen von heute kann ich dieses Projekt nicht mehr verantworten. Ich würde auch nicht mehr in die Tiefe gehen, das wollte ich sowieso nie, das wollte der Auftraggeber«.* Bei Stuttgart 21 geht es nicht um mögliche Risse in Häusern, es geht um mögliche Krater, in denen Häuser verschwinden können. Es geht um Menschenleben.

Unsere Passivität hält uns in den Maschen eines politischen Netzes verstrickt, das die ganze Welt umspannt. Interessant ist weniger die Frage nach Wert oder Unwert der Politik, die für diese Entwicklung verantwortlich zeichnet, als vielmehr die Tatsache, dass ein solches System, ohne einen Wirbel oder Diskussionen auszulösen, zum gültigen Dogma erhoben werden konnte. Erst spät kommt es zu vereinzelten Reaktionen. Dieses System hat aus dem natürlichen Raum einen virtuellen Raum gemacht, es hat die absolute Vorrangstellung des Marktes und seiner Schwankungen etabliert und äußerst geschickt jeglichen Reichtum konfisziert und ihn außer Reichweite gebracht oder in Form von Symbolen abgewertet, die zu Knotenpunkten des abstrakten Geldes- und Güterverkehrs wurden und nur noch rein virtuellen Austauschbeziehungen zur Verfügung stehen.

Trotzdem mühen wir uns noch mit Flickschustereien an einem verfallenem System ab. Dass unser Augenmerk abgelenkt ist, kommt manchen sehr gelegen, es ermuntert sie, die allgemeine Verwirrung weiter voranzutreiben. Uns bringt weniger die augenblickliche Situation in Gefahr, sie wäre durchaus zu ändern, als unsere blinde Zustimmung und allgemeine Resignation gegenüber all dem, was völlig undifferenziert für unausweichlich gehalten wird. Sicher, angesichts der Folgen dieser globalen Wirtschaftsführung kommen zwar allmählich Bedenken auf, meistens handelt es sich jedoch um eine unbestimmte Angst, und diejenigen, die sie spüren, wissen nicht, woher sie kommt.

Man beklagt die Nebeneffekte, die Arbeitslosigkeit als Beispiel, dringt aber nicht bis zur eigentlichen Ursache, der Globalisierung vor, deren Entwicklung man nicht anklagt, weil man sie für schicksalhaft hält.

Ihre Geschichte geht angeblich bis an die Anfänge zurück, ihr Beginn ist nicht zu datieren, und ihr Wirken scheint alles für immer zu beherrschen. Ihre brennende Aktualität entsteht aus der Vergangenheit, denn alles findet statt, weil es stattgefunden hat !

Mit Gewalt und dem Einsatz von Schlagstöcken, Tränengas und Gummigeschossen, in totalitären Staaten auch mit scharfer Munition, wird die Bevölkerung im Schach gehalten und mit Terroristen gleichgestellt.

Siebtes Kapitel

Schon als junger Mensch musste ich feststellen, dass Politik nur wenig im Sinn hat mit Menschlichkeit. Deshalb sollten wir auch die Ethik und die Moral in der globalisierten Welt sehen. Die Welt, in der wir heute leben.
Es gibt keine Freiheit ohne mitmenschliche Ethik und Moral. Deshalb möchte ich hier mit zwei Zitaten beginnen.

»Wer die Freiheit aufgibt, um Sicherheit zu gewinnen, der wird am Ende beides verlieren«
»Sicherheit ist die Voraussetzung für Freiheit! «

Zuerst möchte ich Sicherheit und Freiheit kurz definieren.

Zur Sicherheit:

Ein Individuum ist in Sicherheit, wenn es sich in einem Zustand ohne Gefährdung an Leben, Leib und Eigentum befindet, wenn rechtsstaatliche und demokratische Institutionen verlässlich und konstant funktionieren und man dabei jederzeit über einen unabhängigen und der Wahrheit verpflichteten Informationsfluss verfügt.

Als ich mich mit dem Thema auseinandersetzte, konnte ich es nicht unterlassen, den PC zu konsultieren, um mittels Internet etwas Brauchbares herauszuholen! Die Übung war von kurzer Dauer. Weit mehr als Zigtausend Einträge befassten sich mit dem Thema Sicherheit. Es scheint eines der nachhaltigsten Probleme des modernen Menschen zu sein, Sicherheit in allen Lebenslagen und zu jedem Preis zu erlangen, auch wenn dadurch andere Werte verloren gehen! Der Staatsbesuch des amerikanischen Präsidenten Barack Obama in Indien und anderen Ländern kostete pro Tag USD 200 Millionen, für einen 10-Tage-Aufenthalt bescheidene

USD 2 Milliarden. Die zu erwartenden Gewinne durch Handels-verträge werden schon im Vorfeld ausgegeben.

Zur Freiheit:

Nach Kant ist die Würde des Menschen die Autonomie seines Willens, dessen Freiheit. Diese Freiheit ist die Grundlage jeder menschheitlichen Verfassung und damit des demokratischen und rechtsstaatlichen Prinzips. Die äußere Freiheit ist die Unabhäng-igkeit von eines anderen nötigender Willkür, von dessen Zwang.

Die innere Freiheit gründet in der Sittlichkeit, die ohne Moral nicht zu erreichen ist.

Es wurde mir aber auch klar, dass in allen unseren Lebensbereichen die Verhältnismäßigkeit verloren gegangen ist. Wenn zum Beispiel ein oberer Banker 800-mal mehr verdient als die Reinmacherin, bei der man übrigens schon am ersten Tag merkt, wenn sie nicht da war, während das bei der Geschäftsleitung äußerst unwahrscheinlich ist, ist das ein Zeichen dafür, dass der Weg der Mitte verloren gegangen ist. Es fehlen die grauen Töne.

In vielen Bereichen gibt es nur noch schwarz oder weiß, in der Politik die Polarisierung in links und rechts.

Es existiert kein fruchtbarer Dialog, sondern nur noch ein **_dafür oder dagegen_**. Das Vertreten von Partikularinteressen in jeder Form verhindert eine fortschrittliche Entwicklung unserer Gesellschaft.

Der Verlust der Balance, die Beliebigkeit, das kurzfristige Gewinnstreben, die Gier und das Herausschleichen aus jeglicher Verantwortung sind wesentliche Merkmale unserer zeitge-nössischen Situation. Dass sich besonders unsere Eliten aller Couleur in dieser verwerflichen Haltung profilieren, sprechen Bände.

Gestatten Sie mir einige kurze Betrachtungen vor dem Hintergrund der Aussage im 2. Mose, Exodus 24: Auge um Auge, Zahn um Zahn, eine Aussage, die im Grunde genommen die Balance, die Verhältnismäßigkeit anmahnte, die wir auch im Umgang mit unseren Widersachern bewahren sollten. Erst der Beginn einer verbindlichen Rechtssprechung auf dem Sinai durch Moses gab dem Volk die Sicherheit, in Freiheit leben zu können. Ich beziehe mich bei diesen Betrachtungen zum Teil auf von mir selbst Erlebtes und auf Dinge, die sich in den letzten Jahren vor den Augen der Welt abgespielt haben. So hörte ich von einem Flüchtlingslager im Libanon. Hier hatte man etwa 10.000 Menschen, vor allem Palästinenser in einem Lager untergebracht. Die Menschen aus dem Lager haben gestohlen und der örtlichen Polizei Probleme gemacht. Der Grund waren der Hunger und der Verlust von Heimat und Freiheit. In Deutschland existierte nach dem Krieg ein geflügeltes Wort: *»Mundraub ist gestattet«.* Die Reaktionen der Israeli waren in jeder Beziehung unverhältnismäßig. Um mehr Sicherheit für sich zu erlangen, schränkten sie die Freiheit der Lagerinsassen massiv, zum Teil völkerrechtswidrig ein. Dazu kamen weitere Restriktionen wie Einschränkungen bezüglich Wasser, Lebensmitteln und Medikamenten. Damit war die Gewaltspirale eröffnet. Es folgten Sprengstoffanschläge der Palästinenser und wiederum das 10-fache Zurückschlagen der israelischen Armee. Heute haben wir in Gaza eine Sicherheitsmauer und eine Sperranlage, die der ehemaligen Mauer an der Grenze der *DDR* in nichts nachsteht und mit der das größte Gefängnis auf diesem Planeten installiert worden ist.

Der Preis für die Sicherheit auf der einen Seite ist der totale Verlust von Freiheit auf der anderen Seite.

Der 11. September ist, unabhängig davon, wie man ihn beurteilt, ob als von Amerikanern selbst für die Legitimation eines Präventivkrieges durchgeführt oder als Attentat der Al-Kaida, ist wohl das eklatanteste Beispiel, was Menschen bereit sind zu investieren, wenn es um vermeintliche Sicherheit geht.

Nämlich den Tod Hunderttausender unschuldiger Menschen.

Besonders dramatisch ist es, wenn Gott im Namen eines Kreuzzugs gegen das Böse für ein Verbrechen an der Menschheit instrumentalisiert wird. Der Einsatz *von Uran-Munition* im großen Stil und damit die *Inkaufnahme Zehntausender genetisch geschädigter Kinder* ist ein weiteres Merkmal dieses unglaublichen Verlustes an Verhältnismäßigkeit.

Im Folgenden sollen, ohne Anspruch auf Systematik und bei Weitem nicht auf Vollständigkeit bedacht, einige Punkte der aus dem Ruder gelaufenen Balance vor dem Hintergrund von Freiheit und Sicherheit erwähnt werden. Die Frage müsste eigentlich heißen:

Wie viel Sicherheit braucht das Volk, um sich weiterhin in Frieden und Freiheit entwickeln zu können? Ist ein Alleingang vertretbar? Gibt es einen Mittelweg? Oder braucht es einen Anschluss an ein Bündnis im Rahmen der EU, der NATO oder der UNO?

Die Politik ist schwer kalkulierbar geworden, weil es zu einer Polarisierung von links und rechts gekommen ist und die Mitte Mühe hat, einen Ausgleich zu schaffen. Die Kalkulierbarkeit ist unter die Räder gekommen. Die Gesellschaft, die sich auf einen ausgeprägt starken Mittelstand berufen konnte, der Gewähr war für die Sicherheit, kommt immer mehr unter Druck, weil der Mittelstand die Lasten der Staatsökonomie tragen muss.

Im Übrigen hat Luther in seiner Schrift über die Freiheit eines Christenmenschen darauf hingewiesen, dass die Sicherheit im Glauben eine elementare Voraussetzung für das Vertrauen in die Wahrheit ist!

Auch der heutige Strafvollzug ist ein exemplarisches Beispiel fehlender Verhältnismäßigkeit: Wo beginnt, wo endet der Freiheitsanspruch eines Strafgefangenen, und wo hat die Sicherheit der Bevölkerung einen höheren Stellenwert? Die Liste wäre beliebig weiterzuführen. Doch was ist der Grund, dass wir praktisch in allen Lebensbereichen und Disziplinen das Maß der Dinge verloren haben?

Die These ist, dass die menschliche Entwicklung durch einen Mangel *»an Liebe und Wahrheit«*, durch einen Mangel an Moralität, behindert wird. Und in der Tat. Viele der heutigen Übel haben *etwas mit einem Mangel* an konsequentem ethischen Durchdringen *des eigenen Fühlens, Denkens und Handelns zu tun*. Dies liegt aber nicht so sehr daran, dass ethische Grundlagen fehlen, sondern wohl mehr noch daran, dass solche Grundlagen *zu wenig beachtet werden*. Was einige Fragen aufwirft, zum Beispiel:

Warum werden diese Grundlagen nicht beachtet?

Warum wird die Beachtung dieser Grundlagen zu wenig eingefordert?

Was ist nötig, damit diese Grundlagen nicht nur geschrieben stehen, sondern auch in einem Maße Beachtung finden, dass sie unser Zusammenleben prägen?

Nur allein schon diese drei Fragen zu beantworten ist eine Menschheitsaufgabe. Aber diese Aufgabe muss dringend angegangen werden.

Denn die Menschheit sieht sich mehr und mehr mit der Tatsache konfrontiert, dass nur noch kriminell zu nennende Gesinnungen und Handlungen nicht nur im vom Staat verfolgten kriminellen Milieu zu finden sind und sonst die Ausnahme bilden, sondern, dass auch sehr einflussreiche Teile unserer Eliten in Politik, Wirtschafts- und Finanzwelt, in Militär, Medien und Kultur, *zu Räuberbanden verkommen sind, welche die Gerechtigkeit mit Füßen treten, ohne vom Staat belangt zu werden.*

Die maßlose Verschwendung von Steuergeldern in der EU, deren Günstlingskultur, die Meinungsmanipulationen, die völlig intransparenten Geschäftsabläufe und die absolut undemokratischen Entscheidungsprozesse. Oder das zweifelhafte Engagement im Rahmen der *NATO* am Hindukusch, all das sind Aspekte des Zeitgeschehens, die dem Bürger die Sicherheit nehmen, in einem demokratischen Staat in Freiheit zu leben! Als besonders folgenreich erweist sich dabei, dass die vielen öffentlichen Lügen unserer Eliten immer mehr Vertrauen zerstört haben und der klassische

Rechtsgrundsatz von Treu und Glauben, der das Zusammenleben und Zusammenwirken auf die Voraussetzung baut, dass Menschen anständig und redlich handeln, infrage gestellt wird.

Aber alle die Varianten von Vertrauen ist gut, Kontrolle ist besser bis hin zum Tugend Terror sind keine Perspektiven, und sie stellen auch keine überzeugenden Alternativen zum einmal zerstörten Vertrauen dar.

Eine Wende zu Besserem fordert mit Sicherheit eine innere Orientierung an einer *mitmenschlichen Ethik*.

Was für Voraussetzungen sollten einen Umschwung sicherstellen? Eine humanistische Bildung ist nötiger denn je, denn die Frage kann nicht lauten: Goethe oder Googeln? Wer soll den Schülern unsere Zukunft, die Welt erklären? Zwar ist es selbstverständlich, dass die Schule praktische Fertigkeiten vermitteln soll, Lesen, Schreiben, Rechnen, Googeln, ein neues Verb, das sich durchsetzen wird, den Umgang mit PC und Internet. Entscheidend aber ist, dass die Schule *Ideale und Sinnzusammenhänge* zu vermitteln hat, die allem praktischen individuellen Nutzen vorausgehen. Vor allem ist die Kultur als ein Gewebe zu erkennen, in dem alles zusammenhängt.

Motive der griechischen Mythologie oder der Bibel zum Beispiel begegnen uns in der Literatur, in der Oper, im Theater, im Museum, aber auch in tausend Alltagsdingen. Dem, der sie entziffert, zeigt sich die Welt als vielschichtig lesbares Buch.

Und damit erlebt er ein Glück der Erkenntnis, das über jeden materiellen Nutzen hinausgeht.

Was benötigen wir an materiellen Nutzen? Unsere Zeit ist gekennzeichnet vom Pendelschlag zwischen Erwartung und Enttäuschung, immer von einem Extrem zum anderen. Die großen Hoffnungen, die wir uns machen, zerplatzen an den scharfen Kanten der Realität. *Treu und Glauben müssen wieder gelten.*

Matthias Claudius, hat also recht.

Etwas Festes muss der Mensch haben.

Die Höhenflüge seiner Lebensziele kann man nicht auf Sand bauen.

Wir brauchen Leute, auf die man sich verlassen kann. Die sich nicht versprechen, wenn sie etwas versprechen. Propheten, die gegen den Strom der Zeit predigen. Leute mit Voraussicht, Perspektiven und Lebenszielen. Menschen, denen man vertrauen kann. Keine Angst- und Panikmacher sondern Mutmacher. Keine Pessimisten sondern Hoffnungsträger. Vermutlich brauchen wir in allen Bereichen wieder mehr Führungsqualität als Management.

Der wieder erstarkte Glaube an eine umfassende Schöpfung ist zwar keine Leidverhinderungsversicherung, keine Schutzimpfung gegen Not und Sorgen des Alltags. Und doch setzt sie Kräfte frei, mit dem Leid fertig zu werden, bevor es uns überwältigt und wir an der Frage der Rechtfertigung Gottes zerbrechen. Gott ist weder ein Garant der Moral noch ist die Religion Lieferantin einer Weltanschauung. Vielmehr sind Moral und Weltanschauung eine Sache der Rationalität des Menschen, und damit ein Erweis seines Erwachsenseins. Eines sollten wir uns vor Augen halten. Das Glück, das wir alle suchen, ist alles andere als selbstverständlich. Wenn das Glück nicht in Erfüllung geht, fühlen sich die Menschen betrogen und suchen nach einem Schuldigen.

Unsere Gesellschaften leben seit den sechziger Jahren im Zeitalter der Suche nach dem Glück. Dieses Glück wird als ein bei der Geburt erworbenes Recht betrachtet. Wenn es aber nicht in Erfüllung geht, fühlen sich die Menschen betrogen. Die Risiken des Lebens sind in der Tat mit dem Glück unvereinbar. Wenn also der Ernstfall eintritt, hat jemand zwangsläufig das Glück vereitelt oder das Unglück provoziert. Das Leiden, der Tod, die Risiken des Lebens sind unannehmbar. Den Opfern wird ein sakraler Charakter verliehen. Aufgrund dieser Viktimisierung wird ein neuer Sozialvertrag geschlossen, aus dem eine Entschädigungskultur hervorgeht, die dem Staat eine fast göttliche Funktion zuweist, besonders in einer Gesellschaft, die jeden religiösen Akt beiseitezuschieben versucht.

Leider fehlen uns Erkenntnisse in vielfältiger Art. Besonders hier in meinem Lebensparadies der Südsee. Unser Land wird von einem König geleitet. Bei dieser Staatsführung sprechen wir von einer absoluten *Monarchie*. Es ist die erbliche Herrschaft eines Einzelnen, das heißt eines Königs, Kaisers oder Fürsten.

Im Jahre 2006 hatten Unruhen den Geschäftsteil der Hauptstadt Nuku'alofa fast völlig durch Brand und Plünderung zerstört.

König Taufa'ahau Tupou IV. war ein reichlich schwergewichtiger Herrscher. Mit beeindruckenden 190 Zentimeter Körpergröße und 210 Kilogramm Gewicht hatte es der Herrscher von Tonga sogar ins Guinness-Buch der Rekorde gebracht. Zwischenzeitlich hatte der regierende Monarch zwar ein wenig abgespeckt, aber seine politische Macht war nach wie vor gewaltig.

Genauer gesagt, uneingeschränkt und allumfassend.

Nun hat es allerdings den Anschein, als könnten die Tage der absoluten Monarchie im letzten Königreich der Südsee gezählt sein. Die bisher überaus königstreuen Tonganer, die sich ihrem Souverän nur kriechend nähern dürfen, haben genug von der Korruption seitens der Königsfamilie und des Adels. 10.000 Demonstranten, das sind zehn Prozent der Untertanen, protestierten in der Hauptstadt Nuku'alofa mit Parolen wie » *Genug ist genug oder Unity und Solidality Forever*« gegen den König und die herrschende Adelsclique.

Die Tupou Familie, die seit 1845 herrscht, hat sich vor allem durch Raffgier einen Namen gemacht. Das schließt die Umverteilung von unten nach oben ein, zu lesen in einem Abschlussbericht zum Ende einer Amtszeit eines neuseeländischen Hochkommissars in Tonga. Die Armen müssen hohe Abgaben an die adeligen Landeigentümer zahlen und sind gezwungen, für deren häufige Feste die Lebensmittel zu liefern.

Auch politisch war der Regent käuflich. Kaum hatte Frankreich dem König vor einigen Jahren ein paar alte Schiffe geschenkt, vergaß Tupou seine Anti Atomrhetorik und verzichtete auf seine Proteste gegen die französischen Atombombenversuche in der Südsee. Ähnlich windig sind auch andere Mitglieder der Königsfamilie. So vermarktet *Prinzessin Salote Mafile'o Pilolevu Tuku'aho Tuita* gewinnbringend die Satellitenpositionen über Tonga. Die Einnahmen freilich fließen nicht in die Staatskasse, sondern auf ihr Konto. Und *Kronprinz Tupouto'a Tuku'aho* wollte einst gar das Erbmaterial seiner Untertanen an eine australische Biotechnologiefirma veräußern. Erst wütende Proteste der Untertanen verhinderten den lukrativen Deal.

Gehen die Geschäfte der Royals schief, was dank Inkompetenz oder windiger Geschäftspartner häufiger vorkommt, wird zum Ausgleich der Verluste die Staatskasse beansprucht. Mitunter so stark, dass Tongas Devisenreserven schrumpfen. Nun fordern die Tonganer mehr Mitspracherechte, doch König Tupou findet, das Mehrheitswahlrecht sei etwas Fremdes für sein Reich. Und so ist das Parlament reichlich machtlos. Nur neun der einundzwanzig Abgeordneten sind nicht vom König ernannt.

Nach den gewalttätigen Unruhen in Tonga hatte man 150 Soldaten und Polizisten aus Australien und Neuseeland in den kleinen Südseestaat geschickt. Die Regierung hatte angesichts der Zusammenstöße den Ausnahmezustand verhängt.

Sechs Tote barg man unter Trümmern, nachdem Demonstranten trunken und plündernd durch die Straßen von Tongas Hauptstadt Nuku'alofa gezogen waren und die Wut an den Geschäften von Chinesen, an Regierungsgebäuden, auch an einem Supermarkt, der dem Premierminister gehört, ausgelassen hatten. Der Zorn der Massen hatte sich an der kurzfristigen Absage der letzten Parlamentssitzung für 2006 entzündet, in der längst überfällige politische und soziale Reformen beraten werden sollten.

Doch der Konflikt schwelt schon lange im Südsee-Königreich.

Der König und die Adelskaste besitzen faktisch fast das ganze Land und sind für örtliche Verhältnisse immens reich, während die 100.000 Untertanen meist bescheiden von Landwirtschaft für den Eigenbedarf leben müssen, oder zur Auswanderung gezwungen sind. Auch von tatsächlicher Demokratie kann keine Rede sein, denn nur *neun* von 30 Abgeordneten werden vom Volk gewählt, der Rest sind vom König ausgewählte Adelige, die üblicherweise auch die Ministerämter zugeschoben bekommen.

Inzwischen hatte das Parlament beschlossen, bei den nächsten Wahlen im Jahr 2008 insgesamt 21 Abgeordnete durch das Volk bestimmen zu lassen, was aber letztendlich nicht erfolgte. Nach Zusagen des neuen Königs, *King Georg Tupou IV.*,wurden bei den Wahlen am 25.11.2010 erstmals 17 Mitglieder des Parlaments direkt vom Volk gewählt. Der König bestätigte eine Abgabe seiner absoluten Macht, doch hatte der Premierminister mit seinen Gehilfen einen Wahlablauf festgelegt, der die *prozentualen Verlierer zu Gewinnern kürte und somit alles beim alten Ablauf ließ.*

Eine Demokratiebewegung gibt es in Tonga seit über 19 Jahren. Nach einigen größeren friedlichen Demonstrationen gegen Korruption und Fehlentscheidungen in der Regierung hat sich die Obrigkeit offenbar mit dieser außerparlamentarischen Opposition abgefunden, nachdem die Organisation in ihrer Anfangszeit vom ruppigen Polizeiapparat bespitzelt und schikaniert worden war. Der alte König Tupou IV. wurde beinahe wie ein Heiliger im Land verehrt. Aus diesem Grunde fanden Forderungen der *Temokaliti* fast kein Gehör. Der König möge sich aus dem Regierungsgeschäft zurückziehen und sich auf eine Übervaterrolle beschränken, damit er nicht durch eigene politische Fehlentscheidungen in seiner Autorität geschwächt werde.

Ein vollständig vom Volk gewähltes Parlament, das dann den Regierungschef bestimmt, stand auch auf der Wunschliste. Erst nach dem Tode Tupous IV. konnte im Land offen über Reformen gesprochen werden. Thronfolger *Siaosi Tupou V.* hat zwar bereits kleinere Schritte in Aussicht gestellt, doch fehlt ihm noch die unangreifbare Autorität, die sich sein Vater in 41 Amtsjahren aufgebaut hatte. Mit den ausländischen Polizisten und Soldaten soll nun auch dem befürchteten Zerfall des Staates Tonga entgegengewirkt werden.

Ein solches Schicksal erleben die Salomon-Inseln seit 1997. Ständige Regierungswechsel und ethnische Spannungen führten dort zu bürgerkriegsartigen Zuständen und Gesetzlosigkeit. Auch die zu Hilfe gerufenen ausländischen Truppen konnten das Problem nicht lösen. Es kommt immer wieder zu Gewaltausbrüchen. Seit Jahren instabil sind die parlamentarischen Mehrheiten auf den Cookinseln. Es ist dort für Abgeordnete üblich, für politische Zugeständnisse oder durch direkte Bestechung die Partei zu wechseln, deshalb gibt es fast jährlich Regierungswechsel. Die Käuflichkeit der Stimmen ist auch auf Tahiti in Französisch Polynesien ein tägliches Problem, die Parlamentsmehrheit hat nur eine Stimme mehr als die Opposition. Gerade erst haben vier Abgeordnete bei der Haushaltsdebatte finanzielle Zugeständnisse für ihre Heimatinseln mit der Drohung eines Lagerwechsels erpresst. Zur Instabilität der öffentlichen Ordnung Tahitis tragen auch ständige Blockadeaktionen und Streiks durch Regierungsgegner bei. Erst kürzlich wurde für eine Woche der gesamte Autoverkehr in und aus der Hauptstadt Papeete blockiert, es kam zu Versorgungsengpässen. Touristen mussten während der Straßenblockade ihre Koffer zu Fuß in die Hauptstadt schleppen. Um über 30 Prozent sei der Tourismus auch auf Fidschi zurückgegangen, hieß es aus Suva. Hintergrund ist, der Armeechef hatte einen Putsch angekündigt. Der Regierungschef wollte eine Amnestie für die Putschisten des Jahres 2000 durchsetzen, doch hatte der heutige Armeechef damals den Coup niedergeschlagen. Nun sah er sich durch die Amnestie verraten.

Dieses Berg und Talfahren ist das tägliche politische Geschäft auf den Inseln der Südsee. In Tonga sollen nun klare Zeichen des Wechsels gesetzt werden.

Ein klares Signal für politische Reformen und einen grundsätzlichen Wandel im ältesten Königreich der Region haben die Stimmberechtigten unter den 100.000 Einwohnern Tongas bei der letzten Parlamentswahl gesetzt. Die Vertreter des sogenannten Demokratie-Lagers erhielten sechs der neun zu vergebenden Sitze. Mit über 11.000 Stimmen, gut 4.000 vor dem nächstplatzierten, erhielt *Akilisi Pohiva* den mit Abstand stärksten Rückhalt der Wähler. Er ist einer der Mitbegründer und wichtigster Vertreter der Menschenrechts- und Demokratiebewegung, die nach dem Recht des Inselstaates nur in Massenorganisationen wirken darf.

Politische Parteien sind auf Tonga verboten. Sein enger Vertrauter *Isileli Pulu* wurde wie schon beim letzten Wahlgang 2004 Zweiter.

Auch wenn die Freude über das gute Abschneiden bei den Aktivisten groß ist, wird es nicht zu schnellen Änderungen kommen. Die neun gewählten Abgeordneten machen im Parlament des einzigen nie von Europäern kolonisierten Staates im Südpazifik nicht einmal ein Drittel aus. Weitere neun bestimmen die 33 Adligen aus ihren Reihen, und gleich ein ganzes Dutzend werden direkt vom König ernannt. In aller Regel sind dies dann auch die Minister, die die Regierung bilden.

Kein anderes Land der Region wird so *undemokratisch* beherrscht.

Aklisi Pohiva, der schon mehr als 20 Jahre in der parlamentarischen Vertretung präsent ist, kämpft deshalb für eine grundlegende Staatsreform, die lediglich die konstitutionelle Monarchie unangetastet lassen würde. Im November 2006 waren die Proteste der Demokratiebewegung erstmals gewaltsam eskaliert. *Einige Agents provocateurs machten Randale,* in deren Folge in der Hauptstadt Nuku'alofa fast das gesamte von Chinesen dominierte Geschäftsviertel niederbrannte. Die Aufarbeitung der damaligen Ereignisse, bei denen sechs Menschen zu Tode kamen, ist bis heute nicht abgeschlossen. Die 150 ausländischen Soldaten, welche die großen Nachbarn Australien und Neuseeland als Ordnungstruppe entsandt hatten, zogen nach einem Monat wieder ab. Doch kamen sie unter anderen Bedingungen wieder nach Tonga zurück und haben Schlüsselpositionen in der Verwaltung übernommen. Die vorzuzeigenden Ergebnisse sind überwiegend gut, bis auf einige Ausnahmen, wie im Bereich der Umsatzsteuer und des Zolls. Doch gerade in diesen Schlüsselpositionen wird das Überleben des Staates gesichert. Man ist ein sehr armes Land und benötigte eigentlich jeden Dollar, doch Korruption verhindert ein Gesunden des Landes.

In dem auch wirtschaftlich gebeutelten Inselstaat sind die Hoffnungen stark gesunken, dass *König George Tupou V.*, der im September 2006, nach dem Tod seines 41 Jahre regierenden Vaters, auf den Thron gelangte, sich als Reformgarant betätigen würde. Der Sieg bei der Parlamentswahl eröffnet *Pohiva, Pulu* und anderen trotz aller Beschränkungen die Möglichkeit, weiter für eine politische Neuordnung zu streiten. Notfalls auch auf die Gefahr hin, dafür abermals im Gefängnis zu landen. Die exponiertesten Vertreter der Bewegung mussten dieses Schicksal schon erleiden.

Die lange Tradition des Königreiches lässt bei den Untertanen ein demokratisches Verständnis vermissen. In allen Schichten des Volkes herrscht Unsicherheit. In der Zeit der Vorbereitung zu den nationalen Wahlen hatte man versäumt, politische Parteien aufzubauen, Grundsatzprogramme auszuarbeiten und vor allem, Aufklärung in der Bevölkerung über Demokratie und den bevorstehenden Wechsel, zu erteilen. Die von der Regierung 2006 ausgerufenen Notstandsgesetze sind weiterhin in Kraft. Sie sollen angeblich die Bevölkerung vor den Demonstranten schützen, doch besteht einhellig die Meinung, dass die Regierung sich hiermit den Rücken freihält. Ich sage oft, normalerweise sollte die Bevölkerung sich vor den Sicherheitskräften und den Politikern schützen und nicht umgekehrt. Versammlungen und Demonstrationen sind verboten. Nur außerhalb der Innenstadt sind Zusammenkünfte erlaubt.

In der Zeit seit den Unruhen bis jetzt, wurden das Militär, die Polizei und die Sicherheitskräfte aufs Modernste ausgestattet und wesentlich verstärkt. Erstmalig in der Geschichte hat man Teile der Polizei mit Schusswaffen ausgestattet und das Militär kontrolliert alle öffentlichen Plätze, besonders nachts.

Am 25.11.2010 wurde die erste freie Wahl abgehalten und mit einer Wahlbeteiligung von 82 Prozent gewannen die Demokraten 12 von 17 Bezirken.

Was sollten nun die Tonganer unter Demokratie verstehen?

Die Demokratie, sie wird auch die *Herrschaft des Volkes* genannt, ist die wohl anspruchsvollste Staatsform, sowohl für die Regierenden wie auch für das Volk. Das Verständnis, was eine Demokratie ausmacht und im Vergleich mit anderen Regierungsformen leisten kann, hat sich im Verlauf der Jahrhunderte verändert und vertieft.

Eine Staatsform muss, um den Namen moderne Demokratie zu verdienen, einige grundlegende Anforderungen erfüllen, die nicht nur in der Verfassung niedergeschrieben, sondern auch im politischen Alltag von Politikern und Behörden umgesetzt werden müssen.

Hierzu gehört die Garantie der Grundrechte.

Die Garantie der Grundrechte des Einzelnen ist ein prekäres Unterfangen in Tonga. Besonders gesellschaftliche Gruppen und hier wieder besonders, geschäftlichen Gruppen gegenüber. Die Verzahnung von Königs- und Nobelfamilien lässt nicht viel Spielraum zur echten Entfaltung und Entwicklung. Freie Marktwirtschaft besteht nur eingeschränkt. Planungen werden am Bedarf vorbei festgelegt, Konzessionen sind oft vom Willen und der Bezahlung sogenannter Staatsdiener abhängig. Religiöse Gruppen genießen Bewegungsfreiheit, sind von der Steuer befreit und werden, egal welcher Religion zugehörig, vom Staat anerkannt.

Einzelpersonen unterliegen der Abhängigkeit verschiedener, auch kulturell bedingten, Umständen.

Unter Garantien der Grundrechte fallen:

Allgemeines und gleiches Wahlrecht

Meinungs-, Presse- und Rundfunkfreiheit

Vereinsfreiheit, Versammlungs- und Demonstrationsfreiheit

Sehr viele Europäer und Nordamerikaner halten es für eine selbstverständliche und unumstößliche Wahrheit, dass die Demokratie die beste Staatsform sei, ohne dass sie diese Überzeugung so einfach auf Anhieb begründen könnten. In der Tat zeigt es sich, dass eine große Bevölkerungsmehrheit in den westlichen Industriestaaten ein Maß an persönlicher Freiheit und einen Wohlstand genießt, der in Ländern mit anderen Staatsformen selbst unter günstigsten Rahmenbedingungen, z. B. reiche Rohstoffvorkommen bei geringer Bevölkerungsdichte kaum je erreicht wird. In dieser Einschätzung sind sich auch die meisten politischen Parteien einig, auch wenn sie sonst sehr unterschiedliche politische Ziele und Konzepte vertreten.

Allerdings gibt es auch im Westen eine recht große Zahl von Politikverdrossenen und eine kleine, aber recht aktive Minderheit von Leuten, die entweder die Demokratie grundsätzlich infrage stellen oder aber die real existierenden Formen von Demokratie als unbrauchbare Umsetzungen bzw. Etikettenschwindel betrachten.

Sind Freiheit und Wohlstand tatsächlich Früchte der Demokratie oder besteht etwa gar kein ursächlicher Zusammenhang?

Eine wissenschaftlich stichhaltige Antwort darauf zu geben und darüber hinaus auch noch die Mechanismen aufzuzeigen, warum dies so sei, dürfte allerdings sehr schwierig sein. Der berühmte Ausspruch des früheren britischen Premierministers Winston Churchill bringt das Problem mit den Staatsformen auf den Punkt:

Die perfekte Staatsform gibt es nirgendwo auf der Welt, aber trotz aller Mängel, die auch der Demokratie anhaften, gibt es bis heute keine Staatsform, die besser geeignet ist, das Zusammenleben der Menschen zu regeln als die Demokratie.

Die Entstehung der Bundesrepublik Deutschland nach dem Zweiten Weltkrieg ergab, dass als Staatsform die Demokratie eingeführt wurde. Der Begriff Demokratie kommt aus der griechischen Sprache und bedeutet *Herrschaft des einfachen Volkes.* Die antiken Demokratien in Athen und Rom stellen Vorläufer der heutigen Demokratien dar und entstanden wie diese als Reaktion auf zu große Machtfülle und Machtmissbrauch der Herrscher. Doch erst in der Aufklärung, im 17/18. Jahrhundert formulierten Philosophen die wesentlichen Elemente einer modernen Demokratie:

Gewaltentrennung, Grundrechte, Menschenrechte, Religionsfreiheit und Trennung von Kirche und Staat.

Man grenzt die Demokratie, *Herrschaft des Volkes,* oft ab gegen andere, schon bei den alten Griechen bekannten Herrschaftsformen:

Monarchie:

Erbliche Herrschaft eines Einzelnen, d. h. eines Königs, Kaisers oder Fürsten.

Aristokratie:

Herrschaft einer Gruppe von Adeligen, Ämter werden zwar nicht wie bei der Monarchie direkt vererbt, es können aber nur Mitglieder weniger Adelsfamilien gewählt werden.

Oligarchie:

Herrschaft von Wenigen. Im Gegensatz zur Aristokratie spielt die Abstammung keine wesentliche Rolle. Seit dem Zusammenbruch des Kommunismus 1987 hat der ursprünglich antike griechische Begriff eine leichte Bedeutungsverschiebung erfahren. In Russland werden reiche Unternehmer, die keine politischen Ämter begleiten, aber hinter den Kulissen die Fäden ziehen, als Oligarchen bezeichnet.

Theokratie:

Gottesherrschaft, in Wirklichkeit handelt es sich um die Herrschaft von religiösen Führern.

Diktatur:

Herrschaft von Leuten, die mit Gewalt die Macht an sich gerissen haben und sich mit Gewalt an der Macht halten. Oft auch Militärdiktaturen.

Weltweit sind heute die meisten demokratisch verfassten Staaten *Republiken,* sie kennen keine erblichen Ämter. Einige Staaten Europas, insbesondere in Nordeuropa, Großbritannien, Benelux-länder, Skandinavien haben aber als *konstitutionelle Monarchien* das Königtum oder Fürstentum beibehalten, deren Verfassung garantiert jedoch trotzdem alle demokratischen Grundrechte und *schränkt Aufgaben und Kompetenzen des Monarchen wesentlich ein.* Eine solcher König kann mehr als *Garant* denn als Gefahr für eine stabile Demokratie angesehen werden. Aus diesem Grund ist die herkömmliche Abgrenzung der Demokratie zumindest gegenüber der Monarchie wenig hilfreich.

Hauptaufgabe des Staates ist es, dafür zu sorgen, dass alle auf seinem Gebiet lebenden Menschen in Würde und Freiheit leben können und dass die wirtschaftlich Stärkeren nicht nur schön von ihrer Verantwortung für die Schwächeren reden, sondern diese auch wahrnehmen. Erfüllt der Staat diese Aufgabe gut, dann nützt das, wie die Geschichte zeigt, nicht nur den Schwachen, sondern auch den Starken. Es trägt zu politischer Stabilität und damit zur Rechtssicherheit und Planbarkeit von Investitionen der Privatwirtschaft bei, ganz abgesehen von den Verlusten, die im gegenteiligen Fall bei Ausschreitungen Unzufriedener oder gar bei Revolutionen drohen.
Schon im Altertum vertraten einige Philosophen die Ansicht, dass jeder Mensch von Natur aus unveräußerliche Grundrechte besitze, die über dem Recht der einzelnen Staaten stehen.

Die gesellschaftliche Realität der Antike war aber eine ganz andere. Ein beachtlicher Teil der Bevölkerung hatte als Sklaven so gut wie keine Rechte, und auch Frauen und Kinder waren der Willkür des Familienvaters ausgesetzt, der sogar über Leben und Tod entscheiden konnte. Das Mittelalter brachte hier keine wesentlichen Verbesserungen.

Erst in der frühen Neuzeit kamen entscheidene Impulse zu einer grundlegenden Änderung des Rechtsverständnisses. Konkret festgeschrieben wurden einige Menschenrechte erstmals in der US-amerikanischen Unabhängigkeitserklärung von 1776 und in der Verfassung von 1789, allerdings blieb die Sklaverei in den Südstaaten der USA bestehen. Als die Nordstaaten unter Berufung auf die Menschenrechte die Abschaffung der Sklaverei forderten, kam es 1861 – 1865 zum Sezessionskrieg. Obwohl sich der Norden militärisch durchsetzte, blieben wesentliche Benachteiligungen der afroamerikanischen Bevölkerung bestehen und wurden noch hundert Jahre später, in den 1950er und frühen 1960er Jahre, von der Bürgerrechtsbewegung angeprangert.

In Europa wurden die Menschenrechte in der revolutionären französischen Verfassung von 1791 zwar festgeschrieben, aber der revolutionäre Terror trat sie mit Füßen. Die Situation verbesserte sich während des 19. Jahrhunderts langsam, allerdings bestanden gravierende Unterschiede zwischen der Situation in Europa selbst und in den europäischen Kolonien.

Nachdem das *nationalsozialistische Terrorregime* die Menschenrechte aufs Schwerste verletzte und Millionen von Menschen umbrachte, wurde 1948 von der UNO die Allgemeine Erklärung der Menschenrechte als weltweit gültige Grundlage der Nachkriegsordnung aufgestellt.

Obwohl die Menschenrechte auf dem Papier von allen Staaten der Welt anerkannt werden, ist es um die praktische Umsetzung nach wie vor schlecht bestellt. Nur in den allerwenigsten Staaten sind die Menschenrechte tatsächlich oberste Leitschnur der Regierungstätigkeit. Dass sich die west- und mitteleuropäischen Länder freiwillig dem Europäischen Gerichtshof für Menschenrechte unterstellt haben, ihren Einwohnern auch praktisch das Recht zuge-stehen, die Verletzung von Menschenrechten dort einzuklagen und die Entscheide des Gerichtshofes dann auch noch in die Praxis umsetzen, ist leider die Ausnahme, außerhalb Europas finden täglich Hunderte schwerster Menschenrechtsverletzungen statt.

Die Europäische Menschenrechtskonvention sieht eine Reihe von Grundrechten und Freiheiten vor:

Recht auf Leben, Verbot der Folter, Verbot von Sklaverei und Zwangsarbeit, Recht auf Freiheit und Sicherheit, Recht auf einen gerechten Prozess, keine Bestrafung ohne Gesetz, Anspruch auf Achtung des Privat- und Familienlebens, Gedanken-, Gewissens- und Religionsfreiheit, freie Meinungsäußerung, Versammlungs- und Vereinigungsfreiheit, Recht auf Ehe, Recht auf wirksame Beschwerde und Verbot der Diskriminierung.

Die Konvention sieht ebenfalls einen internationalen Kontroll-mechanismus vor. Zur Einhaltung der von den Vertragsparteien eingegangenen Verpflichtungen wurde der Europäische Gerichtshof für Menschenrechte in Straßburg eingerichtet. Er befasst sich mit Individual- und Staatenbeschwerden.

In jeder parlamentarischen Demokratie spielen die politischen Parteien eine zentrale Rolle bei der Erarbeitung von tragfähigen Lösungen und bei der Öffentlichkeitsarbeit, Willensbildung und Mehrheitsfindung. Während die politischen Parteien in Europa und Nordamerika sich an weltanschaulichen und sozialen Kriterien orientieren, gibt es in den Ländern des Südens viele Parteien, die sich an der ethnischen Zugehörigkeit, an Volksgruppen orientieren.

Die weltanschauliche, soziale Orientierung von Parteien führt dazu, dass die Parteien für die aktuellen politischen Fragen unter-schiedliche Lösungsansätze erarbeiten und diese im Wahlkampf der Wählerschaft erklären müssen. Das fördert den Wettbewerb der Ideen, das Mitdenken der Bevölkerung und damit sowohl die Qualität der politischen Lösungen wie auch deren Zustimmung.

In der überwiegenden Anzahl der westeuropäischen Länder haben sich die wesentlichen politischen Parteien anhand der unterschiedlichen Haltungen in weltanschaulichen und sozialen Fragen gebildet.

Sozialdemokraten

Die Sozialdemokratischen Parteien vertreten eine Politik, die auf den Ausgleich der Interessen zwischen den sozialen Schichten abzielt. Die westeuropäischen Sozialdemokraten akzeptieren, im Gegensatz zu den Kommunisten, durchaus im Grundsatz das kapitalistische Wirtschaftssystem mit Privateigentum und Marktwirtschaft. Sie gehen aber davon aus, dass dieses ohne klare staatliche Leitplanken, Spielregeln und Kontrolle zu großen Ungleichheiten und damit zu sozialen Spannungen zwischen den Erfolgreichen und den Verlierern im System führt. Die Sozialdemokraten fordern deshalb neben staatlichen Regeln auch tragfähige soziale Auffangnetze Sozialversicherungen, Beihilfen, eine gute und preisgünstige öffentliche Grundversorgung für die gesamte Bevölkerung. Gesundheitswesen, Energie und Wasser, öffentlicher Verkehr, Post und vieles mehr sowie spezielle Anstrengungen des Staates zur Herstellung von Chancengleichheit, wie im Bildungswesen.

Liberale Demokraten

Im Weltbild der Liberalen Parteien wird der Einzelperson großes Gewicht beigemessen. Die Liberalen glauben, dass der Einzelne, wenn er sich nur anstrengt, eine faire Chance zum wirtschaftlichen Erfolg hat und dass dem Allgemeinwohl am besten gedient wird, wenn jeder Einzelne sich, auch durchaus egoistisch, um sein persönliches Wohlergehen bemüht. Damit verbunden ist der Glaube, dass die Motivation des Einzelnen zu persönlicher Anstrengung um so größer ist, je mehr Freiheit ihm der Staat gewährt und je unattraktiver die Leistungen des Staates bzw. der Sozialversicherungen für Arme, Alte, Arbeitslose und Behinderte sind.

Christlichdemokraten

Die Christlichdemokratischen Parteien stehen weltanschaulich in einer betont christlichen Tradition und sind eher konservativ ausgerichtet. Die Christlichdemokraten bezeichnen sich gerne als Familienpartei. Sie vertreten dabei allerdings ein klassisches Familienmodell, das der heutigen Realität, viele Alleinerziehende und Patchwork-Familien, kaum mehr entspricht. In den letzten Jahren ist auch eine zunehmende Distanz zur katholischen Kirche zu beobachten.

Grüne

Die Grünen sind eine relativ junge politische Bewegung, die in den 1970er Jahren entstanden ist. Nach dem Zweiten Weltkrieg konzentrierten die etablierten Parteien ihre Kräfte, durchaus mit Recht, auf den Wiederaufbau und den Ausgleich der sozialen Unterschiede.
Dabei nahm man die durch das Wirtschaftswachstum geschaffenen Umweltprobleme jedoch lange kaum zur Kenntnis. Die Grünen haben hier entscheidend zum Problembewusstsein beigetragen. Von den Sozialdemokraten unterscheiden sich die Grünen heute weniger in den politischen Inhalten als durch ein gewisses Misstrauen gegenüber etablierten Institutionen und ein geringeres Vertrauen in den Staat.

Darüber, mit welchem Wahlsystem eine gerechte Vertretung des Volkes, die Auswahl der besten Volksvertreter/innen sowie stabile politische Verhältnisse gewährleistet werden können, gehen die Meinungen auseinander. Grundsätzlich gibt es zwei Wahlsysteme, die beide sowohl Vorteile als auch Nachteile aufweisen:

Mehrheitswahlrecht

Beim Mehrheitswahlrecht ist pro Wahlkreis nur ein Abgeordneter zu wählen. Der Ausgang der Wahl wird ganz wesentlich dadurch bestimmt, welche Wählerschichten in den einzelnen Wahlkreisen eine, gegebenenfalls auch nur sehr knappe Mehrheit haben. Die

Art, wie die Grenzen der Wahlbezirke gezogen werden, verschafft nicht allzu selten einer Partei aufgrund unterschiedlicher Größe oder Verteilung der Wählerschichten auf die Wahlkreise *eine satte Mehrheit im Parlament, obwohl die unterlegene Partei im ganzen Land insgesamt mehr Wählerstimmen erhalten hat, nur eben in den falschen Wahlkreisen. Dem Mehrheitswahlrecht haftet somit nicht ganz zu Unrecht der Beigeschmack von Manipulation und Wahlbetrug an.* Umgekehrt begünstigt das Mehrheitswahlrecht die Wahl starker Persönlichkeiten, sofern welche mit Führungsqualitäten zur Verfügung stehen.

Verhältniswahlrecht

Das Verhältniswahlrecht geht davon aus, dass nicht einzelne Abgeordnete für die Politik entscheidend sind, sondern politische Parteien und ihre Programme. Deshalb werden beim Verhältniswahlrecht größere Wahlkreise gebildet, in denen mehrere Sitze zu vergeben sind. Die Sitze werden proportional zur Anzahl der für eine bestimmte Partei abgegebenen Stimmen unter die Parteien verteilt. Damit werden Manipulationen durch Wahlkreisarithmetik weitgehend ausgeschlossen und auch kleinere Parteien haben eine faire Chance, entsprechend der Stärke ihrer Wählerbasis gewählt zu werden.

Das *antike Griechenland* bestand aus mehreren *Stadtstaaten*, die ein aus heutiger Sicht bescheidenes Umland beherrschten. Sie waren voneinander nicht nur durch Gebirgszüge getrennt, sondern entwickelten auch recht unterschiedliche Gesellschaftsformen. Allen gemeinsam war, dass eingewanderte indoeuropäische Stämme die vorher ansässige Urbevölkerung gewaltsam unterworfen und versklavt hatten.

In der Stadt Sparta lebten die Frauen und Kleinkinder der Eroberer in Landhäusern, alle Männer dagegen in der Stadt, die eigentlich nur aus einem Militärlager ohne jeden Luxus, daher der Begriff spartanisch, bestand. Die anderen Griechen fürchteten ihre militärische Stärke und spotteten über ihre Kulturlosigkeit. Anders in Athen. Die militärischen Anführer sicherten sich größere Anteile des eroberten Landes und wurden zu einer Adelschicht von Großgrundbesitzern und Großhändlern, die alle Macht im Staat an sich rissen. Die Mehrheit des Einwanderervolkes bestand aus armen Bauern, Hirten, Fischern, Handwerkern und Tagelöhnern, die zwar persönliche Freiheit, aber keine politischen Rechte besaßen.

Praktisch rechtlos und von ihren Herren vollständig abhängig waren die unterworfenen Sklaven. Viele Bauern und Hirten verarmten immer mehr, einige wenige Handwerker kamen durch den Aufbau von großen Werkstätten mit Sklaven und Lohnarbeitern oder als Händler zu Reichtum. Die Richter aus dem Kreis des Adels waren bestechlich und urteilten willkürlich. Die Regierung lag in den Händen von neun adeligen Archonten, die nach einjähriger Amtszeit in den Rat der Ältesten wechselten. Um 600 v. Chr. versuchte der Archon Drakon die Willkür im Staat durch geschriebene Gesetze zu bannen. Er setzte dabei aber so harte, drakonische Strafen fest, dass die Not nur noch größer wurde und die Erbitterung stieg. Aufstände brachen aus und ein Bürgerkrieg drohte. Die Demokratie in Athen lässt sich nur sehr bedingt mit einer modernen Demokratie vergleichen. Trotzdem sind ihr drei wesentliche Punkte mit dieser gemeinsam:

Die Demokratie in Athen entstand als Reaktion auf übergroße Machtfülle und Machtmissbrauch durch Einzelne.

Wichtigste Aufgaben der Demokratie sind die Kontrollen der Regierung und der Gerichte sowie die abschließende Entscheidung über Fragen von großer Tragweite.

Gefahr droht der Demokratie durch Populisten, durch Leute, die es verstehen, dem Volk mit, meist kurzsichtigen einfachen Rezepten mehr zu versprechen, als realistisch ist. Während verantwortungsvolle Politiker sich mit der harten Wahrheit unbeliebt machen.

Rom wurde gemäß römischer Zeitrechnung 753 v. Chr. gegründet. Die näheren Umstände verlieren sich im Nebel der Sagen und Mythen. Ab etwa 600 v. Chr. herrschten etruskische Könige in Rom. Ihre Leibwächter, die sogenannten Liktoren, trugen auf der Schulter ein Rutenbündel mit einem Beil. Dieses symbolisierte die richterliche Gewalt des Königs über Leben und Tod der Bewohner Roms. Kleine Bauern, Handwerker und Händler gerieten in Not, wenn sie wegen eines Kriegsdienstes ihre Arbeit ruhen lassen mussten. Wer seine Schulden nicht bezahlen konnte, wurde mitsamt seiner Familie als Sklave verkauft und verlor damit alle Rechte.

Umgekehrt gab es gewöhnliches Volk, das mit der Zeit zu großem Vermögen gelangte, aber nicht die gleichen Rechte erhielt wie die adeligen *Patrizier*. Wegen dieser Probleme verließ eine Gruppe *Plebejern* Rom und drohte eine neue Stadt zu gründen. Die *Patrizier* gestanden den *Plebejern* daraufhin 471 v. Chr. eigene Beamte, die *Volkstribunen* zu. Die *Volkstribunen* wurden nur von den *Plebejern* gewählt und besaßen ein Vetorecht. Heute bezeichnet man gelegentlich Politiker als Volkstribunen, die in einfacher, markiger Sprache gegen die Regierung und gegen die sogenannte *classe politique* lospoltern und dabei vorgeben, die Interessen des einfachen Volkes besonders zu vertreten.

Um 450 v. Chr. wurden auf Druck der *Plebejer* die geltenden Gesetze auf 12 Bronzetafeln aufgeschrieben und damit die Willkür der Richter eingeschränkt. Ab 367 v. Chr. konnten *Plebejer* als Konsulen, ab 300 v. Chr. auch in alle übrigen Ämter gewählt werden. Ab 287 v. Chr. galten Beschlüsse der Volksversammlung der *Plebejer*, sogenannte *Plebiszite* als verbindliche Gesetze für alle Bürger Roms. In vielen Kriegen gegen die Etrusker, Karthager und Griechen erkämpfte sich Rom die Vormacht im Mittelmeerraum und kontrollierte den Handel. In den unterworfenen Gebieten wurden Steuern eingezogen. Vom neuen Reichtum profitierten vor allem die reichen Schichten, während kleine Bauern und Handwerker wegen der häufigen Kriegsdienste verarmten. Diese mittellosen Proletarier lebten auf engstem Raum in Wohnblöcken und lebten davon, ihre Stimme an der Volksversammlung an diejenigen Adligen zu geben, die ihnen Brot und Kleidung, sowie Zirkusspiele versprachen. Rund je ein Drittel der Bevölkerung waren Proletarier und Sklaven, ein Viertel gehörte zum Mittelstand und weniger als 10 Prozent bestimmten die Geschicke des Volkes.

Mit der Verarmung der Massen nahm auch die militärische Stärke Roms ab. Während gleichzeitig nördlich der Alpen, aber auch in Nordafrika und im Nahen Osten neue Herausforderungen entstanden.

Während die adligen Großgrundbesitzer an der alten Ordnung und damit am Großgrundbesitz festhalten wollten, suchten die Gracchen neue Wege. Der Volkstribun Tiberius Sempronius Gracchus und sein Bruder Gaius Sempronius Gracchus wollten die Groß-grundbesitzer teilweise enteignen und das Land an Proletarier verteilen, um den militärdienstpflichtigen Mittelstand zu stärken. Zudem sollten alle Italiker das römische Bürgerrecht erhalten. Ihre Methoden verstießen aber gegen die geltende Verfassung, beide Grachen wurden ermordet. Gegen die aus Norden eindringenden germanischen Kimbern und Teutonen siegte der Konsul Gaius Marius 102/101 v. Chr. nur dank eines bezahlten Berufsheeres aus Proletariern. Die Italiker, ein Oberbegriff für verschiedene Völker, die zur Römerzeit in Italien lebten, schlossen sich zu einem eigenen Staat zusammen und erstritten sich das volle römische Bürgerrecht in einem blutigen Kampf 90/89 v. Chr.

Gaius Marius und Lucius Cornelius Sulla stritten um den Oberbefehl im Feldzug gegen den persischen König Mithradates. Als nach der Verfassung Sulla durch das Los bestimmt wurde, ließ sich Marius das Amt durch Beschluss der Volksversammlung übertragen. Sulla besetzte Rom mit seinen Truppen, Marius musste nach Nordafrika flüchten. Während Sulla im Osten erfolgreich gegen die Perser kämpfte, besetzte Marius mit seinem Heer Rom, ließ Sullas Anhänger ermorden und regierte bis zu seinem Tod 86 v. Chr. Sulla kehrte zurück und errichtete seinerseits eine Miltitärdiktatur. In den Fußstapfen von Marius und Sulla bildeten die Heerführer Gnaeus Pompejus und Gaius Julius Caesar mit dem Financier Crassus um 60 v. Chr. ein Triumvirat, einen Geheimbund von drei Männern und schanzten sich gegenseitig die hohen Ämter zu. *Damit war die Demokratie in Rom faktisch gestorben.*

Die Ermordung Cäsars durch 23 Anhänger der alten Verfassung konnte den Übergang zum formellen Kaisertum nicht mehr verhindern, nur noch verzögern. Octavianus Augustus, Enkel von Cäsar Schwester Julia, ließ sich 27 v. Chr. zum Imperator, als Oberbefehlshaber auf Lebenszeit ernennen, erschlich sich nach und nach alle tatsächliche Macht und degradierte Senat- und Volksversammlung zu Statisten. Augustus führte riesige Berufsheere ein und begründete auch die religiöse Verehrung des Kaisers, den Kaiserkult.

In Europa wurde die Idee der Demokratie während rund anderthalbtausend Jahren nicht mehr wirklich aufgenommen. Auch die Alte Eidgenossenschaft in der Schweiz kann, entgegen der volkstümlichen Meinung, nicht als echte Demokratie bezeichnet werden, denn von deren 13 Teilstaaten, heute als Kantone bezeichnet, kannten nur einige wenige Talgemeinchaften in der Zentralschweiz mit der Landsgemeinde elementare demokratische Formen, während die Stadtrepubliken die Bevölkerung ihres Umlandes wirtschaftlich ausbeuteten und ihnen kaum Rechte gewährten. Rund die Hälfte der heutigen 26 Kantone und Halbkantone waren Untertanengebiete.

Die moderne Demokratie wurde von den Philosophen der Aufklärung angedacht und in langen Kämpfen vom Volk Schritt für Schritt erstritten.

Achtes Kapitel

Über viele Jahre hinweg hatte ich Gelegenheit in Tonga an Treffen der demokratischen Gruppe teilzunehmen. Ein tiefer Einblick in die Probleme des Landes und deren politischer Struktur zeigten mir mehr als klar, ein Wechsel zur Demokratie ist zwingend für die Zukunft notwendig, um dieses kleine Land in der Südsee voranzubringen. Bei den Diskussionen verwies ich sehr oft auf die freiheitlichen Aspekte der Demokratie und hier besonders auf die geschichtliche Entstehung in meinem Heimatland Deutschland. Ich möchte auf die gelebte, und von mir persönlich erlebte Demokratie in Deutschland kurz eingehen.

» Des Menschen Würde ist in Eure Hand gegeben, bewahret sie«.

Den Begriff der Würde hat Kant geprägt. Nach Kant ist die Würde des Menschen die Autonomie des Willens, dessen Freiheit. Diese Freiheit ist die Grundlage jeder menschheitlichen Verfassung und damit des demokratischen Prinzips, aber auch des Rechtsstaatsprinzips des Grundgesetzes. Die gegenwärtige Lage in Deutschland und Europa hat wenig mit Freiheit, wenig mit Demokratie und wenig mit Rechtsstaat zu tun. Diese Prinzipien wollen wir und sollten wir verwirklichen wollen, aber sie sind im Laufe der 60 Jahre, in denen das Grundgesetz maßgebliches Verfassungsgesetz in Deutschland sein sollte, weitgehend verloren gegangen.

Viele beklagenswerte Entwicklungen der Politik und der Wirtschaft hängen mit dem Missverständnis des bürgerlichen Freiheitsbegriffs zusammen. Das Bundesverfassungsgericht hat nie zu der dem Grundgesetz gemäßen, besser gesagt, der Menschheit des Menschen gemäßen Freiheitslehre gefunden, obwohl es richtige Ansätze gab und gibt. Das ist auch ein Versagen der Rechtswissenschaft. Man will sich nicht zu dem, was im Grundgesetz steht, bekennen, weil das unerwünschte politische Konsequenzen hätte. Man müsste den Bürger als Bürger ins Recht setzen und könnte nicht mehr mit den Bürgern genannten Untertanen so schalten und walten, wie es unklare und nicht geklärte Begriffe ermöglichen.

Freiheit kann man entweder republikanisch oder liberalistisch verstehen. Nur das republikanische Verständnis genügt dem Grundgesetz und im Übrigen der Allgemeinen Erklärung der Menschenrechte, ausweislich dessen Art. 1.(GG). Wir praktizieren aber eine liberalistische Verfassung, die Freiheit mit Freiheiten verwechselt, mit bestimmten durch Grundrechte geschützten Rechten, die der Politik entgegengesetzt werden können. Die Freiheitsrechte werden immer weiter eingeschränkt. Sie werden schmaler und schmaler.

Freiheit muss politisch verstanden werden als politische Freiheit, nämlich als das Recht, mit allen anderen Bürgern zusammen die Gesetze geben zu können. Freiheit ist, wie gesagt, die Autonomie des Willens. Der Freiheitsbegriff muss fortschrittlich und bürgerlich interpretiert werden; denn das Grundgesetz ist ein durch und durch bürgerliches Verfassungsgesetz. Das wollen die meisten Staatsrechtslehrer nicht wahrhaben. Die Definition des Freiheitsbegriffs in Art. 2 Abs. 1 Grundgesetz (GG) beweist das dadurch, dass das Sittengesetz in die Freiheitsdefinition aufge-nommen worden ist. Das ist ein Verdienst Carlo Schmids. Das Sittengesetz ist nichts anderes und kann im Kontext des Grundgesetzes nichts anderes sein als der kategorische Imperativ. Die meisten Rechtslehrer wissen davon nichts. Das Grundgesetz will eine aufklärerische Verfassung sein und muss das in der Gegenwart auch sein. Der kategorische Imperativ besagt in der logischen Formel:

Handle jederzeit nach einer Maxime, von der du wollen kannst, dass sie ein allgemeines Gesetz sei.

Das Grundgesetz hat uns nicht dem katholischen Sittengesetz verpflichtet, der Vielfalt von sittlichen Prinzipien, die sich in den Lehren der katholischen Kirche niedergeschlagen haben. Schon wegen des nicht zu leugnenden Religionspluralismus, den das Grundgesetz verfasst, kommt ein solches Verständnis nicht in

Betracht. Die Religionsfrage ist das spannendste Thema unserer Zeit. Das Sittengesetz ist dieses bürgerliche Prinzip, das Prinzip, dass der Bürger, der frei ist, ein Bürger sein soll. Es fordert die Bürgerlichkeit des Bürgers ein, das heißt, der Bürger ist Gesetzgeber und soll das sein.

Die Republik, die demokratisch sein muss, ist die Staatsform der allgemeinen Freiheit. Die äußere Freiheit ist die Unabhängigkeit von eines anderen nötigender Willkür, die innere Freiheit ist die Sittlichkeit, die ohne Moral nicht zu erreichen ist. Kant hat das unüberholt gelehrt. Das zumeist gelebte liberalistische Verständnis der Freiheit verkennt diese innere Freiheit, die Sittlichkeit. Das Gesetz der Sittlichkeit ist das Sittengesetz. Das Sittengesetz zu beachten heißt nichts anderes, als nach dem Rechtsprinzip zu leben. Bei der Gesetzgebung, an der wir alle beteiligt sind, geht es nur um die Verwirklichung des Rechts, um nichts anderes.

Nach dem Rechtsprinzip leben, auch im privaten Bereich, also im gesamten Leben, ist Freiheit, wie sie das Grundgesetz definiert, im religiösen Bereich, im unternehmerischen Bereich, wo auch immer.

Der Unterschied zwischen Privatheit und Staatlichkeit ist folgender: Staatliche Gesetze werden allgemein bestimmt. Allgemein heißt von allen Bürgern. Im privaten Bereich bestimmt jeder allein, was rechtens ist, und hat allein die Verantwortung für die Rechtlichkeit. Der Bereich des Privaten wird im Rahmen der Grundrechte durch die Gesetze begrenzt. Niemand kann einem Bürger vorschreiben, wie er sein privates Leben gestalten soll, aber das Ethos der Freiheit verlangt, dass der Bürger auch im privaten Bereich so handelt, dass die Maxime, der Grundsatz, nach dem er zu handeln pflegt, Grundlage eines allgemeinen Gesetzes werden kann, denn alle Handlungen, auch die privaten, haben Wirkungen auf alle, jedenfalls auf andere. Auch private Handlungsmaximen können verallgemeinert werden und im Rahmen der Grundrechte zu staatlichen Verhaltensweisen werden. Diese Haltung zum Rechtsprinzip nennt Kant Moralität. Diese Moralität ist das Elixier der Republik. Es gibt nur diese Moralität, nämlich gemäß dem

Rechtsprinzip zu handeln. Wenn alle sich dessen befleißigen, leben wir in der Republik, dann, würde ich sagen, geht es uns gut. Das muss auch von den Unternehmern verlangt werden, im Rahmen der Gesetze. Die Moralität unterliegt dem Selbstzwang. Sie ist eine Charakterfrage. Keiner kann einen anderen zwingen, moralisch zu sein. Derzeit sind wir dem ständigen Zwang zur political correctness durch Medien, Kirchen und durch ihre feministischen Stars ausgesetzt. Was von diesen Personen als Ethik vertreten wird, ist nichts anderes als Moralismus, genau das Gegenteil von Moral, nicht das Rechtsprinzip, sondern materialer Moralismus.

Wir brauchen keine politischen Moralisten, sondern moralische Politiker.

Allzu viele Protestanten ersetzen die Offenbarung durch, wenn man so will, eine Zivilreligion, durch Moralismus oder eben ideologisches Geschwätz. Unser Land ist voll von politischen Moralisten. Um dem entgegenzuwirken, bedarf es wirklicher Bildung, elterlich, schulisch, universitär. Es wird ausgebildet und nicht die Bildung gefördert. Die meisten Politiker verwechseln schon die Worte Bildung und Ausbildung. *Sie fordern mehr Bildung und meinen mehr Computerkenntnisse.* Das Grundgesetz schützt in Art. 4 Abs. 1 die Gewissensfreiheit, Art. 38 Abs. 1 S. 2 GG bindet die Abgeordneten an ihr Gewissen. Das Gewissen ist der Gerichtshof der Sittlichkeit, und diese Sittlichkeit ist die materiale Sittlichkeit, das heißt die Richtigkeit auf der Grundlage der Wahrheit. Man findet zu ihr nur durch Moral, also durch das Leben, Handeln und Denken gemäß dem Rechtsprinzip.

Der Wille gibt die Gesetze. Die Autonomie des Willens besagt, dass der Wille aus sich heraus gesetzgebend ist. Der Wille ist ein Begriff der transzendentalen Freiheitslehre Kants. Der Wille ist praktisch vernünftig, denn er ist frei, nämlich nicht determiniert. Der Wille kann somit nicht anders als praktisch vernünftig sein, wenn es denn ein Wille ist, der autonom, selbst gesetzgebend, ist. Wer frei ist, lebt unter dem eigenen Gesetz, aber das Gesetz behält seinen Charakter als Gesetz. Es ist notwendig und allgemein. Die allgemeine Freiheitlichkeit der Gesetze ist dadurch verwirklicht, dass alle Bürger miteinander Gesetzgeber sind. Das Gesetz, unter dem der Mensch frei ist, muss derart materialisiert sein, dass alle das Gesetz als das ihre geben könnten, weil das Gesetz für alle gilt. Es ist schwer, das zu erreichen. Es ist die eigentliche Aufgabe der Vertreter des ganzen Volkes zu erkennen, was das richtige Gesetz ist. Das setzt Wahrheitlichkeit voraus. Jeder muss versuchen, das richtige Gesetz zu erkennen und zur allgemeinen Erkenntnis des richtigen Rechts beitragen. Nur dadurch und darin ist er Bürger.

Die Gesetzgebung ist in der Wirklichkeit nicht mehr Sache der von uns gewählten Vertreter, geschweige denn Sache der Bürger, seit sie weitestgehend europäisiert und darüber hinaus internationalisiert ist. Die Abgeordneten sind heilfroh, dass sie keine politische Verantwortung haben. Sie wissen auch von der europäischen Integration so gut wie nichts. Sie kennen jedenfalls die Verträge nicht, die sie bejubeln und mit Begeisterung annehmen.

Die Gesetze werden weitestgehend von der Union gegeben. Einfluss haben Regierungen und Bürokratie. Wer dabei wen führt, ist wenig transparent, eher die Bürokratie die Regierungen, *lobbyistisch vereinnahmt von den machtvollen Interessenten der Großwirtschaft.*

Ein mächtiger Gesetzgeber ist zudem der Europäische Gerichtshof, weil die Verträge, welche er anwendet, so wenig bestimmt sind, dass sie nicht mehr ausgelegt werden können, sondern politische Gestaltung decken. Das Bundesverfassungsgericht hält, das – noch – für demokratisch legitimiert, weil das Parlament den Verträgen zugestimmt hat. Wenn aber das Prinzip der begrenzten Einzelermächtigung überschritten wird, haben die Rechtsakte in Deutschland keine Wirkung, heißt es. Die Bürger werden geradezu aufgefordert, dagegen Verfassungsbeschwerden einzulegen. Das Gegenprinzip zur Freiheit ist Herrschaft. Der Staat herrscht, soll das aber nicht. Gegen die Herrschaft des Staates gibt es gewisse klägliche Rechte, die Grundrechte. De facto sind das nur noch die Rechte zu arbeiten und zu konsumieren. Wer keine Arbeit hat, den versorgt der Staat, also die Allgemeinheit, aufgrund des Sozialprinzips mit den erforderlichen Mitteln. Die Grenzen der Unterhaltsansprüche sind streitig. Das Bundesverfassungsgericht hat in ständiger Rechtsprechung den Staat als ein Herrschaftssystem dogmatisiert und das jetzt im Lissabonurteil besonders betont. Jetzt ist das Gericht so weit gegangen, diese Herrschaft parteienstaatlich zu konzipieren. Es identifiziert ganz im Sinne von Gerhard Leibholz, der diese Rechtsprechung als Richter des Bundesverfassungsgerichts begründet hat, das politische System mit parteilicher Herrschaft. Die Parteien sind nach Leibholz Mittler zwischen dem Volk und dem Staat. Die Rechtsprechung behandelt die im Parlament vertretenen Parteien, als seien sie das Volk selbst. Das ist mehr als kritikwürdig.

Wir sind das Volk, jeder einzelne Bürger ist gewissermaßen das Volk, nämlich ein Teil desselben.

Das macht die Demokratie aus.

Das Volk ist die Bürgerschaft, und nach richtiger Freiheitslehre hat der Bürger, jeder Bürger die Verantwortung für die Rechtlichkeit der Gesetze. Er hat auch die Verantwortung für seinen Staat. Wir leben nicht in Zeiten harter Despotie, aber in sanfter Despotie. Mit sanften, sehr wirksamen Mitteln vor allem der Propaganda durch die Medien wird das Volk, genauer die Bevölkerung, beherrscht.

Nur Bürger bilden ein Volk, nicht zu Untertanen degradierte Menschen.

Der Parteienstaat ist nicht der Gegensatz von Demokratie und Republik, aber er ist deren typische Verfallserscheinung. Das lehrt schon die Geschichte Roms. Es ist nicht zu hoffen, dass es irgendwann keine Parteien mehr geben wird, dass also die Bürger bürgerlich miteinander leben. So ist der Mensch nicht, aus allzu krummem Holz geschnitzt, von Neigungen, also Habsucht, Machtsucht, Ehrsucht, besessen, die sich in den Parteien bestens entfalten können. Aber die Parteien müssen sich erneuern. Wir brauchen neue Parteien. Parteien dürfen nicht allzu beständig, geradezu ewig sein. Sie geraten dann in die falschen Hände, weil sie allzu einfach den Zugang zur Macht, zu den Ämtern und Pfründen sichern. Sie sind leicht von Außen steuerbar, von der internationalen Großfinanz, von in- und ausländischen Diensten. Sie werden berechenbar und im Zweifel bestechlich. Ich sehe keine Chance, dass die Altparteien sich in irgendeiner Weise regenerieren und wieder Einrichtungen der Freiheit des Volkes werden. Es sind längst reine Herrschaftsbündnisse.

Die Abhängigkeit von der Großfinanz ist augenscheinlich.

Mit Scheinargumenten wie der Systemnotwendigkeit werden die Geldinstitute, weitestgehend in der Hand ausländischer Banken oder Fonds und fremder Staaten, auf Kosten der wirklichen Leistungsträger des Landes, der arbeitenden Bevölkerung und auf Kosten des Nachwuchses finanziert, mit einem ungeheuren Aufwand, mit größten Risiken, ohne jede Rücksicht auf die Interessen der Bürgerschaft. Aber in einer Zeit sanfter Despotie ist es möglich, seiner Pflicht als Bürger zu genügen, nämlich der Pflicht, für die Rechtlichkeit des gemeinsamen Lebens zu sorgen. Das ist die Freiheit der Bürger. Es gibt eine Widerstandspflicht. Der moderne Staat hat nur eine Aufgabe, das Recht zu verwirklichen. Das macht die Freiheit aus, weil jeder von uns Staat ist. Der Bürger ist staatlich, die zentrale Figur des Staates. Es gibt keinen Gegensatz von Staat und Bürgern.

Es gibt keine Trennung von Staat und Gesellschaft. Das sind Irrlehren, die das Bundesverfassungsgericht unter geistiger Führung nach wie vor vertritt. Es sind dogmatische Fehlentwicklungen, die uns nicht frei sein lassen, derentwegen wir nicht als Bürger anerkannt werden. Längst ist wieder ein Herrschaftssystem etabliert, das durch gewisse Grundrechte liberalistisch moderiert wird. Aber das ist nicht die Freiheit, die die Grundlage von Demokratie und Rechtsstaat ist, oder besser, die Grundlage der Republik. Die Freiheit im politischen Sinne ist die Grundlage der Republik. Jüngst hat das Bundesverfassungsgericht ganz am Rande eingeräumt, dass die Republik ein materiales Verfassungsprinzip ist und nicht lediglich das Verbot der Monarchie. Die Staatsrechtslehre wehrt sich entweder mit abwertenden Äußerungen oder mittels Missachtung gegen die republikanische Konzeption des Rechts, aber nicht aus politischen Gründen, sondern weil die Autoren meist eine Art liberalistischer Herrschaftslehre in ihre Lehrbücher geschrieben haben und ihre verfehlte Dogmatik nicht zugestehen wollen. Die Rechtswissenschaft ist weitgehend zu einer Abschreiberei verkommen. *«Es erben sich Gesetz und Rechte wie eine ewige Krankheit fort»*, lässt Goethe Mephisto sagen. Das Republikprinzip ist jedoch von großer materieller Bedeutung; denn es ist das Prinzip der allgemeinen Freiheit, das der Bürgerlichkeit der Bürger. Die Republik muss demokratisch sein.

Nirgends steht im Grundgesetz, dass Deutschland eine Demokratie sein sollte. Demokratie ist ein schönes Wort, aber es wird missverstanden. Dieses Missverständnis ist philologisch, aber von staatserheblicher Bedeutung. Demokratie soll Herrschaft des Volkes heißen. Das stimmt vom Wortbegriff her nicht, von der Sache her noch weniger. Noch nie hat das Volk geherrscht. Nie wird das Volk herrschen. Völker werden immer nur *beherrscht,* empirisch gesehen. Völker können versuchen, die allgemeine Freiheit zu verwirklichen, die mit der allgemeinen Gleichheit und der Brüderlichkeit und, politisch korrekt, Schwesterlichkeit, verbunden ist und sein muss. Das wäre das Kunstwerk der Vernunft, wie Schiller das in dem Brief an den Grafen von Augustenburg genannt hat, das Kunstwerk der allgemeinen Freiheit, das der Demokratie als politischer Form bedarf. Demokratie heißt nun einmal nicht Herrschaft des Volkes, sondern das Volk hat das Sagen, das Volk wird nicht beherrscht, das Volk zieht den Karren, oft aus dem Dreck, das muss es immer, jetzt auch, aus dem Morast der Staatsschulden. Unser Volk wird große Opfer bringen müssen. Dass die Staatsverschuldung über das Investitionsvolumen hinaus verfassungswidrig ist, liegt auf der Hand. Man konnte und wollte nichts anderes denken, als dass der Staat aufgrund des monarchischen Prinzips herrsche. Das will man nach wie vor.

Die Demokratie, welche die Monarchie abgelöst hat, müsse Herrschaft sein. Man dogmatisiert immer noch, der Staat sei ein Herrschaftsgebilde und solle es sein. Er ist es, das bestreite ich nicht, und der gegenwärtige deutsche Staat wieder fast diktatorisch. Aber er soll es nicht sein. Man darf die Wirklichkeit, die man empirisch erfassen muss, nicht mit dem verwechseln, was sein soll. *«Alle Staatsgewalt geht vom Volke aus!»* Das Volk ist Träger der Staatsgewalt. Das Volk sind alle Bürger, in gewisser Weise auch die, die jetzt als Migranten eingebürgert worden sind. Die mögen nicht

zur Nation gehören, sind aber Staatsangehörige. Diese Einbürge-
rungen waren verfassungswidrig, aber die Rechtswidrigkeit von Ver-
waltungsakten führt nicht ohne Weiteres zu ihrer Nichtigkeit,
sondern nur, wenn das offenkundig ist. Das ist allgemeines,
öffentliches Recht, das auch zum Rechtsstaat gehört. Der Austausch
des Volkes durch eine beliebige Bevölkerung ist mit dem Volksbe-
griff des Grundgesetzes unvereinbar. Das ist nicht rechtens, wenn
das Volk nicht gefragt wurde, wenn also keine Volksabstimmung
über die Frage stattgefunden hat:

*Wollt ihr ein anderes Volk werden? Oder wollt ihr überhaupt
aufgeben, ein Volk zu sein und euch in eine Bevölkerung um-
wandeln, in eine multinationale, multikulturelle Bevölkerung?*

Diese Umwandlung wird aufgezwungen. Die meisten dürften aber
dagegen sein, trotzallem haben wir als Bürger alle die Verantwortung
für das Schicksal des Volkes. Es gibt auch Schuld durch Unterlassen, das ist ein allgemeines strafrechtliches Prinzip. Gegenwärtig
ist es vergleichsweise, leicht zu handeln. Es gibt die Verpflichtung
des Bürgers, seine bürgerliche Verfassung zu verteidigen, die
Widerstandspflicht. *Wenn wir die Verpflichtung nicht erfüllen,
wir alle zusammen, sind gegenüber den nachfolgenden Generationen für das Unglück verantwortlich. Wir machen uns schuldig,
wie sich andere in anderen Zeiten in Deutschland schuldig
gemacht haben.*

Widerstand im Dritten Reich war unendlich schwer, man musste
sein Leben aufs Spiel setzen, aber das große Unrecht darf kein Volk
dulden. *Wenn die Staatsgewalt nicht vom Volke ausgeht, sondern von einer
Parteienoligarchie, ist das nicht demokratisch.* Das Volk muss für die
Bewältigung des gemeinsamen Lebens bestens organisiert sein.
Dafür genügen nicht nur Wahlen von Parteien. Es wird gewählt,
aber wir wählen die, die schon gewählt sind. Das Volk hat durch die
Wahlen keinen wirklichen Einfluss auf die Politik. Den haben
wenige Parteipolitiker, keineswegs alle Parteimitläufer. Die Parteien
sind älter geworden. Ihre inneren Strukturen haben sich verändert.
Es sind nicht mehr die politischen Parteien der Zeit Konrad

Adenauers, in denen Menschen mitwirkten, die schon in der Weimarer Republik politische Verantwortung getragen, die Tyrannei des Dritten Reiches hinter sich und die Erfahrung des großen Unrechts hatten. Diese Politiker wollten Freiheit und Recht, Republik und Demokratie. Jetzt haben *Agenten, Opportunisten und Karrieristen* in den Parteien das Sagen. Die Führungskräfte in den Parteien sind eine Negativauslese. Die Republik steht und fällt mit der führenden Schicht, mit bürgerlichen Aristokraten, nicht mit dem Adel im Geburtssinne, denn nicht jeder Adlige ist schon ein edler Mann. Wir brauchen die Besten in der Politik, die republikanische Aristokratie.

Die Parteien haben nur eine Aufgabe, die Besten auszuwählen und diese, nicht sich selbst, den Bürgern zur Wahl vorzuschlagen, damit diese die politische Verantwortung übernehmen.

Es gelingt ihnen bestens das Gegenteil. Jeder weiß, wenn er nicht durch berufliche Leistung einen angemessenen Status erlangt, dann ist es doch auch ohne fachliche Leistung möglich, durch Anpassung in einer Partei in hoch bezahlte Ämter zu kommen, freilich bedarf es der hinreichenden Charakterlosigkeit, stetig gegen besseres Wissen und eigene Überzeugung zu handeln.

Den Weg gehen viele. Nicht allein Wahlen genügen dem demokratischen Prinzip, sondern ganz wesentlich ist die Aufstellung der Kandidaten, letztlich die ganze republikanische oder eben demokratische Kultur eines Landes. Das Bundesverfassungsgericht spricht vom demokratischen Legitimationsniveau. Es muss einen hinreichenden Diskurs um die Politik geben.

Meist wird verkannt, dass es nicht schon demokratisch legitimiert ist, wenn die Mehrheit die Minderheit beherrscht. Demokratisch ist allein die Erkenntnis des Wahren und Richtigen. Erkenntnis ist republikanisch. *»Politik ist ausübende Rechtslehre«*, sagt Kant. Ausübende Rechtslehre erkennt und beschließt das Richtige für das Gemeinwohl des Volkes. Das setzt Wahrheit voraus und damit Wahrheitlichkeit. Wer derer nicht fähig ist, darf kein Staatsamt ausüben. An dem Diskurs muss das ganze Volk teilnehmen können, auch mit allen Irrtümern. Konstitutionsprinzip einer

Demokratie ist das Recht der freien Rede. Das Recht der freien Rede wird in Deutschland entgegen der Würde des Menschen und entgegen der Schutzpflicht des Staates mit Füßen getreten. Der Staat, einschließlich seiner Gerichte, allen voran das Bundesverfassungsgericht, verteidigt das Recht der freien Rede nicht hinreichend. § 186 Strafgesetzbuch, der die üble Nachrede unter Strafe stellt, ist zugunsten der Medien wegen ihrer öffentlichen Aufgabe vom Bundesverfassungsgericht praktisch ausgehebelt. Die Medien können jeden diffamieren, etwas sagen, was verächtlich zu machen geeignet ist, ohne dass sie nachweisen können oder müssen, was sie über einzelne Bürger verbreiten. Aber nach dem Straftatbe-stand müssen herabsetzende Äußerungen erweislich wahr sein. Es wird von den Medien nur verlangt, dass sie mit mediengemäßer Sorgfalt ihre Äußerungen prüfen, also ohne jede Sorgfalt, denn sie haben ja keine Zeit und keine Gelegenheit, hinreichend zu über-prüfen, was sie schreiben. Die Meinungsäußerungsfreiheit der Medien ist groß, die des Bürgers klein.

Der Bürger hat keinen wirksamen Schutz seiner Persönlichkeit. Der Bürger hat zudem wenige Möglichkeiten, in der Öffentlichkeit gehört zu werden. Der Persönlichkeitsschutz wird zwar in der Würde des Menschen und im Freiheitsprinzip, also in höchsten Werten, verankert, aber er findet der Sache nach nicht statt. Caroline von Monaco und ihre Kinder werden geschützt, aber nicht der einfache Bürger, der in der Politik etwas sagt, was nicht alle hören sollen, oft schlicht die Wahrheit. Die meisten Bürger schweigen verängstigt, obwohl sie die Wahrheit lieben und oft herausschreien wollen. Aber sie fürchten die diffamierende Medienschelte, manchmal auch Staatsanwalt und Strafrichter. Für die demokratische Kultur ist das verheerend.

Die Gerichte stärken in jeder Weise die Medien, welche den bürgerlichen Diskurs mehr gefährden als fördern. Wenn sie nicht die Öffentlichkeit durch Spiele, Sex- und Gewaltdarstellungen von der Politik ablenken, missbrauchen die Medien ihre in der Demokratie unverzichtbare Aufgabe, zur Meinungsbildung beizutragen, für irreführende Propaganda. Das ist Unrecht. Man weiß genau, wie man mit den heutigen Kommunikationsmitteln ein Volk beherrscht.

Untragbar ist die Vermachtung der Medien, die, wenn nicht in der Hand des von den Parteien beherrschten Staates, in der weniger Medienoligopolisten sind. Demokratische Veranstaltungen sind das nicht. Allerdings hat das Internet Chancen zur Opposition eröffnet, aber die Printmedien und die herkömmlichen elektronischen Medien, vor allem das Fernsehen, sei es öffentlich oder privat, sind Vehikel der Parteien und der diese beherrschenden Mächte im In- und Ausland, vor allem der Großfinanz und der Großindustrie. An sich sollte Deutschland von staatlicher Propaganda genug haben, aber ohne diese kann die bürgerfeindliche Politik angesichts der ständigen Wahlen schlecht durchgesetzt werden.

Eine wesentliche Grundlage und Voraussetzung eines freien Volkes, das als Demokratie oder besser als Republik verfasst ist, ist allgemeines Eigentum, das Recht auf und das Recht am Eigentum. Die Eigentumsordnung muss so gestaltet sein, dass alle Bürger der Freiheit fähig sind. *Nur mittels Eigentum ist der Mensch selbstständig.* Nur die hinreichende Selbstständigkeit des Menschen macht ihn zum Bürger. Darum gibt es auch ein Recht auf Eigentum, das in Art. 14 GG verankert, aber längst nicht anerkannt ist. Allgemeine Selbstständigkeit ist das eigentliche Ziel des Sozialprinzips. *Kant hat die Trias der leitenden Ideen der Republik: Freiheit, Gleichheit, Brüderlichkeit, mit Freiheit, Gleichheit, Selbstständigkeit übersetzt.*

Die Wirtschaftsordnung muss so gestaltet sein, dass möglichst alle Bürger aus eigener Kraft zur Selbstständigkeit finden und diese erhalten können. Das Bundesverfassungsgericht hat die sozialen Verpflichtungen zu Recht auf die Würde des Menschen gestützt. Die Wirtschaftsordnung hat sich von Rechtsprinzipien weit entfernt. Die hinreichende Selbstständigkeit der Menschen ist nicht mehr gesichert, ganz im Gegenteil, die Bürger müssen um ihren Arbeitsplatz, um ihre Rente, um ihr Vermögen bangen. Die Jugend hat schlechte Aussichten. Die sozialen Verhältnisse waren schon besser entwickelt, aber wir teilen, zumal europa- und weltweit, in einer Weise, welche den Bürgern allzu viel von ihrem Eigentum und ihren Chancen nimmt. Damit werden mehr und mehr Bürger wirtschaftlich zu Untertanen. *Die wirklichen Hintergründe des wirtschaftlichen Desasters und der Entwürdigung des Menschen sind die Globalisierung und die Europäisierung der Wirtschaft.*

Die Europäische Union ist schlicht eine Region der globalisierten Wirtschaft, deren »*Verfassungsprinzip*« die Freiheit des Kapitals ist. Die europäische Integration heiße ich im begrenzten Umfang gut, aber nicht so, wie es geschieht, nicht die Entwicklung zu einer zentralistischen Bürokratie im Interesse eines entgrenzten Kapitalismus, in dem die Menschen Humankapital mit schnellem Verfall sind. Wenn sie nicht mehr arbeiten können, sollen sie den Anstand haben, die Wirtschaft rasch von ihren Kosten zu befreien, zunächst aufgrund freiwilliger Patientenverfügung. Eine europäische Integration muss Freiheit und Recht, Demokratie und Rechtsstaat, aber auch den Sozialstaat wahren. Ein europäisches Europa muss eine Republik der Republiken, ein Europa freier Staaten sein. Wir nehmen diese bürgerfeindlichen Politiken hin, die aber auch wegen Verletzung des Sozialprinzips, das mit dem Republikprinzip untrennbar verbunden ist, ein Verstoß gegen höchste Verfassungsprinzipien ist. Wir tun nicht mehr das, was wir zu tun verpflichtet sind, um allen Bürgern im Lande die Chance der Selbstständigkeit zu geben. Damit haben nicht mehr alle die Fähigkeit, wirklich an der Demokratie teilzuhaben. Wie gesagt, setzt die Fähigkeit zur Autonomie des Willens als die Fähigkeit zur Freiheit die Selbstständigkeit aller voraus. Wenn nicht alle Bürger in der Republik frei, also selbstständig, sind, können auch die anderen trotz gewissen Vermögens nicht frei sein. Das erweist sich in der Macht der Mehrheit. Die Freiheit als allgemeine Gesetzgeberschaft ist unteilbar. Es gibt keine Freiheit inmitten von Untertanen. Wer aber soll nach Selbstständigkeit und Freiheit fragen?

Zu sagen haben die Menschen im entwickelten Parteienstaat ohnehin nichts, allenfalls wenig, also müssen sie auch nicht selbstständig im republikanischen, bürgerlichen Sinne sein.

Wir haben die wirtschaftliche Hoheit aus der Hand gegeben. Wir haben außenwirtschaftlich, also in der Handelspolitik, nichts mehr zu sagen. Die Außenwirtschaftspolitik, von größter Bedeutung für ein Exportland wie Deutschland, ist völlig von der Europäischen Union usurpiert, jetzt im Vertrag von Lissabon festgeschrieben, vorher vertragswidrig vom Europäischen Gerichtshof dekretiert. Wir sind von den außenwirtschaftspolitischen Entscheidungen der Union abhängig. Die unterschiedlichen Interessen von 27 Mitgliedstaaten mit heterogenen Volkswirtschaften bestimmen die Wirtschafts-, zumal die Handelspolitik. Das wird mit dem schönen Wort Freihandel kaschiert, ohne dass die Voraussetzungen eines Freihandels erfüllt wären. Das Ausbeutungsszenario der kapitalgesteuerten Wirtschaft ist kein Freihandel. Besser passt das Wort Freibeuterei.

Die globalisierte Wirtschaft kommt nicht allen zugute, und insbesondere den Menschen nicht, die keine Arbeit finden.

Wir könnten andere Arbeitsverhältnisse haben. Nach Berechnungen, die ich für seriös halte, hat die internationalistische Entwicklung die Deutschen in den letzten zwei, drei Jahrzehnten ein gutes Drittel unseres Einkommens gekostet. Das sind die Opfer, die Deutschland vor allem für die Union bringt, nicht nur die Nettozahlungen an die Europäische Union. Die Opfer sind die Transferleistungen, die allein dadurch abgefordert werden, dass Deutschland nicht aufwertet, während andere Euroländer abwerten müssten.
Griechenland voran und weiter Portugal, Irland, Italien und Spanien. Belgien und Frankreich werden bald mitgenannt werden. Nach Aufwertung hätte Deutschland eine stärkere Kaufkraft, vor allem am Weltmarkt, aber auch am Binnenmarkt. Dem Export steht ein Import gegenüber. Die deutschen Produkte, die in hohem Maße aus ausländischen Zulieferungen hergestellt werden, würden nicht merkbar verteuert. Manche halten den schwachen Durchschnittseuro für einen Vorteil für die deutsche Exportwirtschaft. Das mag einzelnen exportorientierten Unternehmen zugutekommen, ist aber gesamtwirtschaftlich eher ein Nachteil, insbesondere schwächt das die Kaufkraft im Innern, die der Menschen im Lande. Es schadet zudem den Nachbarstaaten, deren Schäden durch das Abwertungsverbot die Deutschen jetzt bezahlen müssen.
Als Deutschland die DM stetig aufgewertet hat, hatte es mit Abstand das höchste Pro-Kopf-Einkommen in Europa und nach den USA in der Welt.

Jetzt liegen die Deutschen in der unteren Hälfte im OECD Bereich, und die Bevölkerung verarmt zusehends.

Die Währungsunion schadet in jede Richtung und wird ihren Zweck, den Unionsstaat herbeizuzwingen, verfehlen. Es ist ausgeschlossen, die Fehlentwicklung der Wirtschaft durch irgendwelche Steuer oder sozialpolitischen Maßnahmen in Ordnung zu bringen. *Es werden ganz andere Maßnahmen erfolgen, um mit den Staats- und Bankenschulden fertig zu werden. Inflation wird nicht reichen. Eher erfolgt nach einer ruinösen Deflationsphase der Währungsschnitt.*

Griechenland ist nur ein Beispiel. Die Währungs- und Finanzkrise Argentiniens konnte 2001/2002 nur durch ein Moratorium, die Lösung des Pesos von der Dollar-Parität mit einer Abwertung von 70 Prozent und schließlich dadurch bewältigt werden, dass Argentinien seine Schulden bis zu 70 Prozent nicht bezahlt hat. Ähnliche Schritte werden gemacht werden müssen, letztlich auch in Deutschland. Diese Verschuldungspolitik ist verfassungswidrig. Sie ist große Enteignung der Bürger, freilich nur derer, die ein Vermögen haben. Dazu gehören auch Pensions- und Rentenansprüche, deren Anpassung an die Geldwertentwicklung vom Gesetzgeber abhängt. Warum soll nicht auch einmal eine der Banken insolvent werden, denen durch die Rettungsmaßnahmen für den Euro die Risiken, die sie sehr gewinnorientiert eingegangen sind, abgenommen werden?

Zu unserem Wirtschaftssystem gehört die Insolvenz. Dadurch werden die Wagnisse gesteuert, insbesondere die Kreditierung der Unternehmen, aber auch der Staaten, wie sich zeigt, begrenzt. Es gibt keine Systemrelevanz von Banken, auch nicht von Banken in der öffentlichen Hand. *Wenn aber die Politiker zulassen, dass die Banker reich, unermesslich reich werden, wer will es ihnen verdenken, dass sie die Möglichkeiten nutzen. Die Verantwortung für die Finanzkrise haben die Politiker.* Es wird von den Unternehmern soziales Ethos gefordert, aber es gilt, ihnen Grenzen zu ziehen. Sie haben in ihren Strukturen, die auf größtmöglichen Gewinn der weltweit gestreuten, systemisch nicht solidarischen Shareholder angelegt sind, keine Chance zu einem sozialen Ethos. Das grundlegende Prinzip der Ethik ist die Rechtlichkeit. Für das Recht ist die Politik verantwortlich. Wer die globale Kapitalverkehrsfreiheit ins Haus holt, der darf sich nicht wundern, wenn sozialwidrige Verhältnisse entstehen.

Wer die Schriften dazu kennt, die schon vor mehr als 10 Jahren geschrieben sind, der kann das wissen, aber die Politiker, weitgehend korrumpiert, wollen das nicht wissen. Einer der größten Missgriffe der Wirtschaftspolitik ist die Kapitalverkehrsfreiheit, nicht nur die in der Europäischen Union, sondern die globale der ganzen Welt. Nach dem Unionsrecht ist es uns verboten, den Kapitalverkehr gegenüber allen Ländern der Welt zu beschränken, mit gewissen Ausnahmen vor allem, zugunsten der Währungsunion. Das ist die Grundlage des spekulativen Kapitalismus, die Grundlage dieser kreditären Geldschöpfung, die das Zehnfache des für die Wirtschaft erforderlichen Geldumlaufs betrifft, immer mit Zinserwartungen. Wer eine Politik globalen Kapitalismus macht, hat eine Politik der Selbstständigkeit der Bürger und damit eine soziale, demokratische, republikanische Politik, eine Politik der Freiheit und des Rechts, aufgegeben. Die Republik muss demokratisch sein, und das wichtigste Prinzip der Republik ist der Rechtsstaat. Es würde vollkommen genügen, wenn Deutschland und die anderen Länder dieser Welt wirkliche Rechtsstaaten wären. Als Rechtsstaat war Deutschland in bestimmten Jahren, sagen wir den 50er, 60er und noch 70er Jahren, besser als alle anderen Staaten aufgestellt. Deutschland hatte nach dem Zweiten Weltkrieg eine starke Entwicklung zum Rechtsstaat und eine feine Diskussion über Einzelfragen des Rechtsstaates, etwa als 1960 die Verwaltungsgerichtsordnung eingeführt wurde.

Das europäisierte Deutschland hat den Rechtsstaat längst verlassen. Es gibt noch beachtliche Reste des Rechtsstaates, Deutschland ist noch im gewissen Maße rechtsstaatlich, aber nicht im eigentlichen. Das Bewusstsein der politischen Klasse in Deutschland für den Rechtsstaat ist verlorengegangen. Das zeigt der »Krieg« gegen das Bankgeheimnis in der Schweiz, ein Rechtsprinzip eines anderen Landes.

Der deutsche Finanzminister versucht, dieses Bankgeheimnis der Schweiz, das gute Gründe hat, jedenfalls in der Schweiz rechtens ist, zu beseitigen, mit Mitteln, die ein Grundprinzip des Rechtsstaates missachten, die Verfahrensgerechtigkeit. Auch und gerade die Verfahren müssen dem Rechtsstaatsprinzip genügen. Verfahrensrechtlichkeit ist die Magna Charta des Rechtsstaates, gerade im Strafverfahren. Wer das Formelle des Rechtsstaates vernachlässigt, wie gegenwärtig in den Fragen des Schweizer Bankgeheimnisses, hat den Rechtsstaat verkannt. Wenn er meint, wir müssen unbedingt das materielle Recht durchsetzen und die Steuersünder bestrafen, dann darf er noch lange nicht die rechtsstaatlichen Verfahrensprinzipien missachten. Verfahren sind Freiheitsschutz. Auch das Recht anderer Länder ist zu respektieren, insbesondere im Interesse des guten Miteinanders der Völker und Staaten. Wenn im Übrigen jemand in der Schweiz Renditen zieht, weil er sein Geld gemäß der Kapitalverkehrsfreiheit legal in die Schweiz verbracht hat, dann ist das rechtens. Eine zusätzliche Besteuerung deutscher Staatsbürger in Deutschland entgegen den Doppelbesteuerungsabkommen ist ein klarer Verstoß gegen die Kapitalverkehrsfreiheit. Die Kapitalverkehrsfreiheit, als eine der Grundfreiheiten, gilt aufgrund der bilateralen Verträge auch für die Schweiz. Ich rede nicht über die Gelder, *die nicht versteuert in die Schweiz transferiert wurden*, also über Schwarzgelder, sondern über ererbte Vermögen, die in der Schweiz liegen und Renditen erbringen. Die sind nach Schweizer Recht zu versteuern. Alles andere widerspricht der Logik der Kapitalverkehrsfreiheit, einer Logik, die der Europäische Gerichtshof ständig praktiziert. Da lag der letzte deutsche Finanzminister schief, aus der Gier heraus, die auch beim Staat beheimatet zu sein scheint. Aber auch in vielen anderen Bereichen hat das europäisierte Deutschland rechtsstaatliche Prinzipien verlassen, vor allem bei den hilflosen Versuchen, den Euro durch die Finanzierung des griechischen Haushalts und noch mehr durch den allen Mitgliedstaaten zugänglichen Rettungsschirm zu verteidigen. Die Maßnahmen sind grobe Vertrags- und Verfassungsverletzungen, und sie missachten das Versprechen an die Deutschen, die Stabilität der Währung ohne Finanztransfers an andere Euro-Länder zu gewährleisten. Gegen die von niemandem bestreitbare Vertragswidrigkeit der Euroeinführung hat das Bundesverfassungsgericht den Rechtsschutz verweigert. Sowohl die Einführung des Euro als auch dessen Verteidigung sind nichts anderes als Diktatur.

Die Einführung war ein Rechtsbruch, in dem Falle Vertragsbruch, und die Verteidigungsmaßnahmen sind es auch. Sie sind zudem ökonomisch falsch, versprechen keinen Erfolg und schaden unermesslich. Die Rechtsschutzlosigkeit ist ein Kriterium der Diktatur, was eigentlich sonst?

Das gesamte gemeinsame Leben hängt von der Freiheit ab, insbesondere der Rechtsstaat. Es gibt keinen Rechtsstaat ohne Demokratie, wohlgemerkt in dem dargelegten Sinne, und keinen Rechtsstaat ohne Selbstständigkeit der Menschen, also ohne Sozialstaat. Der Rechtsstaat kann nicht auf formelle Prinzipien reduziert werden, wenn auch die formellen Prinzipien unverzichtbar sind. Der liberale Rechtsstaat hat sich im Wesentlichen auf die formellen Prinzipien beschränkt, diese haben die Freiheiten vielleicht wirksamer geschützt als der materielle Rechtsstaat durch die Grundrechte. Das liegt an den in der Republik veränderten politischen Verhältnissen. Der Gesetzesvorbehalt für alle Maßnahmen des Staates, welche in Freiheit und Eigentum eingriffen, bewirkte, dass der Landtag derartigen Gesetzen zustimmen musste. Im Landtag waren aber die Bürger vertreten, die ihre Interessen gegen den monarchischen Staat vertreten haben. Der formelle Gesetzesvorbehalt hatte dadurch große materielle Wirkung. Erinnert sei an den preußischen Budgetkonflikt 1862, der lange währte und nie verbindlich entschieden wurde.

In der Republik sind die Bürger selbst die Träger der Staatsgewalt.

Es gibt in der Republik keinen Gegensatz von Staat und Gesellschaft. Aber die in das Parlament gewählten Vertreter des Volkes sind, wenn sie Interessen und Parteien repräsentieren, die größte Gefahr für die Freiheit und die Freiheiten, obwohl sie die Freiheit verwirklichen sollen. Die Entrechtung der Bürger durch die Internationalisierung der Lebensverhältnisse, zumal durch deren Europäisierung, die in der Integrationsverantwortung der Parlamente liegt, ist weit fortgeschritten. Zudem führt das Wahlsystem im Parteienstaat zu einer steten Minderung der bürgerlichen Rechte, vor allem des Eigentumsschutzes, weil die Parteien mittels ihrer Gesetzgebungsmacht das, was den einen gehört, den anderen geben, um von Letzteren gewählt zu werden. Der parteienstaatliche Demokratismus führt geradezu zwangsläufig zu einer rechtlosen Verteilung des Volksvermögens, denn die parteilichen Parteien sind darauf angelegt, Interessen zu bedienen, nicht aber das Recht zu verwirklichen. Das Wahlrecht wirkt dem nicht entgegen. Zu Recht ist zum Schutz der Grundrechte die Verfassungsgerichtsbarkeit eingerichtet. Aber die Verfassungsrichter, auch in die parteiliche Klasse integriert, leisten den materiellen Schutz von Freiheit und Eigentum eher weniger als der formelle Gesetzesvorbehalt des Liberalismus unter dem monarchischen Prinzip, der bekanntlich zum Hochliberalismus geführt hat. Für den menschheitlich richtigen Republikanismus fehlt es noch an der erforderlichen *Sittlichkeit und Moralität* der Bürger wie der Vertreter derselben in den Parlamenten.

Unabdingbare Voraussetzung des Rechtsstaates ist der Staat. Der Rechtsstaat muss ein Staat sein. Die Entstaatlichung des Volkes, nicht nur durch die europäische Integration, sondern auch durch die Globalisierung, ist mit rechtsstaatlichen Prinzipien nicht vereinbar. Dem Volk wird die Hoheit über den eigenen Staat genommen. Die existenziellen Politiken, die Währungspolitik, die Wirtschaftspolitik, die Haushaltspolitik, die Sozialpolitik, die Sicherheitspolitik u.a.m., müssen in der Hand des Volkes bleiben und dürfen nicht Gremien übertragen werden, die nicht vom Volk legitimiert sind. Die europäischen Organe haben keine demokratische Legitimation. Das Bundesverfassungsgericht musste zugestehen, dass die Organe der Europäischen Union nicht eigenständig demokratisch legitimiert sind, wie sie es sein müssten, wenn es Staatsorgane wären, wie sie es aber auch sein müssen, weil sie Rechtsetzungsorgane der Völker sind.

Wenn das demokratische Niveau in Deutschland so abgesenkt wäre wie das der Union, wäre das fraglos demokratiewidrig. Das Gericht will aber nicht zugeben, dass die Union längst ein Staat ist, der mächtigste Staat in unserem Leben, weitaus wirkungsmächtiger als Bund, Länder und Gemeinden, und deswegen der Legitimation durch ein Staatsvolk bedarf. Das aber müsste durch ein unionsweites Verfassungsgesetz geschaffen werden, welches der vorgängigen Zustimmung aller Unionsvölker bedarf. Das sieht das Lissabon Urteil nicht anders.

Das Gericht konstruiert die demokratische Legitimation der Unionspolitik dogmatisch mittels des Prinzips der begrenzten Einzelermächtigung, das in Art. 5 des EUV in der Lissabonner Fassung eigens genannt ist, aber nur im deutschsprachigen Text. In den anderen Texten ist ehrlicher von abgeleiteten Befugnissen der Union die Rede, die mangels Volkes keine originären Befugnisse hat und haben kann. Nach dem Prinzip der begrenzten Einzelermächtigung muss die Politik der Union voraussehbar sein, sodass sie von den nationalen Parlamenten verantwortet werden kann, denn nur die nationalen Parlamente können, weil von den Völkern gleichheitlich gewählt, demokratisch legitimieren. In Wirklichkeit sind die Ermächtigungen weit und offen bis hin zu Generalklauseln, welche der Bestimmtheit weitestgehend entbehren. Allemal seit dem Vertrag von Lissabon hat die Union jede Politikmöglichkeit, in der Wirtschaft, zumal in der Handelspolitik, im Sozialen, im Bereich der inneren und äußeren Sicherheit, abgesehen von der Währungspolitik.

Mit der Währungspolitik werden derzeit durch Griechenlandhilfe und Währungsrettungsschirm die Finanzen vor allem Deutschlands ruiniert, freilich unter krassem Bruch der Verträge. Die No Bailout-Klausel des Art. 125 AEUV verbietet diese Maßnahmen eindeutig. Die Europäische Währungsunion sollte keine Haftungsgemeinschaft sein, sondern eine Stabilitätsgemeinschaft. Jetzt ist sie keine Stabilitätsgemeinschaft, sondern eine Haftungsgemeinschaft. Die Währungsunion wird zur Finanzunion, Transferunion, Sozialunion. Das ist endgültig der Bundesstaat. Den sollte die Währungsunion, ökonomisch von vornherein eine Fehlkonstruktion, auch herbeihebeln, aber ohne Umsturz geht das nicht. Der wird jetzt unternommen, aber das Bundesverfassungsgericht wird das nicht zulassen. Dafür verlangt es im Lissabonurteil eine neue Verfassung Deutschlands nach Art. 146 GG, die ohne Volksabstimmung nicht geschaffen werden kann.

Rechtsschutz ist Wesenselement des Rechtsstaates. Der Bürger muss wirksam in seinen Rechten, zumal den Grundrechten, geschützt werden. Seine Rechte müssen dem demokratischen Prinzip gemäß verbindlich erkannt und verwirklicht werden. Das ist Sache des Volkes, die wichtigste, denn *alle Staatsgewalt geht vom Volke aus*. Die Gerichte, die das letzte Wort in Sachen des Rechtes haben, müssen darum Organe der Vertretung des Volkes sein. Aber der Grundrechtsschutz ist weitestgehend dem Europäischen Gerichtshof überantwortet worden. Dort hat er nun wirklich keine Stätte. Der Gerichtshof hat erst einen einzigen Rechtsetzungsakt der Union als grundrechtswidrig erkannt, ausgerechnet einen Rechtsetzungsakt, der der Finanzierung des Terrorismus Schwierigkeiten bereiten sollte.

Es war der Kadi-Fall im Jahre 2008. Mehr als 50 Jahre lang hat der Gerichtshof keine Grundrechtsverletzungen der Union zu erkennen vermocht. Eine Grundrechtsbeschwerde, wie die deutsche Verfassungsbeschwerde, ist nicht vorgesehen. Insbesondere ist der Europäische Gerichtshof alles andere als demokratisch besetzt. Der griechische Richter etwa hat keinerlei demokratische Legitimation der Deutschen, genauso wenig wie die 25 anderen Richter aus fremden Ländern. Nur einer ist Deutscher, aber das reicht nicht, zumal er nicht in allen deutschen Angelegenheiten entscheidet. In den Kammern sitzen mal 3, mal 5 Richter, ein Deutscher muss nicht dabei sein. Die Richter kennen die deutschen Verhältnisse meist nicht, den meisten ist sogar die deutsche Sprache fremd. Es ist nicht leicht, das deutsche Rechtssystem zu verstehen. Das kann man als Deutscher einigermaßen, wenn man das Recht studiert und sich viele Jahre damit beschäftigt hat, aber dass irgendjemand aus Bulgarien oder Rumänien oder meinetwegen aus Portugal oder Litauen versteht, was die deutsche Rechtslehre meist aus guten Gründen induziert, ist völlig abwegig.

Es gibt keinerlei Legitimationszusammenhang zwischen den Völkern und der Rechtsprechung der Union. Das fundamentale Prinzip der demokratischen Republik. Alle Staatsgewalt geht vom Volke aus, ist durch den Integrationismus für wichtigste Staatsaufgaben ruiniert.

Wenn Bürger ihr Recht gegen den Staat vor dem Bundesverfassungsgericht verteidigen wollen, haben sie wenig Chancen. Die große Masse der Verfassungsbeschwerden wird gar nicht erst zur Entscheidung angenommen. Wenn es nicht so wichtig ist, kann auch der Bürger einmal einen Prozess gewinnen. Aber es gibt immer wieder wegweisende Entscheidungen, insbesondere wenn das Gericht ohnehin der Politik Grenzen ziehen wollte oder der Öffentlichkeit nicht sichtbare Kräfte, gegebenenfalls ein Kanzler selbst, die Politik korrigieren wollen. Auch der europäischen Integrationspolitik hat das Gericht Grenzen gesetzt, die der weiteren Entwicklung der Union zum Bundesstaat einen Riegel vorschieben. Das Gericht muss zum einen seine Existenz rechtfertigen, sieht sich aber auch seiner eigenen Judikatur verpflichtet, welche die Interpretation des Grundgesetzes in gewisser Weise einengen.

Notfalls, wenn das Gericht der Politik nicht in den Arm fallen will, wird dem Bürger schlicht der Rechtsschutz entgegen der grundrechtlichen Dogmatik verweigert, wie den Verfassungsbeschwerdeführern gegen die Einführung des Euro. Es bleibt abzuwarten, ob das Gericht sich dem Rechtsschutz gegen die Griechenlandhilfe und gegen den Rettungsschirm, die offenkundig vertrags- und verfassungswidrig sind, erneut zu entziehen wagt. Ich denke nicht. Die Rechtlosigkeit dieser Politik ist allzu offensichtlich.

Die Gewaltentrennung ist eine Essenziale des Rechtsstaates und Konstruktionsprinzip der Demokratie. Die horizontale Gewaltenteilung zwischen der Exekutive, vor allem der Regierung, der Legislative und der Judikative ist im Parteienstaat in Not, erst recht in der internationalistischen Parteienherrschaft.

Nicht einmal die Gewaltenteilung zwischen den beiden ersten Gewalten und der Judikative ist auf Unionsebene noch in Ordnung. Die Richter werden für sechs Jahre gewählt, mit einem interessanten Gehalt, etwa 20.000 Euro im Monat. Das ist etwa das dreifache dessen, was ein Bundesrichter verdient. Das ist schon attraktiv für jemanden, der aus Bulgarien kommt, aber auch für einen deutschen Juristen. Das möchte er auch noch weitere sechs Jahre verdienen. Allein schon die Wahlzeit von 6 Jahren schafft Abhängigkeit.

Wer setzt die Richter ein?

Die Regierungen der Mitgliedstaaten schlagen den Richter ihres Landes vor. Die anderen stimmen zu. Erforderlich ist das Einvernehmen der Regierungen. Ausgerechnet die Richter, welche die Politik der Regierungen auf die Rechtlichkeit hin kontrollieren sollen, werden von den Regierungen ernannt, die die politische Führung haben. Das schlägt dem Prinzip der Gewaltenteilung ins Gesicht. Das schafft politische Abhängigkeit, vermittelt durch Geld, Macht und Ansehen. Die Wahl der Richter des Bundesverfassungsgerichts ist im übrigen auch allzu parteienbestimmt.

Das republikanische Postulat kann nur sein, dass die Richter keiner Partei angehören. Es müssen die Besten des Faches sein. Wer einmal ein kritisches Wort zu Parteien gesagt hat, hat nie eine Chance, in das Verfassungsgericht gewählt zu werden. Die Verfassungsrichter sind alle abhängig von den Parteien. Jedes politische Lager stellt ein Mitglied in jedem Senat, das nicht Parteimitglied ist. Diese Richter haben die nötige Parteinähe. Es kann vorkommen, dass sie nach der Richterkarriere Ministerkandidaten einer Partei werden.

Was ist zu tun? Was ist gegen den Verfall Deutschlands und anderer Staaten zu tun? Es gibt in einem Parteienstaat in der krassen Form, wie er sich in Deutschland entwickelt hat, eine gewisse Gesetzlichkeit des Niedergangs. Wir hätten diese Entwicklung nicht, wenn die *Besten* dem Volk dienen würden. Aber die Parteien lassen das nicht zu.

Es bleibt nur der Widerstand. Das Recht steht in Art. 20 Abs. 4 GG: *»Gegen jeden, der es unternimmt, diese Ordnung zu beseitigen, haben alle Bürger das Recht zum Widerstand«.* Mit dem Recht ist die sittliche Pflicht jedes Bürgers verbunden. Das Widerstandsrecht ist ein ewiges Recht. Auch wenn es nicht im Grundgesetz stünde, würde es gelten. Die Gewerkschaften haben den Text im Zuge der Not-standsnovelle durchgesetzt. Schon der König in alten Zeiten war des Todes, wenn er nicht eines tat: *das Recht verwirklichen.* *»Diese Ordnung«* ist genau die, wie sie im Artikel 20 Absatz 1 bis 3 des Grundgesetzes verfasst ist. Man kann von dem einzelnen Bürger nicht mehr verlangen als den Widerspruch. Die Form des Widerstands ist eine andere Frage. Auch eine Klage ist gewissermaßen ein Widerstandsakt. Das wichtigste Mittel des Widerspruchs ist die freie Rede. Es ist in Deutschland schwer geworden, aber man muss das Recht der freien Rede wahrnehmen. Wenn man das nicht tut, hat man seinen Beruf verfehlt. *»Tue das,* *was du zu tun schuldig bist, in deinem Berufe«,* fordert uns Martin Luther auf.

Ja, wir sollen das tun was wir unserem Verstehen schuldig sind, teilen, was wir wissen und die Meinungen Anderer respektieren. Leben lebenswert gestalten, Menschlichkeit walten lassen. Wieder stoßen wir auf Martin Luther. Ein Wegweiser für bewusstes Leben.

So erlebten wir in den siebziger Jahren, dass eine ganze Generation gern und oft den Slogan von den *»Legitimationsproblemen des bürgerlichen Staates und der Demokratie«* im Mund und auf den Transparenten führte. Damals existierte dieses Legitimationsproblem gar nicht, denn das Gros der Wahlbürger war mit der Demokratie und den staatlichen Einrichtungen, selbst mit den schnöden, vom Souverän nie leidenschaftlich geliebten Parteien im Großen und Ganzen recht zufrieden. In jüngster Zeit aber hat sich die Einstellungen der Deutschen fundamental gewandelt. Die Akzeptanz vieler demokratischer Institutionen, besonders aber der Parteien und Regenten, ist nahezu erdrutschartig zusammengestürzt.

Nun wissen wir, dass über die Hälfte der Bundesbürger mit der Demokratie wenig bis gar nicht zufrieden ist. Und wir haben überdies erfahren, dass gar zwei Drittel der Deutschen die bundesdeutsche Gesellschaft für sozial ungerecht halten. Insofern mögen wir nun wirklich in die Legitimationskrise des bürgerlichen Staates hineinrutschen, von der in den vergangenen und verblassten Rebellenzeiten nur leichthin ein wenig affektiert verbalradikal fabuliert wurde. Nun aber scheinen die realen Legitimationsdefizite der Großkoalitionären Staates kaum jemanden ernsthaft zu stören oder gar zu erregen. Schließlich hat man schon derart häufig Krisenwarnungen gehört, dass man allmählich gegen sorgenvolle Zukunftsprognosen und Kassandrarufe rundum abgestumpft ist. Dabei ist das Problem derzeit zweifelsohne höchst brisant. Denn moderne Demokratien werden immer mehr zu Verhandlungsdemokratien in verschlossenen Räumen und meist nur informellen Strukturen.

Die Absprachen der politischen Klassen vollziehen sich zunehmend in undurchsichtigen Beziehungsgeflechten jenseits des Parlaments und seiner Kontrollmöglichkeiten. Und angesichts der gesellschaftlichen Komplexitäten wäre es ziemlich naiv, gegen diese Entwicklung fundamentaldemokratisch den offenen Marktplatz der Entscheidungsfindung auszurufen. Doch selbst die Voraussetzungen und Ergebnisse der weitgehend unvermeidlichen verhandlungsdemokratischen Arrangements werden nicht mehr, wie noch in den fünfziger und siebziger Jahren, mittels einer offenen, harten und reflexiv angemessen inspirierten Debatte in der parlamentarischen Arena ausgetragen, dadurch eben auch interpretiert und gleichsam didaktisch erläutert.

Deshalb fragen sich mittlerweile nicht nur die notorischen Nörgler, Verdrossenen und Frustrierten am Rand, sondern auch kluge, nachdenkliche und partizipationsorientierte Menschen in der Mitte der Republik, welche Rolle das Parlament eigentlich in der demokratischen und intellektuellen Auseinandersetzung und Handlungsfindung überhaupt noch einnimmt.

Wahrscheinlich wird diese skeptische Frage nach Ort und Wirksamkeit der parlamentarischen Demokratie in naher Zukunft noch weit lauter und ungeduldiger gestellt werden. Schließlich haben in den beiden letzten Jahrzehnten die zentralen Orte der repräsentativen Demokratie, die nationalen Parlamente, in einem atemberaubenden Tempo an Durchschlagkraft und Macht verloren. Die entscheidenden Weichenstellungen für das ökonomische, ökologische und soziale Leben der Völker fallen in der Tat in halbe Netzwerke, die nicht demokratisch gewählt wurden, die daher auch nicht demokratisch abgewählt werden können. Die durch keinerlei demokratische Institutionen kontrollierbar sind.

Eben das aber geht fraglos und zwingend an die Legitimationswurzeln der Demokratie. Gelungene Demokratien beendeten im 19. und 20. Jahrhundert eine jahrhundertlange Volkskultur von Aufruhr, Aufstand und Revolten. In funktionsfähigen, nationalstaatlich organisierten parlamentarischen Demokratien war Gewalt weder nötig noch berechtigt, da es nunmehr zivile, aufgeklärte und rationale Instrumente der Einflussnahme und Kontrolle gab, durch die sich Wandel friedlich vollziehen ließ.

Doch stehen wir jetzt, zumindest im internationalen Zusammenhang, unverkennbar am Abschluss der klassischen parlamentarischen Epoche. Hinreichend bewusst aber machen wir uns das nicht, denn wie mag die demokratische Organisation der vielzitierten Weltgesellschaft real aussehen? Wenn sich institutionelle Strukturen und Machtressourcen nicht finden lassen und sie sind in der Tat schwer auszumachen, um die Entscheidungseliten in den globalisierten Netzwerken demokratisch auszuwählen, zu kontrollieren und im Bedarfsfall zu ersetzen, wird irgendwann die Frage nach der Legitimität nichtdemokratischer Obstruktion oder gar militant auf der Tagesordnung stehen. In der neuen, auf hohe Geschwindigkeit angelegten Wissensgesellschaft bleibt nicht nur wenig Zeit für vertiefende Dialoge und umspannende Diskurse von Entscheidungen, sondern es besteht auch keinen Bedarf danach.

In der inneren Logik wissensgesellschaftlicher Sachgesetzlichkeiten handelt es sich dabei nämlich lediglich um den Vollzug rein rationaler Imperative und unabweislicher Notwendigkeiten. Überdies hat der Wettbewerbs- und Entstrukturierungsfuror der Deutungseliten nach zwei Jahrzehnten der Hegemonie nicht nur zu wünschenswerten Deregulierungen verknöcherter Bürokratien und zu einem löblichen Anstieg selbstverantwortlicher Individualität geführt, sondern eben auch zu einer massiven Denunziation und Entwertung sozialstaatlicher Normen, wie Fairness, Ausgleich, Integration, Verknüpfung, Zusammenhalt, Solidarität sowie zu einer Destruktion sozialstaatlicher, Klassen integrierender, Bindungen stiftender Institutionen. Die neuen, viel gelobten zivilgesellschaftlichen Selbstinitiativen greifen indes nicht nach unten, verschränken die heterogenen Gruppen nicht mehr in vertikaler Dimension, wie es der alte Sozialstaatlichkeit noch als zentrale Maxime innewohnte. Insofern hat der Reform impetus der letzten Jahre nicht in erster Linie zu einer befreienden Individualität geführt.

Etliche Einzelne bleiben zunehmend für sich, sind netzwerkunfähig, handlungsgehemmt, vereinsamt und ungehört.

Das trifft auch die soziale Mitte der Gesellschaft, zum Beispiel im prosaischen ökonomischen Alltag der Betriebe, da die Führungs-spitzen großer Konzerne kaum noch Rücksicht auf die mittleren Etagen der Hierarchie nehmen. Seit Jahren wird die Substanz der demokratischen Räume und Umgangsweisen systematisch unter-miniert, ohne dass das neue Demokratiedefizit ein bemerkens-wertes Thema in der öffentlichen Debatte dieser Republik wäre. Verheerend geradezu wirkte sich die rot-grüne Regierungsära aus. Denn Rot-Grün, das mit dem Demokratisierungs- und Teilhabe-versprechen begonnen hatte, verstärkte noch den grassierenden Fatalismus und nahm die Enteignung demokratischer Freiheiten hin, indem es den Determinismus vorgeblicher Eigengesetzlich-keiten in Wirtschaft und Wissenschaft bekräftigte. Die gegenwärtige Große Koalition knüpft daran nahtlos an. *Und so ordnet sich das politische Establishment in Deutschland, von den Schwarzen bis zu den Halbroten, von den Gelben bis zu den Grünen, den »Zwängen«, »Automatismen« und »Anpassungsnotwendig-keiten« einer zunehmend demokratielosen globalen Marktge-sellschaft unter. Das etikettiert man dann als pragmatische Politik. Doch langsam wird das Volk unverkennbar misstrauisch.*

Wenn wir den Ablauf der Demokratie in unserem Lande be-trachten, versuchen wir uns auch über die Zukunft unserer Demo-kratie Gedanken zu machen. Lassen Sie mich die Zeit des Falls der Berliner Mauer nehmen.

Als die Mauer vor rund zwei Jahrzehnten fiel, schien die Demo-kratie einen Sieg für die Ewigkeit errungen zu haben. Der Sozialis-mus war tot, der Satz *»Freiheit für alle«* wurde von einer Forderung zu einer konkreten Hoffnung. Aber sie hat sich nicht erfüllt.

Staaten wie China oder Russland übernahmen den Kapitalismus vom Westen, aber nicht das Verständnis von Demokratie und Menschenrechten. Im Gegenteil, die Demokratie hat eine neue

Konkurrenz bekommen, den autoritären Staat, der wirtschaftlich erfolgreich ist. Er wird zum Modell für viele asiatische und afrikanische Staaten. Gleichzeitig leidet das demokratische System in Deutschland an Auszehrung. Die Wahlbeteiligung geht zurück, die Volksparteien schrumpfen, es gibt einen Mangel an Kandidaten für Wahlämter, das Interesse an Politik sinkt. Ausgerechnet jetzt, da sich der Demokratie eine neue Herausforderung stellt, wirkt sie im Inneren angeschlagen.

Wie können sich Deutschland und die internationalen Institutionen reformieren, damit die Demokratie neuen Schwung gewinnt?

Welche Chancen hat die *Demokratie in islamischen Ländern*, und unter welchen Bedingungen kann sich der Kapitalismus besser entwickeln, in einer Demokratie oder in einem autoritären System?

Sie ist die beste aller schlechten Regierungsformen, aber vielen nicht mehr gut genug. Die Demokratie lässt etliche Deutsche heute kalt. Viele sehen sie vom *Turbokapitalismus* unterhöhlt, von Spezialinteressen unterwandert. Der Export des Gesellschaftsmodells nach Art der USA ist weltweit gescheitert, viele Afrikaner und Asiaten glauben an autokratische Modelle.

Neuntes Kapitel

Ich muss wiedereinmal zurückkommen auf mein kleines Insel-paradies. Gerade in dieser Zeit stehen wir in Tonga vor der Änderung der absoluten Macht des Königs von Tonga. Ich möchte diese Geschichte einfügen und hoffe auf Verständnis für meine leidenschaftliche Liebe zu dem Königreich Tonga, welches ja meine neue Heimat geworden ist.

Es war einmal ein König, ein kostbarer Regent der tonganischen Rasse genannt, der liebte sein Volk, und sein Volk liebte ihn.

»Ich werde herabsteigen von meinem Thron der absoluten Herrschaft, sprach der Monarch eines Tages, ihr sollt euch jetzt selbst regieren, dann wird sich unsere Philosophie vom nationalen Glück noch besser verwirklichen lassen«.

Die Menschen zögerten, sie fanden eigentlich alles bestens in ihrem kleinen Staat, aber sie wollten sich nicht gegen die Zeit und gegen das Herrscherhaus stellen. Also gründeten sie politische Parteien, und wenn sie auch eine gewisse Demokratie Skepsis nicht ablegen konnten, eilten sie, Wahlbeteiligung um die 80 Prozent, brav an die Urnen und entschieden sich mehrheitlich für die *»Harmoniepartei«*. Es geht doch, sagte ein glücklicher König, er freue sich über seine Zurücksetzung und auf die Debatten mit den Parlamentariern. So geschah es, nicht etwa in grauer Vorzeit, sondern am 25. November 2010. Tonga, der kleine Staat in der Südsee, mit den Nachbarn Fiji, Samoa, Neuseeland und Australien. An diesem Tage wurde der Staat von seiner absoluten Monarchie umgewandelt, zur demokratisch legitimierten konstitutionellen Monarchie. Nach den Nachrichten ist nun auch die Volksherrschaft in das abgelegene, einsam in der Südsee liegende Land, eingezogen. Behutsam passierte das und von oben herab, wie fast alles hier im Reich des letzten Königs der Südsee.

Eins rauf für die Demokratie. Im amerikanischen Politikinstitut Freedom House in Washington, das einen weltweiten Freiheitsindex erstellt und ihn ständig aktualisiert, steckte man befriedigt ein grünes Fähnchen auf die Landkarte. Höchste Zeit, mal wieder etwas Positives zu vermelden. Schon vor den anstehenden Wahlen signalisierte man wirtschaftliche Hilfe dem armen Inselstaat zu. Neuseeland und Australien zogen unmittelbar nach und gelobten für die Sicherheit und wirtschaftlichen Aufschwung zu sorgen. Leider vermissen die gebeutelten Tonganer ein klares Wort über die »*One China*« Politik des Landes. Die Vollmitgliedschaft in der Welt Trade Organisation wird gern gesehen, die Übernahme der Geschäfte durch Festland Chinesen nicht so gerne.

Der Westen hatte zwar nach dem Ende des Kalten Krieges und dem Zusammenbruch der Sowjetunion schon den Triumph der liberalen Demokratie und sich selbst zum Sieger ausgerufen. Weltweit seien die autoritären Regime zum Untergang verurteilt, mailten sich die jungen »*Demokratiemacher*« und tauschten die Rezepte aus für den nächsten Coup des zivilen Ungehorsams.

Doch es zeigte sich bald, dass mit gewaltlosen Aktionen nur solche Regime zu stürzen waren, die schon marode und geschwächt waren und Strukturen einer oppositionellen Bewegung kannten, vergleichsweise wie in Tonga.

Nicht aber die Repressivsten. Die schlugen gegen Demonstranten brutal zurück, in Minsk wie in Baku, in Rangun wie in Taschkent. Und nun auch in Lhasa, in dem von Pekinger KP Herrschern bestimmten Tibet beim Aufstand der Mönche im März. Nach fast zwei Jahrzehnten durchgängig hoffnungsvoller Entwicklungen hat die Welt, jedenfalls in den Augen des überwiegend von der US-Regierung, teils von privater Hand finanzierten Freedom House, 2006 und 2007, einen schmerzlichen Rückschlag erlitten. Die Experten registrieren einen weltweiten Niedergang der politischen Rechte und bürgerlichen Freiheiten. Die Demokratie ist auf dem Rückzug, ein Modell in der Krise. In Deutschland ist die demokratische Staatsform bislang unangefochten, aber Begeisterung löst sie schon lange nicht mehr aus. Gemessen an der Zustimmung und dem Interesse, das sie braucht, ist sie auch hierzulande stark gefährdet. Bei den Landtagswahlen sinkt die Beteiligung seit vielen Jahren, auf kommunaler Ebene finden sich längst nicht mehr genug Kandidaten, um aus jeder Bürgermeisterwahl ein demokratisches Ereignis zu machen, und die Volksparteien erleben einen wahren Exodus der Mitglieder.

Zudem gibt es gerade bei jüngeren Menschen einen dramatischen Rückgang der Bereitschaft, sich regelmäßig über politische Vorgänge zu informieren. Wenn das so weitergeht, gibt es in Deutschland irgendwann eine Demokratie ohne Volk. Inzwischen ist eine deutliche Mehrheit, zumindest in den neuen Bundesländern, nicht mehr mit dem Funktionieren ihrer Regierungsform zufrieden. Schlimmer noch. Wirtschaftsführer wie Politiker schwärmen zunehmend offen vom Can-do-Spirit des autoritären Lagers. Während sie in heimischen Landen vorwiegend Stagnation ausmachen, sehen sie anderswo nur den Boom und bewundern ihn oft kritiklos. Die neuen Weltstädte Moskau und Schanghai, Dubai und Singapur imponieren mit immer neuen Superlativen, den höchsten und schönsten Kathedralen der Globalisierung. Da ist man gern wirtschaftlich mit dabei, muss es auch sein, wenn man sich nicht abkoppeln lassen will von den Wachstumsmärkten.

Im weltweiten Konkurrenzkampf um Aufträge reden viele den jeweiligen Machthabern nur allzu gern nach dem Mund, als lästig und kontraproduktiv werden inzwischen selbst Lippenbekenntnisse in Sachen Menschenrechte empfunden.

Erfolg ist, wo der Transrapid gebaut wird; zweitrangig, unter welchen Umständen. Chinafan und Ex Siemens Chef Heinrich von Pierer:

»Wir können es uns einfach nicht leisten, die Chinesen zu ignorieren «.

Und so wird das Offensichtliche verdrängt. Was immer die Putinisten und KP-Kapitalisten, die autoritären Scheichs und repressiven Durchregierer verbindet, die von unseren Politikern immer noch viel beschworene, viel gepriesene Demokratie ist es nicht. Selbst der indische Wirtschaftsminister, sonst so stolz darauf, in der »*größten Demokratie der Welt*« zu leben, stöhnte neulich auf, er wünsche sich manchmal die schnellen, unkomplizierten chinesischen Entscheidungsprozesse. Stimmen also unsere jahrzehntelang gehegten und gepflegten Grundannahmen nicht mehr, etwa jener berühmte Spruch von Winston Churchill, dass die Demokratie zwar unvollkommen und kritikwürdig, aber doch eindeutig das am wenigsten schlechte aller schlechten Regierungssysteme sei? Sind Gewaltenteilung und Menschenrechte eben kein universales Erfolgsmodell. Funktionieren repressive Systeme womöglich am besten, kurze Wege statt langer Diskussionen. Sagen, wo es langgeht statt Kompromissen? Ist es rassistisch oder einfach nur richtig, wenn der amerikanische Ex-Außenminister Colin Powell sagt: »Es gibt Regionen, die sind kulturell nicht zu der Art Demokratie bereit, die uns als so attraktiv erscheint «.

Derzeit herrschen die schlechten Nachrichten zur Lage der Demokratie vor. Gibt es einmal wirklich freie Wahlen in der Dritten Welt, wie in Palästina und in Nepal, dann gewinnen die Radikalen und stürzen den Westen in das Dilemma, ob er eine von Volkes Stimme legitimierte Terrororganisation anerkennen soll. So wichtige Staaten wie China und Ägypten, Nigeria und Venezuela stehen dagegen für den Vormarsch des autoritären, das sich zum Flächenbrand auszubreiten droht. Nicht das »*Ende der Geschichte*« ist zu vermelden, die glückselige Auflösung aller Probleme im demokratischen Guten, sondern die »*Rückkehr der Geschichte*« mit zersplitterten, aggressiven, gescheiterten Gemeinschaften.

In Simbabwe etwa dürfen die Menschen zwar zu den Urnen, aber wenn das Ergebnis dem Gewaltherrscher Robert Mugabe nicht passt, dann lässt er Oppositionelle foltern und das Ergebnis nachjustieren. Zu befürchten ist: Es zählt nur, wer auszählt. In Russland dreht Präsident Wladimir Putin im Sinne seines Nachfolgers und wohl doch nur Juniorpartners seine gelenkte Demokratie immer schneller, immer weiter in Richtung einer »*Demokratur*«. Willkür statt wahres Wahlergebnis. Darf's denn ein bisschen mehr als 70 Prozent sein, Herr Medwedew, heißt die Frage hinter den Kreml-Kulissen.

Es gibt Unterdrückungsmechanismen, die alle im Westen, Regierungen wie Öffentlichkeit, gemeinsam verurteilen. Nicht so in China oder Russland.

Wenn etwa in Darfur durch die Hauptschuld der sudanesischen Machthaber 300.000 Menschen ums Leben kommen, wenn die Militärs von Burma friedlich demonstrierende Mönche in den Tod prügeln, dann schweigen die Herren in Moskau und Peking, marschieren untergehakt. Die neue Internationale der Autokraten hält die Augen geschlossen, vereint gegen das Menschenrecht. Strategische Interessen regieren, vor allem der Zugang zu den weltweit so unterschiedlich verteilten Rohstoffen. Sie machen die politischen Systeme diktaturanfällig.

Sieht man von Norwegen ab, hat keine der 23 größten Ressourcenmächte demokratische Institutionen, der Trend geht in die andere Richtung. Aus Asien und Afrika dröhnt keineswegs der Ruf nach westlicher Gewaltenteilung und Pressefreiheit. Die Menschen sind zynisch geworden, weil sich ihre Lebensverhältnisse auch dort, wo die Demokratie lauthals propagiert wird, etwa auf den Philippinen, nicht verbessert haben.

Die steigenden, vom Weltmarkt diktierten Grundnahrungspreise, inkompetente Regierungen und eine überbordende Korruption haben die angeblich für das Volk arbeitenden Institutionen zur Farce gemacht.

Fortschritte verzeichnet dagegen das chinesische Modell. Sein zunehmend offenes Wirtschaftssystem und das geschlossene Politiksystem erscheinen vielen Drittweltstaaten attraktiv.

Persönliches Glück wird längst nicht mehr mit Wahlen, Presse oder Versammlungsfreiheit verbunden, sondern eher mit wirtschaftlichen Aufstiegschancen. Die Menschen im armen, aber zumindest formal demokratisierten Moldau sind nach den neuesten Umfragen von Sozialwissenschaftlern die am wenigsten Glücklichen der Welt; die Bewohner im Einparteienstaat Volksrepublik China gehören laut World Values Survey zu den Optimistischeren.

Der Duft der Saison ist ein pragmatischer Autoritarismus à la Lee Kuan Yew. Der Elder Statesman aus Singapur sagt selbstbewusst: *»Die westliche Demokratie passt nicht zu uns. Wir gehen unseren eigenen, für uns viel besseren Weg«.* Was die Demokratie im westlichen Sinne von Anfang ausgezeichnet hat, war ein Versprechen auf Gerechtigkeit und Mitbestimmung, die Aussicht auf Fortschritt. Selten aber waren *»Demos«* und *»Kratos«,* Volk und Herrschaft, historisch im perfekten Einklang, schon gar nicht im Reich der Gründerväter. Im antiken Griechenland, woher die Worte zu diesem Gesellschaftsentwurf stammen, hatten nur sogenannte *»Freie Bürger«* Mitspracherechte, Sklaven, Frauen und Zugereiste blieben ausgeschlossen.

Auch wenn das Römische Reich dann so etwas wie die Grundlage zu einem frühen Rechtsstaat schuf, fasste erst 1689 mit der englischen *Bill of Rights* der Parlamentarismus wirklich Fuß. Dann kamen die Franzosen, Montesquieu, Rousseau und Voltaire kämpften für Gedankenfreiheit und die Gleichheit vor dem Gesetz.

Doch es dauerte noch Jahre, bis auf dem Fundament der amerikanischen Verfassung von 1789 ein wirklich demokratischer Staat entstand. Viele der von Thomas Jefferson formulierten idealisierten Grundrechte blieben allerdings auf dem Papier, relativiert von einer weit weniger idealen Wirklichkeit. Der Gründervater dachte beispielsweise trotz gegenteiliger Beteuerungen gar nicht daran, die einträgliche Sklaverei abzuschaffen, besaß er doch als Großgrundbesitzer selbst Leibeigene.

Die Vereinigten Staaten mussten einen langwierigen Prozess durchmachen, und ihre Freiheiten eroberten sich die Bürger aus Eigenantrieb, sie entstanden aus dem Inneren der Gesellschaft heraus. Erst Mitte der sechziger Jahre des 20. Jahrhunderts etwa setzte die Bürgerrechtsbewegung unter *Martin Luther King* gleiche Rechte für Schwarze durch. Die Demokratie, ein Erarbeitungsprozess, ein Geduldsspiel. Keine Patentlösung, kein Instantrezept fürs Glück.

Die USA haben sich mit ihren demokratischen Grundrechten, freie Wahlen, Gewaltentrennung von Parlament, Exekutive und Justiz, Meinungsfreiheit, Minderheitenschutz, zu einem System mit Modellcharakter entwickelt. Dass Amerika dennoch so sehr an Attraktivität verloren hat, dass über die Hälfte der Deutschen und Franzosen die Politik der westlichen Führungsmacht negativ beurteilten, dürfte weniger an einer allgemeinen Demokratie-Skepsis liegen. Offensichtlich verbindet sich der Niedergang vor allem mit der Regierung George W. Bush. Foltererlaubnis und Guantanamo, der Bruch des Völkerrechts durch den Irakangriff, die Brüskierung von verbündeten durch Entführungen und geheime CIA Lager.

Demokratische Ideale vorzuleben sieht anders aus.

So beurteilen es inzwischen auch viele Amerikaner selbst. Erst kürzlich ermittelte das amerikanische Gallupinstitut für George W. die schlechtesten jemals für einen US-Präsidenten gemessenen Umfragewerte. Über 70 Prozent der Amerikaner glauben, dass ihr Land, so lange Vorbild für den Rest der Welt, nunmehr in die falsche Richtung marschiert. Eine Zeitenwende, die auch eine Chance sein könnte. Das schlichte Weltbild der Neokonservativen mit ihrer Verabsolutierung der amerikanischen außenpolitischen Macht liegt in Trümmern. Die Nation in der Krise beginnt, allmählich ihre Werte wiederzufinden. Mehrmals schon haben die unabhängigen obersten Richter die Regierung in die Schranken gewiesen. Die Presse hat ihre vorübergehende Beißhemmung abgelegt. Die Selbstheilungskräfte der Demokratie greifen. Der amerikanische Wahlkampf zeigte, wie vital die Streitkultur ist, wie intensiv das Ringen um den richtigen Weg auch von einer großen Mehrheit verfolgt wird. Die große Obama-Clinton-McCain-Show. Nach Jahren der Demokratie Aufweichung endlich einmal wieder so etwas wie ein amerikanischer Anschauungsunterricht in Sachen Pluralismus. Vom westlichen Werte-Export, gar von arroganten politischen Alleingängen ohne Konsultation mit dem Rest der Welt, spricht nicht einmal mehr der republikanische Präsidentschaftsbewerber und gibt sich als Multilaterist. Auch er weiß wohl, dass die Supermacht durch die amerikanische Besatzung im Irak militärisch und moralisch entscheidend geschwächt ist. In den Augen seiner Landsleute wie der ganzen Welt. Die traut den USA derzeit als

Fackelträger der Demokratie ebenso wenig wie den Chinesen als Fackelträgern für olympische Werte.

Die Frage für den Westen ist in den kommenden Jahren nicht so sehr, welcher Staat sich mit dem westlichen Parlamentarismus Modell anfreunden oder es gar übernehmen kann. Das Problem der USA und anderer Demokratien liegt darin, autokratische Mächte und ihre Anziehungskraft zu bremsen. Denn ohne Zweifel geht manches leichter in einem straff geführten Staat.

Wer würde nicht vorziehen, Deals in einem Land ohne freie Gewerkschaften zu machen? Wer würde die Chance verstreichen lassen, ganze Städte ohne öffentlichen Einspruch umzugestalten? Tatsächlich haben sich mit dem Ende des Kalten Krieges auf beiden Seiten des zerborstenen Eisernen Vorhangs und auch in den jeweiligen asiatischen, afrikanischen und lateinamerikanischen Klientelstaaten der Weltmächte USA und UdSSR die klaren Unterscheidungen aufgeweicht. Demokratie ist bei näherer Ansicht und im Auge der Betroffenen nicht immer das anzubetende und unter allen Umständen anzustrebende Nonplusultra, falls es das jemals gewesen sein sollte. Autokratie ist nicht mehr immer und für alle das absolute Schreckgespenst. Und das ist sogar verständlich, denn Staatsformen kommen nicht in absoluten Farben daher, sondern in vielen verschiedenen Schattierungen des Graus. Bleibt die Demokratie ein aufgesetztes Konstrukt, stellt sie sich selbst infrage. Allzu oft hat sich der Westen mit der Einhaltung von Formalien zufriedengegeben. In Nigeria etwa wurden nach westlichem Vorbild Parteien geschaffen, was auf dem Papier wunderbar demokratisch aussah.

Doch diese Parteien waren keine Orte politischer Willensbildung, sondern nur Fassaden für die Interessen korrupter Politiker und Geschäftsgrößen. Unter solchen Umständen können Wahlen geradezu kontraproduktiv für die Entwicklung eines Staatswesens sein, besonders dann, wenn es auch noch in ausgeprägte Stammesgebiete mit ethnischen Parteien zersplittert ist. In Nigeria wie auch in Kenia hat der Urnengang die Gegensätze eher verstärkt und nicht zur nationalen Versöhnung beigetragen. Eine nachhaltige Demokratie erfordert mehr als Wahlen.

Sie braucht eine funktionierende Zivilgesellschaft mit Grund-
vertrauen in die Institutionen, mit der Bereitschaft zum Kompro-
miss und Respekt vor dem Gesetz. Schlichter gesagt, ohne die
Herrschaft des Rechts und kompetente, nicht in die eigene Tasche
wirtschaftende Politiker geht gar nichts.

»Good Governance«, Regierung zum Wohl des Volkes, ist sicher nicht
ohne Volksbeteiligung möglich, wohl aber ohne die Kopie
westlicher Vorstellungen. Kein ernsthafter Beobachter wird
leugnen, dass etwa Singapur zwar patriarchalisch, aber kompetent
regiert wird. Eine positive Entwicklung zeigt sich für die Menschen
nicht nur durch politische Mitgestaltung, sondern auch bei der
materiellen Grundsicherung wie dem Zugang zur Bildung und einer
medizinischen Grundversorgung. Alles Errungenschaften, die auch
in einem Golfstaat wie den Vereinigten Arabischen Emiraten
gewährleistet sind, jedenfalls für die einheimische Bevölkerung, die
freilich gegenüber dem Heer unterprivilegierter indischer und
pakistanischer Gastarbeiter kaum noch ein Zehntel der Landes-
bewohner ausmacht. Die weitsichtigen Herrscher von Abu Dhabi
und Dubai sehen sich mit ihrer beratenden, auch kritische Themen
ansprechenden, zur Entscheidungsfindung beitragenden Volksversammlung durchaus in der Tradition des Propheten.

Konservative Muslime und radikale Islamisten sowieso betrachten
westliche Demokratie-Muster allerdings als Aufweichung ihrer
Religion. Nicht ganz unverständlich. Sie erfahren den Demokratie-
Export aus den USA oder Europa als ein aufgezwungenes, häufig,
wie jetzt im Irak, sogar mit Waffengewalt durchgesetztes Projekt.
Die unzufriedensten und pessimistischsten Menschen der Welt
leben in früheren Sowjetstaaten und im Irak. Allesamt formal
demokratische Länder. Es sei eben nicht so, dass man eine
Verfassung annimmt, und die Menschen leben fortan glücklich.
Offensichtlich macht die Demokratie Menschen nicht auto-
matisch glücklich; eher sind es glückliche Menschen, die eine
Demokratie machen.

Es wird auf Südkorea und Taiwan verwiesen, Gesellschaften, die bis
in die achtziger Jahre straff geführte Entwicklungsdiktaturen waren,

aber immerhin ihren Bürgern Bildungs- und Aufstiegschancen boten. Bevor sie sich dann, wohlhabend geworden, erfolgreich auch um politische Freiheiten kümmerten. Sowohl in Seoul wie in Taipeh bestimmen heute gewählte Parteirepräsentanten die politische Szene. Doch gilt das immer?

Liberalisieren autoritäre Herrscher erst die Wirtschaft und resultieren daraus dann, weil vom Volk gefordert und von den Machthabern toleriert, nach und nach demokratische Institutionen und politische Freiheiten? So wie in Südkorea sahen Experten auch die Entwicklung Chinas vorgezeichnet. Bisher fehlt der Beweis für die Behauptung, Autoritarismus und Wirtschaftsaufschwung gehen Hand in Hand. Die Mehrheit der Chinesen scheint zufrieden mit ihren ökonomischen Aufstiegschancen und legt wenig Wert auf politische Partizipation. Peking macht höchstens Babyschritte in Richtung Demokratie. Lokale Wahlen auf Dorfebene, aber nicht darüber hinaus; eine formale Verfassungsgarantie für Privateigentum. Das zumindest theoretische Recht auf Redefreiheit. Doch droht eine Minderheit wie die Tibeter den internen Zusammenhalt des Reiches auch nur im Ansatz zu stören, das Gefüge der zwangsverordneten Staatsharmonie zu gefährden, schlägt die Regierungsmacht brutal zurück.

Die KP spricht viel von Demokratie. Das gemeinsame Ziel der Menschheit, aber die Partei will das Monopol auf die politische Macht keinesfalls aus der Hand geben und denkt gar nicht daran, die anderen Attribute eines pluralistischen Systems wie Meinungs- und Versammlungsfreiheit sowie eine wirklich unabhängige Justiz zu erlauben. Schlimme Menschenrechtsverletzungen, wohin man blickt. Bürgerrechtler werden willkürlich verhaftet und zu langjährigen Haftstrafen verurteilt, Todesstrafen exzessiv verhängt und tausendfach vollstreckt. Parteischwüre auf eine demokratische Politik wirken da wie Hohn.

Eines freilich nimmt die politische Führung zu Recht für sich in Anspruch: Sie haben das größte Menschenrecht verwirklicht, das es gibt, sie ernähren die 1,3 Milliarden Staatsbürger. Vermutlich noch nie in der Geschichte konnten sich so viele Menschen in so relativ kurzer Zeit, nämlich in den drei Jahrzehnten nach Deng Xiaopings Wirtschaftsreformen, aus der absoluten Armut befreien und sich eine menschenwürdige Existenz aufbauen. Noch tolerieren die meisten die immer größer werdende Kluft zwischen Arm und Reich, noch sehen auch die meisten Wanderarbeiter ihre mäßig bezahlten Gelegenheitsjobs am Rande der Großstädte als Chance, nicht als Zumutung.

Aber die zahlreichen spontanen Demonstrationen gegen Behördenwillkür, Vetternwirtschaft und skandalöse Arbeitsbedingungen in Kohlebergwerken und Kleiderklitschen zeigen, dass dem chinesischen System trotz der immer noch erstaunlichen ökonomischen Fortschritte und Rekord-Devisenreserven etwas Entscheidendes fehlt. Ein Ventil, mit dem Zorn auf die Autoritäten kanalisiert werden könnte und mit dem gesellschaftlichen und politischen Fehlentwicklungen zu begegnen wäre. Ein Ventil, wie es der große Konkurrent Indien besitzt, mit einer kritischen Presse und freien Wahlen.

Die Volksrepublik China und das demokratische Indien, die beiden bevölkerungsreichsten Staaten der Erde, gehören zu den erfolgreichsten Wirtschaftsmächten. Der chinesische Drache immer noch ein bisschen erfolgreicher als der indische Elefant. Manches spricht dafür, dass die Demokratie langfristig ihre Vorteile gegenüber der Diktatur ausspielen könnte. Inder wählen inkompetente Regierungen ab, dulden keine Einschränkungen von Bürgerfreiheiten, pochen auf Rechtssicherheit. Nicht die Autokratie, sondern die demokratische Regierungsform hilft dabei, extreme Fehlentwicklungen zu verhindern. Es gab beispielsweise noch nie eine riesige Hungersnot in einer Demokratie. Wer sich Wahlen stellen muss, kann sich eine große soziale Katastrophe nicht leisten.

Auch zum nationalen Zusammenhalt trägt die Demokratie bei. Man verweist darauf, dass Indien ein ethnisch weit weniger homogener Staat als China ist, das sich mit seinen Minderheiten so schwer tut. Im Übrigen könnten das in der Eliteausbildung führende Delhi und das in der Befriedigung materieller und wissensmäßiger Grundbedürfnisse überragende Peking voneinander lernen.

Deshalb sagen Optimisten: Demokratische Gesellschaften haben sich bisher letztlich als stabiler erwiesen als die Alternativen, auch ökonomisch. Sie können noch am ehesten sozialen Ausgleich herstellen. Langfristig besteht also kein Grund zur Verzagtheit. Vielleicht ist die Demokratie nur in einem Zwischentief, in einer Formkrise. Und sicher wäre ihr Export ein größerer Erfolg, Würde er behutsamer und ohne Absolutheitsanspruch vorangetrieben.

Die entscheidende Entwicklung Richtung Pluralismus und Gewaltenteilung kann aber nur von unten kommen, aus den Wurzeln eines Landes. Sie muss mit der Hoffnung auf eine Verbesserung der Lebensverhältnisse und persönlichen Freiheiten verbunden sein. Nur so lässt sich die »selbst verschuldete Unmündigkeit«, von der Immanuel Kant gesprochen hat, aufbrechen.

Die Demokratie gestattet als einzige Regimeform die friedliche Korrektur der eigenen Fehler und bleibt daher das attraktivste politische Modell. Das ist wohl so. Es muss sich nur noch herumsprechen, denn der Trend zeigt gegenwärtig in die andere Richtung. So bleibt unter den neueren Erfolgsgeschichten der Demokratie der kleine Südseestaat Tonga auf der anderen Seite der Welt. Das Reich von König George Tupou V. Noch ist nicht ausgemacht, dass die bisher bestimmende korrupte Elite des Landes stillhält; mag sein, dass sie sich zutraut, die demokratischen Reformen zu unterlaufen. Doch bei aller Skepsis: *Hier ist wieder ein neues demokratisches Experiment angeschoben worden.*

Globalisierung ist mit dem Sozialprinzip wie mit dem demokratischen Prinzip unvereinbar.

Wo sehen nun die Entwicklungsländer Vorteile durch die Globalisierung, oder werden sie nur noch mehr ins Aus gedrückt?

Anhand einiger Beispiele möchte ich die Situation in Tonga schildern.

Wie wir schon gehört haben, wurden heftige Fehler in die Aufnahmeverträge zur WTO eingebracht, die nun, nach nur sehr kurzer Zeit ihre Auswirkungen für die Bevölkerung zeigen.

Wie *gesund* ist die Globalisierung für arme Länder?

Ich sehe den rapiden Anstieg der ungesunden Instantnudeln und den Rückzug der gesunden Kokosnuss in unserem Kokosnussinsel-Paradies.

40 Kokosnüsse verkauft Sione am Tag, aber schon 50 Packungen Instantnudeln hat er bis 10:30 Uhr verkauft.. Die Kinder knabbern sie hier an der Bushaltestelle gleich aus der Packung, roh und ungekocht. Angefangen hat es mit den bunten Instantpäckchen, seither hängen die Kleinen an der Nudel aus der Packung. Mit den Food-Konzernen aber kamen die Krankheiten, klagen die Mediziner hier. Das kleine Königreich Tonga kann als Modell dienen für die Frage: *Wer bestimmt, was wir essen? Der König, wir Kunden oder die Konzerne?*

Das Ehepaar Katoa hat einen idealen Platz für seinen kleinen Stand. Direkt an der Bushaltestelle, an der Uferpromenade in Tongas Hauptstadt Nuku'alofa. Frau Mele bearbeitet mit einem scharfen Hackmesser die Kokosnüsse, Gatte Sione verkauft sie und die Packungen mit den Instantnudeln. Einen Tongadollar kosten die gesunden Nüsse (0,40 Euro), 1,50 die großen. Und 0,80 Euro die Packungen mit den Instantnudeln – sie kommen aus Indonesien, Marke »Happy Mie«. In den Läden der Stadt gibt es auch die 2 Minuten-Nudeln von Maggi im Plastikpack, die deutsche Version der 5-Minuten-Terrine. Es gibt japanische Instantnudeln, Marke Nissin »Top Ramen«, die aber aus Amerika importiert werden. Neuerdings sind auch chinesische Päckchen, Marke »Aufgehende Sonne« auf dem Markt. **Die Globalisierung ist angekommen im Königreich Tonga. Gesund scheint sie nicht zu sein.** So sieht es jedenfalls Dr. Malakai Ake. Er arbeitet im Krankenhaus der Hauptstadt, ist für die öffentliche Gesundheit zuständig, kooperiert auch eng mit der Weltgesundheitsorganisation *(WHO)*. In seinem Büro stapeln sich wissenschaftliche Studien, Statistiken. Er arbeitet an seinem Laptop. *»Früher starben die Leute an Tuberkulose, Typhus und*

Unterernährung«, sagt Dr. Ake. *»Heute haben wir uns neue Probleme geschaffen. die vier »Top-Killers«, die wichtigsten Todesursachen in Tonga sind: Herzkrankheiten, Bluthochdruck, Diabetes, Krebs. Die Krankheitsraten stiegen parallel zu den Lebensmittelimporten«*, sagte mir der Doktor. Gilt das alles heute noch? *»Ja«*, sagt Dr. Ake.

Die Diabetesraten in der Bevölkerung sind sogar noch weiter angestiegen, liegen jetzt bei knapp 20 Prozent. Die Zuckerkrankheit hängt nach gängiger Lehrmeinung eng mit dem Übergewicht zusammen. Tatsächlich sind sie hier ziemlich mollig, aber das waren die Leute hier schon immer. *»Damals war es ein gesundes Übergewicht«*, sagt Dr. Ake. *»Sie hatten keinen Bluthochdruck, sie hatten keinen Herzinfarkt. Früher aßen die Leute nur Obst und Gemüse, allenfalls Fisch. Fleisch gab es nur sonntags. Aber jetzt essen sie jeden Tag Fettiges. Sie essen das Falsche und trinken das Falsche. Heute gibt es kein gesundes Übergewicht mehr«*. Früher fuhren die Tonganer mit dem Kanu Tausende von Kilometer durch den Pazifik, nach Fidschi, nach Samoa. Da war es von Vorteil, wenn einer ein bisschen kräftiger war und auch über Reserven verfügte. Damals ist das Schönheitsideal entstanden, das heute noch gilt. Dicke Frauen sind schön, dicke Männer sind schön, und alle zusammen wollen schön dicke Babys. Jetzt mästen sie sich mit Instantnudeln, mit Pringles, Kartoffelchips, mit Dosenfleisch. Die industriellen Inhaltsstoffe aber haben völlig andere Auswirkungen auf den Körper als Kokosnüsse, als Paprika, Karotten, Kartoffeln, als Ananas und all die Sachen, die es auch in der Markthalle im Zentrum der Hauptstadt immer noch gibt, im Überfluss und preiswert.

Die Kontrolle über die neuen Nahrungsmittel ist den Behörden völlig entglitten. Zwar gibt es in einem ordentlichen Königreich Zahlen über die Importe. Sie stiegen nach den Daten des *»Statistic Departments«* allein bei den Instantnudeln von *1996 bis 2006* von *271 auf 664 Tonnen*, bei den Snacks, Chips und dergleichen, von *99 auf 341 Tonnen*. Aber welche künstlichen Zutaten das Volk damit verzehrt, entzieht sich der Kenntnis der königlichen Beamten: *»über Zusatzstoffe wissen wir nicht viel«*, räumt Eva Mafi ein, der im Büro neben Dr. Ake arbeitet. Er ist *»Health Promotion Officer«*, angestellt beim Gesundheitsministerium und für Aufklärung sowie

Vorbeugung zuständig. Er trägt ein blaues Hemd und einen blauen Rock, wie das auch bei den Männern hier Sitte ist, sie können offenbar auch Eva heißen. Wir leben ja am anderen Ende der Welt. Und dennoch ist es von einer Globalisierungswelle überrollt worden, mit den Erzeugnissen der weltweit operierenden Food-Industrie. Kolonie war das kleine Königreich noch nie in der Geschichte, war immer souverän. Doch bei der Nahrung sind die stolzen Tonganer jetzt fremd bestimmt: Der kleine 100.000 Einwohner-Staat ist völlig außerstande, die ganzen Chemikalien zu kontrollieren, mit denen die Industrie ihre Produkte haltbar macht, mit Geschmack und Farbe versieht.

Das ist ja sogar im großen Europa nicht viel anders, wo die staatlichen Aufseher auch oft nicht wissen, was so alles in den Packungen aus dem Supermarkt enthalten ist, wie etwa das Leichtmetall Aluminium in bunten Süßigkeiten wie Smarties und M&M's. Oder in China, wo es nicht einmal gesetzliche Vorschriften gibt über den Einsatz der chemischen Zusatzstoffe in der Nahrung. Gleichwohl werden die Produkte rund um den Globus verzehrt, in Europa, wie in der Südsee. Im Königreich Tonga hat man immerhin Gesundheitsprogramme eingeführt, sie betreiben sogar so eine Art Nahrungspolitik. Sie haben sich, sagt Gesundheits-Officer Mafi, dafür eingesetzt, dass gesunde Sachen billiger werden und ungesunde teurer. Sie haben sich auch schon an das Nationale Nahrungs- und Ernährungskomitee gewandt, welches die Regierung berät. *»Es gäbe da vieles, was zu tun wäre«*, sagt der Präventions-Experte. Man könnte zum Beispiel eine Steuer auf Importnah-rungsmittel einführen. Vielleicht weiss er noch nicht das in seinem Heimatland alle eingeführten Güter bereits mit einer kräftigen Steuer belegt sind.

Geschehen ist da allerdings bis jetzt nichts. Das könnte vielleicht damit zusammenhängen, dass die Familie des Premierministers im Lebensmittelbusiness tätig ist, sie betreibt eine namhafte Firma mit Groß- und Einzelhandel. In ihrem Supermarkt gibt es PringlesChips und Maggi-Instantnudeln zu kaufen.
Ich glaube eher, dass die ausufernde Zunahme von Chinesen-Stores in Tonga jegliche Reaktion abwürgt, da alles, was chinesisch ist, gut

in Tonga ist. Es zeigt, dass überraschenderweise das Thema Fertig-nudel oder Kokosnuss auch eine Machtfrage sein kann.

Doch nicht nur Instantnudeln bereiten Probleme. Kürzlich wurde der zweite Tod eines Babys gemeldet. Ein 7 Monate altes Baby (Mädchen) starb am 8. Mai von Proteinunterernährung, eine von fünf Fällen von schwerer Unterernährung bei Kindern, festgestellt in Nuku'alofa's Hospital Vaiola in diesem Jahr. Ein weiteres Kind, ebenfalls aus einem Dorf in Tongatapu, starb im Januar an Proteinunterernährung, während noch zwei andere Babys im Krankenhaus lagen, nachdem sie von ihren Müttern auf gezuckerte Kondensmilch umgestellt worden waren, die ihr Immunsystem stark geschwächt hatten. Tongas Kinderarzt Dr. Siaosi Aho bestätigt, dass das 7 Monate alte Baby (Mädchen) mit Lungenentzündung am 8. Mai ins Krankenhaus eingeliefert wurde, aber noch am selben Tag verstarb. Nachdem sie gestorben war, wurde bestätigt, dass ihre Krankheit durch Proteinunterernährung verursacht war.

Dr. Aho ist über eine wachsende Zahl von Kindern besorgt, da bei ihnen Proteinunterernährung festgestellt wurde. Er erklärte, die Ursache ist, wenn das Baby nicht gestillt und nicht die richtigen Lebensmittel gegeben werden, Proteine und Mineralstoffe sowie Vitamine, die in der humanisierten Babynahrung vorhanden sind. Stattdessen werden sie mit der falschen Nahrung gefüttert, wobei unzureichende Proteinzufuhr zur Schwächung des Immunsystems führt und zum Tod führen kann. *»In den Fällen, die ich gesehen habe und die nun in zwei Fällen sogar zum Tod der Säuglinge geführt haben, muss ich sagen, dass süße Kondensmilch oder billiges Milchpulver kein Ersatz zur Muttermilch darstellen. Mit dieser alternativen Babynahrung wird das Immunsystem geschwächt und es kann zu Infektionen, wie Lungenent-zündung kommen. Diese Form der Mangelernährung ist anders als auf den Fotos von Babys, die nur noch Haut und Knochen sind. Dies ist eine andere Form von Mangelernährung. Er fügt hinzu, dass Tonga heute sich mit seiner sozialen wirtschaftlichen Dynamik von der Vergangenheit verabschiedet hat. Es ist durchaus überzeugend, dass die Verwendung von preiswerten Lebensmitteln ein Spiegelbild der wirtschaft-lichen Not ist mit der wir gegenwärtig konfrontiert sind«.*

Er wird dringend empfohlen, Mütter zum Stillen und wenn sie nicht wollen, dann eine humanisierte Formula zu verwenden, da es die beste Alternative ist. Leider ist der Kauf von diesen Formulas für viele Familien zu teuer geworden. Ein kräftiger Preisanstieg in Neuseeland und eine herbe Abwertung der Landeswährung sorgen für die Problematik, die sich nicht nur auf Babynahrung bezieht. Derzeit gibt es auf der Station zwei Babys, die die gleichen Erfahrungen mit Unterernährung haben, aber sie sind glücklich, weil sie zur richtigen Zeit aufgenommen wurden. *»Ich glaube, dies ist ein Problem für Tonga und ich bin nicht stolz darauf, der Welt mitzuteilen, dass dies ein Problem ist, gleichzeitig ist dies nicht etwas, das unter den Teppich gekehrt werden sollte, weil es in Angriff genommen werden muss«.* Hier zeigen sich ernsthafte Probleme auf und nichts sollte unversucht bleiben, den Eltern Aufklärung zu erteilen und hilfreich zur Seite zu stehen.

Wir haben schon gehört, in welchem Maße die Beeinflussung und Abhängigkeit der Inseln zu den Importländern besteht. Gerade in den letzten drei Jahren haben die Grundnahrungsmittel starke Preisschübe erlebt. Dies schlägt auf allen Seiten des Lebensstandards durch, sodass für viele tonganischen Familien schlechte Zeiten angebrochen sind.

Zehntes Kapitel

Viele unserer geistigen Vorturner sehen in der Umarmung des chinesischen Drachens die einzig richtige Richtung zu Wohlstand und Profit.

Sie erkennen nicht die Tücken der Knebelverträgen und erlauben China auf sanfter Weise die Welt zu erobern. Die Militärs gleichen sich überall auf der Welt. Sie wollen das modernste Spielzeug haben, denn nur dann sind sie glücklich. Pekings Generäle müssen dieser Tage glückliche Menschen sein, sie bekommen neue Kampfflugzeuge und weitere Marschflugkörper. 2010 steigt der chinesische Militäretat offiziell um 7,5 Prozent. Bedrohlich finden westliche Experten, auch wenn das amerikanische Rüstungsbudget etwa achtmal höher ist. Von einer Gefahr für Ostasien raunen manche, und andere glauben sogar, Peking bereite sich darauf vor, die Welt militärisch zu erobern. Davon kann keine Rede sein. Anders als die USA hat die Volksrepublik schon über drei Jahrzehnte, seit der Attacke gegen Vietnam, kein Land mehr angegriffen. Und auch wenn Pekings Führer gegenüber der *»abtrünnigen Provinz«* Taiwan mit dem Säbel rasseln, sie denken nicht daran, bewaffnete Auseinandersetzungen zu führen. Sie haben im Unterschied zu vielen im Westen längst erkannt, Bomben sind allenfalls noch Drohinstrumente. Durch blutige Schlachten erfochtene Geländegewinne sind in den heutigen asymmetrischen Konflikten nicht zu halten. Krieg ist ein Instrument von gestern und Maos Wort von der politischen Macht, die *»aus den Gewehrläufen«* komme, Geschichte.

Aber es stimmt schon. Die Chinesen sind dabei, die Welt zu erobern. Sie tun das höchst erfolgreich mit einer aggressiven Handelspolitik gegenüber dem Westen und Billigkrediten für Pazifik, Afrika und Lateinamerika. Mit diplomatischen Daumenschrauben, die sie ihren Partnern anlegen; mit einer an Kulturimperialismus grenzenden Kampagne gegen die von uns als universell empfundenen Menschenrechte und mit dem größten

Soldatenkontingent für UNO-Friedensmissionen unter den Sicherheitsratsmitgliedern. Mit Softpower statt Hardpower. Es ist kein klassischer Krieg, den Peking derzeit in alle Kontinente hinausträgt. Ob man die eingesetzten Mittel allerdings durchgehend *»friedlich«* nennen kann, steht auf einem anderen Blatt, denn die KP-Machthaber nutzen internationale Vereinbarungen nach Gutdünken aus. Und wenn die Spielregeln stören, werden sie *»kreativ«* umgangen oder mithilfe willfähriger Freunde neu geschrieben.

Warum lassen sich Politiker aus Washington, Paris und London das so einfach gefallen?

Kotau statt Kritik. Hilft das wirklich, die zugegebenermaßen lukrativen Märkte in Fernost zu erobern, die Chinesen zu beeindrucken?

Die KP-Führer manipulieren ihre Währung, um ihre Exporte künstlich zu verbilligen. Dass sie kürzlich dem Yuan eine geringe Aufwertungsmarge erlaubten, zeigt eher ihr Gespür für Public Relations als einen Sinneswandel. Sie arbeiten bei ihren Rohstoffeinkäufen und Pipeline-Deals mit allen Mitteln, immer wieder ist von aggressiver Ellbogentaktik die Rede.

Doch ihre eigenen Bodenschätze schotten die Freimarktfreibeuter skrupellos ab. Sie prangern Protektionismus an und sind selbst protektionistischer als die meisten Globalisierungsmitspieler.
Gerade erst hat Peking strenge Ausfuhrquoten für seltene Erden erlassen. In der Hochtechnologie unentbehrliche Ressourcen, ohne die Hybridfahrzeuge, Hochleistungsmagnete und Festplattenlaufwerke nicht funktionieren. Metalle wie Lanthan, Neodym und Promethium werden zu 95 Prozent in der Volksrepublik abgebaut, Peking hat auf sie fast ein Monopol und will sie offenbar nur noch mit stark erhöhten Exportzöllen abgeben, ja ab 2015 manche wohl ganz für sich behalten.

Die kostbaren Ressourcen sind die Waffe der Wirtschaft des 21. Jahrhunderts. Proteste aus Washington und Brüssel ließ man mit der kühnen Behauptung abtropfen, die Welthandelsorganisation erlaube, heimische Rohstoffe zu schützen.

Mit dieser WTO spielt das WTO-Mitglied Volksrepublik China inzwischen Katz und Maus. Trotz mehrfacher Mahnung hat Peking das Übereinkommen zur Gleichstellung der Anbieter bei staatlichen Ausschreibungen nicht unterzeichnet und benachteiligt ausländische Anbieter massiv. Will ein internationales Unternehmen zum Zug kommen, muss es in undurchschaubaren Lizenzverfahren sensible Daten preisgeben und sich sogar zum Technologietransfer verpflichten, also Patentrechte ade. China kämpft andererseits in der WTO vehement darum, den privilegierten Status einer *»Marktwirtschaft«* verliehen zu bekommen. So bliebe es künftig weitgehend von lästigen Anti-Dumping-Verfahren verschont.

Glauben Chinas KP-Führer denn allen Ernstes, für ihre dubiosen Handelspraktiken vom Rest der Welt auch noch belohnt zu werden?

Die Antwort heißt ja und sie haben allen Anlass zu diesem Optimismus, denn von Pekings Diplomatie lernen heißt, siegen lernen. Das gilt für die WTO, für die UNO, für andere internationale Organisationen. Überall ist sie dabei, den Westen auszumanövrieren. In den vergangenen Jahren haben Chinas Machthaber sich öfter mit der kommenden Großmacht Indien zusammengetan, etwa um gemeinsam die Klimaverhandlungen oder die Doha-Handelsrunde zu torpedieren. Vor allem aber haben sie die afrikanischen, lateinamerikanischen und zentralasiatischen Staaten mit Großprojekten, Geschenken und Goodwill gepflegt. Bevorzugt solche, die über Erdöl und Erdgas verfügen wie Venezuela, Kasachstan, Nigeria. Aber auch die drittrangigen Staaten, die der Westen achtlos links liegen lässt, die jedoch in internationalen Gremien ebenso über Stimmrechte verfügen wie alle anderen. Afrikanischen Staaten hat Peking Milliardenschulden erlassen, sie mit Infrastrukturprojekten verwöhnt und diese Hilfe in der Regel nur an zwei, für die Betroffenen wenig schmerzliche Voraussetzungen geknüpft. Keine offiziellen Beziehungen zu Taiwan,

Unterstützung der Volksrepublik in internationalen Organisationen.

Entscheidend ist, was Peking nicht verlangt: Anders als Washington, London oder Berlin bei ihrer Entwicklungshilfe stellen die Chinesen keinerlei Bedingungen, was »good governance« betrifft: korruptionsfreies, transparentes, demokratisches Regieren. Während der Westen autoritäres Fehlverhalten mit Entzug der Gelder bestraft und indirekt manchmal auch „Regimewechsel" androht, kennt Peking keine Skrupel, den Diktatoren dieser Welt auch noch ihre Regierungspaläste sowie die Highways zu deren Wochenendvillen zu bauen und ihnen, welcher Menschenrechtsverletzungen sie sich auch immer schuldig machen, die territoriale Integrität zuzusichern.

Einige der schlimmsten Problemländer der Welt, gescheiterte oder vom Scheitern bedrohte Staaten wie Simbabwe und der Sudan, Burma und der Jemen, zählen zur liebsten Klientel der Chinesen. Für den Westen sind die *»failed states«* ein Problem, für China eine Chance. Man nennt sie Pekings Koalition der Willigen. Die diplomatische Waffe zeigt Wirkung. In der WTO geht schon jetzt nichts mehr gegen den von Afrikanern angeführten prochinesischen Abstimmungsblock. Und in der UNO hat die Unterstützung der Volksrepublik oft für klare Verhältnisse gesorgt.

Im vergangenen Jahrzehnt stieg die Unterstützung chinesischer Positionen in Menschenrechtsfragen von 50 auf weit über 70 Prozent. In manchen wichtigen Gremien ist Washington gar nicht mehr dabei. Zum Ostasien-Gipfel blieben die USA uneingeladen; bei der Schanghaier Organisation für Zusammenarbeit, einer Art Anti-Nato mit Russland und den meisten zentralasiatischen Staaten unter Chinas De-facto-Führung, bemühten sich die Amerikaner um den Beobachterstatus. Der wurde ihnen verweigert und Iran zugestanden.

All das heißt natürlich nicht, dass der Westen den Kampf um die Eliten Afrikas, Lateinamerikas, Ozeaniens und Asiens schon verloren hätte.

Denn es gibt jenseits des Pekinger Diktatoren Hätschelns, bei dem der Westen nicht mithalten kann und darf, einen Bereich, in dem Amerika und Europa durchaus konkurrieren können und wohl sogar mehr als das. Wenn es um das ideale Staatsmodell geht, dem es nachzueifern lohnt.

Viel ist in den vergangenen Monaten darüber spekuliert worden, dass Chinas Mischung aus Marktwirtschaft und Leninismus, aus ökonomischer Vielfalt und strikter Einparteienherrschaft, von Entwicklungsländern zunehmend als attraktive Alternative zur Demokratie gesehen wird. Die USA sind zu wenig selbst reflektiert, die Europäer dagegen zu sehr mit sich selbst beschäftigt, und beide verlieren so an Attraktivität. Man glaubt, dass Chinas Dynamik letztlich unaufhaltsam ist und viele im Westen, die schon immer Gewerkschaften als störend und Menschenrechtsverletzungen als zweitrangig ansahen, folgen werden. Die Volksrepublik mag tatsächlich für manche autoritäre Herrscher an Attraktivität gewonnen haben; zum Modell ist sie nur einigen geworden.

Peking hat die Welt mit jetzt schon fast 500 Konfuziusinstituten überzogen, die auch von kultureller Überlegenheit zeugen sollen. Durch die Verzehnfachung der Stipendien der chinesischen Universitäten studieren jetzt doppelt so viele Indonesier in China wie in den USA. Aber ob Harvard, Hightech-Handys oder Hollywood, nach wie vor ist der Westen in großen Teilen der Welt das Sehnsuchtsmaß aller Dinge. Und viele, die mit dem chinesischen Dirigismus flirten, sehen ihn nur als wirtschaftlich sinnvolles Übergangsstadium, das letztendlich, wie etwa in Süd-korea, zu einer Demokratie mit funktionierenden Institutionen führt.

Für viele in der Dritten Welt gilt inzwischen Deutschland als Vor-bild. Was niemand in Asien, Lateinamerika oder Afrika will, einen messianischen US-Präsidenten à la George W. Bush, der glaubt, das amerikanische Modell anderen Staaten im Verhältnis eins zu eins aufzwingen zu können. In der Dritten Welt können viele sehr wohl zwischen arroganter Großspurigkeit und gesundem Selbstbewus-stsein unterscheiden. Und gerade in China sieht man in übertriebenem Entgegenkommen nur Schwäche im überzeugten Festhalten an eigenen Positionen Stärke.

Die Chefin des früheren Exportweltmeisters müsste den Bossen des neuen Exportweltmeisters noch viel entschiedener gegenübertreten als jüngst beim Harmoniebesuch in Peking. Sagen, was nicht geht. Beispielsweise ein deutscher Einsatz für Chinas Vorzugsstatus in der WTO, solange Peking deren Regeln verletzt.

Das permanente Ausspionieren deutscher Hochtechnologiezentren durch chinesische Agenten; das fortgesetzte illegale Kopieren von Patenten; das permanente Übervorteilen deutscher Mittelständler in China. Die andere Seite will Visa-Erleichterungen? Was genau bekommen wir im Gegenzug? Und keine Angst, dass China wegen solcher Kritik keine Geschäfte mehr mit Deutschland macht. Die Volksrepublik handelt aus Eigennutz und braucht den Westen in etwa genauso wie der umgekehrt sie. Sie ist Pokern gewöhnt.

Chinas Wirtschaft wächst und wächst. Die Unternehmen im Reich der Mitte haben sich längst von der billigen Werkbank zur ernsthaften Konkurrenz für westliche Konzerne entwickelt. Der rasante Aufstieg im Reich der Mitte beschert der deutschen Wirtschaft ein Wachstumswunder, aber auch neue Risiken. Die Abhängigkeit vom Fernostgeschäft wächst, Pekings gelenkte Industrie entwickelt sich zum gefährlichen Rivalen. Wird aus dem Boom die Chinafalle?

Der Schutz des geistigen Eigentums entspricht nicht den Standards im Westen. Es greift die Unart um sich, bei den deutschen Partnern technisches Know-how abzusaugen. Der unaufhaltsame Aufstieg der chinesischen Industrie wird allmählich unheimlich. Könnte es sein, fragen sich manche, dass sich die vermeintlich so lukrative Chinaconnection in ein paar Jahren als Pakt mit dem Teufel entpuppt? Stärker als die meisten anderen westlichen Industrieländer kettet die Bundesrepublik ihr wirtschaftliches Wohlergehen derzeit an den Aufschwung Chinas. Der Handel mit Peking ist der wichtigste Treibsatz für das aktuelle deutsche Konjunkturwunder. Und er erklärt zugleich, weshalb die Ökonomen dem Standort Deutschland auch mittelfristig eine gute

Zukunft prophezeien. Mit ihren Luxuslimousinen, Werkzeugmaschinen und Kraftwerksturbinen hat die deutsche Industrie genau jene Waren im Angebot, nach denen das Riesenreich im Osten hungert. Doch in den Jubel von Siemens, BASF und Co. mischen sich in jüngster Zeit besorgte Fragen.

Was bedeutet es, wenn sich die Chinesen in immer mehr Hochtechnologiemärkten zu Konkurrenten entwickeln?

Welche Folgen hat es, wenn über das Schicksal kompletter Industriezweige künftig in den Hinterzimmern der Pekinger Partei-bürokratie entschieden wird?

Und was passiert, wenn sich das Wachstum im Fernen Osten als Luftschloss entpuppt?

Schon jetzt muss die Regierung in Peking mit den Mitteln des Staatsdirigismus versuchen zu verhindern, dass auf dem eigenen Immobilienmarkt die nächste große Blase platzt.

Man ist sich sehr bewusst, dass ein wachsender Teil der Unternehmen abhängig sind von diesem Land. Im Guten wie im Schlechten. Vor einigen Wochen enthüllten Menschenrechtler, dass ausgerechnet deutsche Konzerne wie Aldi, Adidas oder Metro sowie deren Zulieferer in der Volksrepublik zu den schlimmsten Sündern zählen, wenn es um Überstunden und Ausbeutung geht. Aber solche Vorwürfe perlen in der Regel an den hiesigen Vorstandsbossen schnell wieder ab. Und dass in China noch immer Hunderttausende Regimegegner in Umerziehungslagern inhaftiert sind, *bereitet den deutschen Konzernchefs auch keine Sorgen.*

Was sie dagegen wirklich umtreibt, ist die Furcht, auf Dauer selbst zu Opfern chinesischer Machtpolitik zu gehören. Wie dünnhäutig Peking auf jede Form von Kritik reagiert, zeigte sich erst kürzlich wieder.

Einen Bericht des US-Verteidigungsministeriums, nach dem das Land eine expansive Rüstungsstrategie in Asien erfolge, wies die chinesische Staatspresse umgehend als *»aggressiv«* zurück. Und die

Erkenntnis der Statistiker, dass China noch in diesem Jahr Japan als zweitgrößte Volkswirtschaft der Erde ablösen wird, was ja nun schon eingetreten ist, nahm Peking ähnlich unwillig auf. Keinesfalls dürfe daraus der Schluss gezogen werden, ließ die Führung wissen, dem Land den Status als *Entwicklungsnation* zu entziehen, der bringt Peking nämlich finanzielle Vorteile. China sucht den Austausch mit dem Westen, aber zu seinen Bedingungen. Das bekommen zunehmend auch die deutschen Unternehmen zu spüren. Mit Sorge registrieren sie, dass die Chinesen im Tausch für Geschäfts-abschlüsse immer ungenierter die Preisgabe industriellen Wissens verlangen. Ihnen missfällt, wie das Land den Zugriff auf Rohstoffe reglementiert und sich in Afrika oder Asien Exklusivrechte an strategischen Energiereserven sichert. Und sie ärgern sich, dass China deutsche Industriedomänen zu strategischen Geschäfts-feldern erklärt. China ist nicht immer ein einfacher Partner.

Nicht wenige Unternehmer und Manager hierzulande sehen dies als höfliche Untertreibung. Manche Fernostexperten unken gar, die deutsche Chinaliaison könnte den langfristigen Niedergang manch heimischer Industrie-Ikone einleiten.

Wer nicht aufpasst, dem kann bei der chinesischen Umarmung schnell die Luft ausgehen. Gut zu sehen im Land der unbegrenzten Möglichkeiten, hier sind die Möglichkeiten bereits nicht mehr unbegrenzt. Schon heute hat der Aufbruch im Reich der Mitte die deutschen Unternehmen tief greifend verändert. Manch Mittel-ständler macht bereits mehr als die Hälfte seines Geschäfts im Fernen Osten, die Zahl deutsch-chinesischer Gemeinschafts-unternehmen wächst. In etlichen Konzernen rücken chinesische Führungskräfte ins Top-Management auf. Kaum ein Dax-Konzern, der nicht schon einen Teil der Volksrepublik in sich aufgesogen hätte, *oder ist es umgekehrt?*

Die Widersprüchlichkeiten lassen sich bis in die Floskeln der Unternehmenschefs verfolgen. Sind die deutschen Führungskräfte in Peking oder Schanghai, geben sie sich als glühende Verehrer des Riesenreichs. Kommen sie zurück nach München oder Düsseldorf, klagen sie über Industriespionage und weisen ihre Personalab-teilungen an, bloß keine chinesischen Praktikanten mehr einzustellen. Deutschland und China. Das ist längst zu einer Verbindung geworden, die in der globalen Wirtschaftsordnung ein ähnliches Gewicht entwickeln könnte wie das Verhältnis China/USA. Eine industrielle Symbiose ist zu besichtigen, bei der die Chancen so gewaltig sind wie die Risiken und deren Sog sich kaum ein deutsches Unternehmen mehr entziehen kann. In Zeiten, in denen die US-Konjunktur schwächelt und Europa immer neue Sparprogramme auflegt, sehen sich Multis wie Mittelständler vor die simple Wahl gestellt: *China oder Tod.*

Einige würden das so nicht formulieren. Man drückt es freundlicher aus. China war unsere Rettung, ohne China hätten man die Krise niemals so gut überstanden.

Ein guter Freund von mir, dessen Vater in Düsseldorf ein Maschinenbauunternehmen besitzt, lud uns in den Besprechungs-raum seiner Firmenzentrale ein. An den Wänden hingen Bilder von gigantischen Bohrmaschinen, mit denen sich Millimetergenaue Löcher ins Erdreich fräsen lassen. Auf dem Tisch glänzte eine Broschüre mit den Kennzahlen seines Konzerns. Um nur sechs Prozent ist danach die Gesamtleistung im Krisenjahr 2009 abgerutscht. Er musste niemanden entlassen und keine Kurzarbeit einführen, erklärte er uns stolz. 866 Millionen Euro Umsatz wurden 2009 verbucht. 25 Prozent davon entfielen auf das Asiengeschäft. China, China, China, das Land hat einfach eine unglaubliche Dynamik. Dynamisch findet er die Chinesen vor allem deshalb, weil sie ständig Tunnel bauen wollen. Große Tunnel, kleine Tunnel, lange Tunnel, kurze Tunnel. Allein im vergangenen Jahr hat er aus China 19 Aufträge für U-Bahn-Röhren bekommen und 7 weitere für Eisenbahntunnel. So wie er, erleben derzeit viele Maschinen-bauer einen Auftragsanstieg.

Der Bedarf des aufstrebenden Schwellenlands nach Waren *»Made in Germany«* scheint schier unerschöpflich. Zwar fließen noch immer zwei Drittel der gesamten deutschen Warenausfuhr von über 800 Milliarden Euro in die übrigen EU-Länder. Doch kein anderes Segment des deutschen Außenhandels wächst derzeit schneller als der China-Export. Um fast 60 Prozent legten die Ausfuhren dorthin im Vorjahresvergleich zu. So tragen chinesische Unternehmen und

Konsumenten dazu bei, dass Deutschlands Wirtschaft aktuell in nahezu fernöstlichen Dimensionen wächst. Im zweiten Quartal legte das Bruttoinlandsprodukt der Bundesrepublik auf das Jahr gerechnet um über vier Prozent zu, immerhin fast halb so viel wie im fernöstlichen Wirtschaftswunderland. Dabei profitierten die Deutschen nicht nur von der Schwäche des Euro. Es gelang ihnen auch besser als den europäischen Nachbarländern, sich den Bedingungen auf den Weltmärkten anzupassen.

Die Konzernchefs in Düsseldorf, Frankfurt am Main oder Stuttgart trimmten ihre Organisationen auf Flexibilität und dachten sich beständig neue Produkte aus, die Gewerkschaften gaben sich mit bescheidenen Lohnabschlüssen zufrieden. Als Folge sanken die Lohnstückkosten, ein wichtiger Gradmesser für die Wettbewerbs-fähigkeit einer Volkswirtschaft. Deutsche Produkte wurden bei anhaltender Qualität immer preiswerter, was ihre Wertschätzung auf den Weltmärkten nicht schmälerte. Hinzu kam die breite Angebotspalette aus Deutschland.

Unternehmen aus der Bundesrepublik haben so gut wie alles im Katalog, was eine aufstrebende Volkswirtschaft braucht, um voranzukommen. Die Palette reicht von Werkzeugmaschinen über Chemieprodukte bis hin zu schlüsselfertigen Industrieanlagen. Selbst vom staatlichen Infrastrukturprogramm im Volumen von über 400 Milliarden Euro, das die Regierung von Wen Jiabao als Konjunkturhilfe auflegte, profitierten deutsche Unternehmen besonders. Nun zahlte sich aus, dass Deutschland, anders als andere Staaten des Westens wie etwa Großbritannien, seine industrielle Basis nie verkommen ließ. Bezahlt macht sich auch, dass sich deutsche Firmen schon sehr früh die Welt erschlossen.

Kaum ein Mittelständler, der sich nicht schon vor ein oder zwei Jahrzehnten ins Ausland aufmachte, um dort seine Waren zu verkaufen oder Zulieferteile zu produzieren. Festgehalten werden muss, dass, wer in den vergangenen 20 Jahren in Mittel- und Osteuropa aktiv war, für den ist der Schritt nach China dann auch kein so großer mehr. Deutschland liefert nicht nur Investitionsgüter für den Aufbau der chinesischen Industrie. Gefragt sind auch Konsumartikel, auf die eine immer wohlhabender werdende Oberschicht Wert legt. Dazu zählen neben Limousinen der Marken Mercedes, BMW und Audi auch Einbauküchen oder hochwertiges Schuhwerk. Sogar deutsche Plüschtiere finden den Weg nach Fernost. Die Chinesen, die selbst so viel Spielzeug in die Welt exportieren wie niemand sonst, beziehen bevorzugt Teddybären und Stoffhasen der schwäbischen Firma Steiff, die aus Qualitätsgründen ihre Chinaproduktion teilweise nach Europa zurückholt

Geht es nach den Deutschen, könnte es ewig so weitergehen. Die Chinesen liefern T-Shirts und Turnschuhe, Flachbildschirme und CD-Spieler in die Bundesrepublik. Die deutsche Industrie verkauft im Gegenzug Autos, Flugzeuge, Eisenbahnen und Maschinen, die technologisch anspruchsvollen Dinge eben. Und weil das Land so groß ist und noch so viel Raum vor allem im ländlichen Westen der Volksrepublik unterentwickelt ist, lässt sich diese vorteilhafte Variante der Arbeitsteilung noch viele Jahre fortsetzen, mit anhaltend hohen Wachstumsraten und zum Nutzen der deutschen Industrie.

So wäre es schön, aber so wird es nicht kommen. Seit drei Jahrzehnten boomt China nun schon mit meist zweistelligen Wachstumsraten. Doch die Gesetze des Kapitalismus gelten auch dann, wenn er staatlich gesteuert wird. Je länger der Aufschwung anhält, desto wahrscheinlicher wird die Gefahr eines Rückschlags. Zwar wird die chinesische Wirtschaft wohl auch in diesem Jahr mit einer Rate von zehn Prozent zulegen. Doch die Zeichen mehren sich, dass der rasante Aufschwung an Fahrt verliert.

Schon vor Monaten hat die Zentralbank die Kreditvergabe drastisch gedrosselt. In vielen Fabriken setzten die Arbeiter in den vergangenen Monaten mit Streiks und Protesten deutliche Lohnsteigerungen durch. Und auf dem Immobilienmarkt registrieren Experten eine gefährliche Überhitzung. Die Preise für Häuser in den Metropolen stiegen in den vergangenen Jahren deutlich schneller als die Einkommen.

Man warnte vor wenigen Wochen bereits vor einem *»Kollaps auf dem Immobilienmarkt«*, der Bankenpleiten, eine Kreditklemme und einen Wachstumseinbruch zur Folge hätte. Entsprechend fatal wären die

Konsequenzen in Deutschland. Volkswagen beispielsweise setzt mittlerweile fast jedes vierte Auto im Reich der Mitte ab. Bricht das Wachstum ein, müssten die Wolfsburger weltweit mit Einbußen rechnen. Zudem fürchten die Deutschen, dass sich das Land bei wachsendem Wohlstand nicht länger mit der Rolle des Billigproduzenten zufriedengeben wird. Schon heute baut China eine Automobil- und eine Luftfahrtindustrie auf, stellt Hochgeschwindigkeitszüge her, zieht Stahlwerke und Chemiefabriken hoch, die den deutschen Herstellern ihren Rang in der Welt durchaus streitig machen sollen. *Peking will die oft noch überlegenen Firmen des langjährigen Exportweltmeisters Deutschland nicht nur einholen. Es setzt darauf, Deutschland technologisch zu überholen.*

Die KP-Machthaber wollen bei den Autos der Zukunft führend sein, bei Hybrid- und Elektrofahrzeugen. Sie wollen Flugzeuge herstellen, die weniger Kerosin verbrauchen als die Maschinen von Airbus, und Kraftwerke, die weniger Kohlendioxid ausstoßen als die der Konkurrenz. In einer Zukunftsbranche, der Solarindustrie, ist es dem Land bereits gelungen, dem lange führenden Hersteller aus Deutschland den Rang abzulaufen. Vor wenigen Jahren lagen Konzerne wie Siemens und Sharp bei der Solarzellenproduktion noch weit vorn. Besonders Deutschland bemühte sich nach Kräften, einen Spitzenplatz in der Produktion von Fotovoltaik Anlagen einzunehmen. Energie aus der Sonne, so der Konsens auch mit der Politik, sei eine wichtige Zukunftsindustrie.

Entsprechend üppig fallen die deutschen Förderprogramme aus. Wer Solarmodule auf sein Dach montiert, erhält für den produzierten Strom eine festgelegte Vergütung. Mindestens 14 Milliarden Euro, schätzen Experten, werden deutsche Verbraucher in den nächsten 20 Jahren allein für die 2009 installierten Module bezahlen müssen.

Vom Geldsegen profitiert angeblich die heimische Solarindustrie. Doch das ist allenfalls die halbe Wahrheit. Ein ordentlicher Teil des Geldes geht mittlerweile direkt nach China, denn selbst führende deutsche Solaranlagenhersteller verbauen bereits still und heimlich Solarzellen aus chinesischer Produktion.

Peking hat den Aufbau dieser Zukunftsbranche vorangetrieben wie kein anderes Land der Erde. Der Staat förderte die Erforschung der Technologie, und die Unternehmen bauten große Produktionsstätten für Solarmodule auf. Von den zehn größten Herstellern weltweit kommen inzwischen vier aus China. Deutschland ist unter diesen Top-Unternehmen nur noch einmal vertreten. Und während der Exportanteil großer hiesiger Solaranbieter trotz Milliardenförderung weiter abnimmt, bauen die Chinesen ihre Position stetig aus. Sie sind billiger. Deutsche Zellenhersteller verlangen durchschnittlich rund 1,60 Euro pro Watt, die Chinesen dagegen verkaufen ihre Siliziumbauteile für knapp 1,30 Euro. Experten rechnen damit, dass der Preis in diesem Jahr sogar noch unter einen Euro fallen könnte.

Die chinesischen Solarzellen sind aber keineswegs schlechter. Hing den Modulen Made in China noch vor einigen Jahren der Ruf an, anfälliger und umweltschädlicher zu sein, hat sich die Qualität mittlerweile drastisch verbessert. Eine Studie der Landesbank Baden-Württemberg kam kürzlich sogar zu dem Schluss, dass die Produktivität der chinesischen Hersteller inzwischen höher ist als die ihrer deutschen Wettbewerber. Der TÜV Rheinland bescheinigt den fernöstlichen Solarzellen ein hohes Qualitätsniveau.

Seinen schnellen Aufstieg in der Solarindustrie verdankt China auch der deutschen Energiepolitik. Rund 70 Prozent der gesamten Produktion werden exportiert, rund die Hälfte davon nach Deutschland, denn hier wird der Solarstrom besonders großzügig subventioniert. Was in der Solarindustrie geschieht, sollte der wichtigsten Branche Deutschlands, dem Automobilgeschäft, Warnung sein. Selbst starke Branchen sind gefährdet, wenn China den Angriff befiehlt. Das Land verfolgt eine Doppelstrategie. Einerseits verschafft sich China durch Kooperationen Zugang zur aktuellen Technik, andererseits entwickelt es die Technologie der Zukunft, Elektroautos.

Vor allem in der Batterietechnik zählen chinesische Firmen schon zur Weltspitze. Damit könnte der Neuling die etablierten Hersteller aus Europa und Japan ausstechen. Noch profitieren VW, Daimler und Co. wie kaum eine zweite Industrie vom Chinaboom. Die

Hersteller können derzeit gar nicht so viele Autos produzieren, wie sie in China verkaufen könnten. Gefragt sind dort vor allem die großen und teuren Karossen, die S-Klasse und der 7er von BMW, für die China mittlerweile der größte Absatzmarkt weltweit ist.

VW, Daimler und BMW bauen neue Fabriken, wollen ihre Produktion in China mindestens verdoppeln. Doch es sind keine VW-Daimler- und BMW-Werke, die dort entstehen, sondern Fabriken von Gemeinschaftsunternehmen, an denen neben den deutschen Herstellern stets ein chinesisches Unternehmen Anteile hält. *»Konkubinenwirtschaft«* nennt sich diese Art der Zusammearbeit. So wie sich chinesische Kaiser einst ihre Gefährtinnen aussuchten, wählt die heutige Führung Chinas ausländische Unternehmen aus, die gemeinsam mit einem einheimischen Partner im Land produzieren dürfen und *gründlich das Kopieren lernen.*

Die Volksrepublik nötigt die Hersteller zu diesen Kooperationen. Mit hohen Einfuhrzöllen verhindert die Regierung, dass die Deutschen einfach nur Autos made in Germany nach China exportieren. Wenn sie größere Stückzahlen loswerden wollen, müssen sie mit einem chinesischen Partner Fabriken in China aufbauen und dem Land so Zugang zu ihrer Technologie gewähren. Den Zwang zum Blaupausen-Transfer verstärkt Peking seit etwa fünf Jahren. Damals veröffentlichte man eine Geschichte mit dem Titel *»Vorbild Deutschland«.* Die Kooperation mit den Deutschen sei in den kommenden 20 Jahren die *»ultimative Waffe«* für die *»Wiedergeburt von Chinas herstellender Industrie«.* Was damit gemeint ist, zeigt eine Aktion des chinesischen Unternehmens Schanghai Automotive Industry Corporation (SAIC). Der Hersteller führt ein Gemeinschaftsunternehmen mit VW, aber auch eines mit General Motors. Als der US-Autobauer vergangenes Jahr ums Überleben kämpfte, nutzte SAIC die Schwäche seines Partners. Es erhöhte seinen Anteil auf 51 Prozent und übernahm damit die Macht. Man jubelte, ein neues Modell der Kooperation zwischen chinesischen und ausländischen Autoherstellern wurde geschaffen.

In ihrem Gemeinschaftsunternehmen mit VW treten die Chinesen neuerdings ebenfalls viel selbstbewusster auf, berichtet ein hochrangiger Mitarbeiter. Auf Dauer würde Peking es kaum zulassen, dass eines der erfolgreichsten Unternehmen des Landes von Wolfsburg aus gesteuert wird. VW-Boss Winterkorn gibt sich zwar überzeugt, dass die Chinesen bei Fahrzeugen mit den klassischen Benzin- und Dieselmotoren noch mehrere Jahre auf Technologie aus Deutschland angewiesen sind. Doch aus dieser Abhängigkeit will sich Peking befreien, indem es auf neue Technologien setzt.

BYD heißt der Konzern, der einen entscheidenden Beitrag hierzu leisten soll. *BYD* steht für *»Build Your Dreams«* – lebe deine Träume. Autos produziert das Unternehmen erst seit *2003*. Aber es ist der weltweit zweitgrößte Hersteller von Handy-Batterien.

Seine Forschungsabteilung beschäftigt 10.000 Mitarbeiter und hat gerade eine neuartige Stromzelle entwickelt, die Elektroautos antreiben soll. Noch ist offen, ob sich der *BYD*-Traum verwirklichen lässt. Zumindest Daimler aber ist angetan. Die Stuttgarter, vor über hundert Jahren die Erfinder des Automobils, entwickeln gemeinsam mit *BYD* ein Elektroauto und testen eine neue Art der Kooperation. Für einen wesentlichen Teil der Zukunftstechnik ist der chinesische Partner verantwortlich.

Die gleiche Strategie wie in der Automobilindustrie verfolgt China beim Bau von Kraftwerken.

Erst lud Peking die Konzerne vor allem aus Deutschland ein, gemeinsam mit einheimischen Firmen neue Strommeiler aufzubauen, jetzt rüstet man sie mit eigenen Technologien auf, etwa das Kohlekraftwerk Waigaoqiao in Schanghai.

Direktor Feng Weizhong trägt eine beigefarbene Uniform, auf der das rote Parteiabzeichen an der Brust glitzert.
Doch der Funktionärs-Eindruck täuscht. Feng ist Chinas kreativster Experte für umweltschonende Stromgewinnung aus Kohle. Noch immer glänzt hier alles so neu, als habe Feng sein Kraftwerk gerade ans Netz gelegt. Der Rauch aus dem neuesten der drei hohen Schornsteine weht beinahe so sauber in den Himmel von Schanghai

wie ein frisch gewaschenes Bettlaken. Die Technologie für die Filteranlage hat Feng patentieren lassen. Sie fange einen Großteil der Schadstoffe ab, versichert er stolz. Waigaoqiao kann sich kaum retten vor Besuchern. Die Anlage der 1.000-Megawatt-Kategorie dient als Vorzeigeprojekt für andere Provinzen, die selbst neue Kohlewerke bauen oder veraltete Anlagen ersetzen wollen. Feng macht keinen Hehl daraus, dass sein effizientes Kraftwerk wesentlich mit Technologie von *Siemens und der französischen Alstom* errichtet wurde. Zugleich handele es sich aber um ein Beispiel für *»heimische Innovation«*, betont er. *»Erst führen wir ausländische Technologie ein, dann optimieren wir sie«.* Dank eigener Weiterentwicklungen sei es ihm gelungen, den Energieverbrauch stetig zu senken. Auf diese Weise erfülle er den *»Geist«* des 17. Parteitags von 2007, aus China eine Hightech Nation zu machen. Damals veröffentlichte die chinesische Regierung auch eine Liste industrieller Projekte, mit deren Hilfe die Volksrepublik ihr Ziel bis spätestens 2020 erreichen will, von Anlagen zur Wasserreinigung über Jumbojets bis zur Biotechnologie. Feng will deshalb auch künftig eng mit Siemens kooperieren. Der Chinese kann damit rechnen, dass die Deutschen ihm weiter helfen. Es bleibt ihnen auch kaum etwas anderes übrig. Wenn sie weiter Geschäfte in China machen wollen, müssen sie den Partnern die eigene Technologie offenbaren.

An Aufträge für kleinere Kraftwerke aber kommen westliche Hersteller in China gar nicht mehr heran. Höchstens in der 1.000Megawatt-Kategorie wie Waigaoqiao dürfen sie noch mitbieten. Es ist ein Spiel auf Zeit für die Deutschen. Und daher besitzt es durchaus Symbolkraft, dass Siemens einen Chinesen zum Statthalter in der Volksrepublik ernannt hat.

Zwar stammt Mei-Wei Cheng aus Taiwan und zog später in die USA. Zwar installieren multinationale Konzerne in ihren einzelnen Geschäftsregionen immer auch lokale Statthalter. Aber die sehen sich dann doch in erster Linie der Firma verpflichtet und den Aktionären. Peking dagegen sieht den 60-Jährigen, der mit der Regierung eng vernetzt sein soll, als einen der ihren. Bei der Wahl der Mittel, mit denen China seinen Platz in der Weltwirtschaft erobert, ist es wenig zimperlich. Diese Erfahrung musste Thyssen-

Krupp bei jenem Projekt machen, das lange als Musterbeispiel für deutschen Erfindergeist galt.

Dem Transrapid.

Lange war der Düsseldorfer Stahlkonzern auf der Suche nach einer Referenzstrecke für seine Magnetschwebebahn und wurde schließlich in China fündig. Silvester 2002 weihten der damalige Bundeskanzler Gerhard Schröder und der chinesische Premierminister Zhu Rongji die erste, 31 Kilometer lange, kommerzielle Teststrecke ein, die seitdem den Flughafen Pudong mit dem Finanzzentrum von Schanghai verbindet. Die über 400 Stundenkilometer schnelle Bahn, die in Deutschland niemand haben wollte, macht zwar auch in Schanghai verkehrspolitisch wenig Sinn. Doch Chinas Planer denken anders.

Sie wissen, dass Wirtschaft auch Visionen braucht. Der Eiffelturm in Paris war so eine Vision für die alte Welt, der Hotelkoloss Burj al-Arab in Dubai eine für die neue.

Die Chinesen sehen den Transrapid als kollektiven Ansporn für ihr Milliardenvolk, in der Zukunft am Ende auch ihre westlichen Lehrmeister zu überholen.

Im Jahre 2006 besuchte ich mit meiner Frau für vier Tage die Millionen-Mega-City Schanghai. Wir waren für eine Konsummesse angereist und erlebten ein sich öffnendes, modernes China. Moderne Bauten, Hotels westlichen Standards und sehr vielen Autos auf breiten Prachtstraßen. Nach der ersten Nacht, ich hatte noch Zeitumstellungsprobleme vom Flug aus Deutschland, wachte ich schon gegen 05:30 Uhr auf. Ich öffnete das Zimmerfenster und was ich hier sehen konnte, verschlug mir den Atem. Die am Tag mit Autos gefüllten Straßen waren schwarz von Menschen, auf schwarzen Fahrrädern Marke Phoenix. Tausende und Tausende kleiner Chinesen, männlich wie weiblich, mit ihrem bei uns bekannten Chinahüten und uniformähnlichen, wie Schlafanzüge aussehenden Uniformen, radelten alle in eine Richtung, zur Aufnahme der morgendlichen Arbeit. Pünktlichkeit und Unterordnung zur Obrigkeit sind Bestandteil des Lebens. Gespielte Freundlichkeit den Ausländern gegenüber. Lächeln nur, wenn der Kunde es auch sieht. Sprachliche Schwierigkeiten ließen uns Abstand von Einkäufen nehmen, da fast alle Aussteller staatseigene Betriebe sind und Containerladungen per Bestellung gefordert werden. So erlebten wir China, wobei mir klar ist, Schanghai ist nicht China. China hat auf dem Sektor Tourismus mehr zu bieten. Das Interessanteste an unserem Aufenthalt war die Fahrt mit dem Transrapid.

Deutsche Ingenieurkunst muss man als Deutscher in China »erfahren«.

Nach Errichtung der Teststrecke, so das Versprechen, sollte ein Konsortium mit chinesischer Beteiligung gebildet werden, um weitere Strecken in China mit der revolutionären Technik auszustatten. Doch die in Aussicht gestellten Milliardenaufträge wurden bis heute nicht erteilt. Stattdessen entbrannte zwischen chinesischen und deutschen Partnern ein Nervenkrieg, der bis heute nicht beendet ist. Es geht um den Verdacht, dass die Chinesen die Technik lediglich kopieren wollten. Videoaufzeichnungen zeigen, wie chinesische Ingenieure in den Montagehallen nachts heimlich Teile des Transrapid begutachten. Doch einen eindeutigen Beweis für den vermeintlichen Technologieklau gibt es bis heute nicht.

Dafür präsentierten die Chinesen vor drei Jahren auf dem Gelände der Tonji-Universität in Schanghai einen eigenen Magnetschwebezug. Inzwischen haben sie weitere, bessere Züge vorgestellt. Einige sollen über 500 Stundenkilometer schnell und um mehr als 30 Prozent billiger sein als die deutsche Technik. Noch sind es lediglich Modelle. Im vergangenen Jahr handelten die Deutschen eine Vereinbarung aus, nach der die Chinesen Lizenzen für den Betrieb des Transrapid auf chinesischen Strecken erhalten könnten. Doch bis heute ist das Memorandum of Understanding nicht in

Kraft getreten. Und so hält man es in Düsseldorf nicht für ausgeschlossen, dass die Chinesen immer noch darauf spekulieren, die gesamte Transrapid-Technik letztlich für einen Spottpreis zu übernehmen. Der Nervenkrieg geht weiter.

Ähnliche Erfahrungen wie Thyssen-Krupp machen viele Unternehmen. Auf den Automessen in Schanghai und Peking erleben Besucher regelmäßig eine Revue mit chinesischen Nachbildungen deutscher Produkte, oder zumindest Teilen davon. Lifan 320 heißt etwa das winzige chinesische Stadtauto, das dem Mini von BMW zum Verwechseln ähnelt. Auch den Smart von Daimler haben die Chinesen *geklont*, das Imitat heißt Noble und hat zwei Sitze mehr als das deutsche Original.

Bei meinen Besuchen in Bangkok wurde am deutschen Stammtisch oft und hitzig über die unverschämte Abkupferei der Chinesen gesprochen. Ein Bekannter, der für Daimler in China tätig ist, erzählte eine Story, die mit Sicherheit auch auf viele andere Industriezweige anzuwenden ist.

Ein neues Modell eines exclusiven Reisebusses wurde in Deutschland entwickelt und für sehr viel Geld verkauft. Ausgestattet mit modernster Technologie und Komfort kaufte die chinesische Regierung drei dieser Vorzeigemodelle, um angeblich Staatsgäste befördern zu können. Nach Erhalt der Busse konnte aber nur noch ein einziger Bus in Peking ausgemacht werden, da die anderen zwei Busse im Labor, der sogenannten Universität für Kopien, in alle Einzelteile zerlegt wurden und schon eineinhalb Jahre später konnte ein kopiertes, chinesisches Modell für spürbar weniger Geld gekauft werden.

Mal versuchte Daimler vor Gericht vergebens zu verhindern, dass der Autobauer Shuanghuan sein Plagiat nach Europa exportiert. Mal nahm Konzernchef Zetsche die chinesische Abkupferei mit Humor: Auch der Autoklau sei ja letztlich **»eine Form der Ehrerbietung«**. So gesehen ist der Respekt wohl nirgendwo so groß wie in der Investitionsgüterindustrie.

Maschinen und ihre Komponenten werden von chinesischen

Konkurrenten kopiert und vor allem auf Drittmärkten wie Indien, USA oder Russland billig angeboten. Zwei von drei Unternehmen des deutschen Maschinenbaus leiden unter Produkt- oder Markenpiraterie, ermittelte der Branchenverband VDMA. Dadurch würden den Herstellern jährlich Umsätze in Höhe von 6,4 Milliarden Euro entgehen. *Mit 80 Prozent der Schadensfälle sei China »unangefochtener Plagiatweltmeister«.*

Deutsche Firmen scheuen sich oft, gegen die fernöstlichen Nachahmer vor Gericht zu ziehen. Sie haben wenig Vertrauen in das dortige Rechtssystem und fürchten Repressalien. Mancher Unternehmer zieht sich deshalb frustriert aus China zurück. Eine Getriebefirma aus Deutschland wollte vor fünf Jahren ein Werk für Präzisionsgetriebe in China errichten. Doch als die Behörden verlangten, man solle technische Pläne und Produktdetails offenlegen, gab das Unternehmen das Vorhaben auf. Der chinesische Markt birgt viele Fallstricke, die man nicht unterschätzen sollte. Der Vorgang zeigt, wie fremd sich die beiden Kulturen noch immer gegenüberstehen. Die Geschichte von Deutschen und Chinesen steckt voller Missverständnisse und gegenseitigem Unverständnis. Bei vielen Deutschen ist das Chinabild noch immer geprägt von den Elendsbildern der Kulturrevolution des Mao Zedong. Doch damit ist es nicht nur lange vorbei, es entsprach auch nie der großen Tradition des Reichs. Während des gesamten Mittelalters war das chinesische Kaiserreich den europäischen Mächten technologisch überlegen. Noch im Jahr 1820 lag die Wirtschaftsleistung des Landes weit über der des alten Kontinents.

Der gegenseitige Austausch aber blieb gering, und wenn es gelegentlich doch einmal zu Kontakten kam, standen sie häufig unter keinem guten Stern. Der deutsche Astronom Johann Adam Schall von Bell (1592 bin 1666) zum Beispiel wurde zwar in Peking zum Hofbeamten und Direktor des kaiserlichen Observatoriums ernannt, doch nach dem Ableben seines Gönners, des Kaisers Shunzhi, wurde Schall zum Tode verurteilt.

Das deutsche Interesse an China lebte erst im 19. Jahrhundert wieder auf, als das Deutsche Reich die Musterkolonie Tsingtau gründete. Auch aus dem lokalen Widerstand gegen die deutschen Kolonialherren erwuchs die Bewegung der Boxer, sie griffen 1900 das Botschaftsviertel in Peking an und töteten den deutschen Gesandten. In seiner Hunnenrede rief Kaiser Wilhelm II.: *»Niemals wieder «, dürfe ein Chinese es wagen, »einen Deutschen auch nur scheel anzusehen «.* Gleichwohl bewundern die Chinesen bis heute die Aufholjagd des imperialen Nachzüglers Deutschland gegenüber Großbritannien und Frankreich. Nach dem Ersten Weltkrieg halfen deutsche Offiziere und Vertreter der Schwerindustrie dem national-chinesischen Generalissimo Chiang Kaishek. In Schwung kamen die Beziehungen erst wieder in den achtziger Jahren des vergangenen Jahrhunderts. 1984 vereinbarte VW sein Joint Venture mit dem staatlichen Schanghaier Autobauer. Und auch nach der blutigen Niederschlagung der Studentenproteste auf dem Platz des Himmlischen Friedens 1989 wollte es sich die deutsche Industrie nicht mit den Mächtigen in Peking verderben. Schon drei Monate nach dem Massaker besuchte Otto Wolff von Amerongen, der Vorsitzende des Ostausschusses der deutschen Wirtschaft, als erster Ausländer Premierminister Li Peng. In den Zeiten der Kanzler Kohl oder Schröder galten die Deutschen in Peking als handzahme Partner, *denen Geschäfte wichtiger waren als etwa die Frage nach den Menschenrechten.*

Zum großen Krach kam es erst im Jahr 2007, als Merkel in Berlin den Dalai Lama empfing, das geistige Oberhaupt des von China besetzten Tibets. Die Chinesen schäumten, sagten diplomatische Termine ab und drohten damit, Aufträge zu stornieren.
Mahnungen wurden laut, Differenzen mit China möglichst im Stillen auszutragen. Doch die deutsche Kanzlerin zeigte sich zunächst unbeeindruckt. Als Regierungschefin entscheide sie selbst, wen sie wo empfange. Es ist fraglich, ob Merkel sich eine solch demonstrative Geste noch einmal erlauben würde. China ist seither noch stärker und mächtiger geworden. Es empfiehlt sich, das Land nicht unnötig zu provozieren. Und so überreichte die Kanzlerin bei ihrem jüngsten Besuch in Peking eine Liste mit den Namen inhaftierter Dissidenten. Sie sprach das Thema Menschenrechte an, aber sie tat das so leise, dass es die KP-Führung nicht in Verlegenheit brachte.

Merkel ist überzeugt, dass China mit allen Mitteln Großmacht werden will. Die Finanzkrise hat diesen Prozess nur beschleunigt. Die Kanzlerin spürt das neue Selbstbewusstsein der Führung in Peking, und sie will verhindern, dass Deutschland abgehängt wird, wenn sich in der Welt die Machtblöcke neu ordnen. Deshalb ist sie an einem guten Verhältnis zu den Chinesen interessiert.

Aber wie baut man enge Beziehungen zu einem Staat auf, den man gleichzeitig wegen seiner Verstöße gegen die Menschenrechte und der Missachtung internationaler Regeln kritisiert?

Das ist derzeit die große Frage der deutschen Chinapolitik. Merkel muss das Verhältnis pflegen, ohne den Eindruck zu erwecken, ihr seien Demokratie, Bürgerrechte und der Schutz deutscher Wirtschaftsinteressen egal. Im kleinen Kreis sinnierte sie jüngst darüber, dass es nichts bringe, vehement die eigene Ohnmacht in der Menschenrechtsfrage vorzuführen. Stattdessen ermunterte sie die deutschen Wirtschaftsführer beim jüngsten Pekingbesuch im Juli, ihrem Ärger über Markenpiraterie und obligatorischen Zwangsrabatt Luft zu machen, mit Erfolg. Man beklagte, dass westliche Firmen bei staatlichen Ausschreibungen in China meist schlechte Karten hätten. Pekings Zwang zur Know-how-Preisgabe entspreche nicht ganz den partnerschaftlichen Vorstellungen. Bei dem Treffen habe es eine ganz neue Tonlage gegeben. Die Aktion zeigt: 30 Jahre nach Beginn der chinesischen Reformpolitik steht das deutsche China-Engagement an einem Wendepunkt.

Bisher gehörte es im Reich der Mitte zum Geschäftsprinzip, sich den herrschenden Verhältnissen tunlichst bis zur Selbstverleugnung anzupassen. Wer sich bei den Pekinger Apparatschiks als sogenannter Panda-Schmuser oder Hühneraugenlutscher bewährte, hatte beste Aussichten auf gute Geschäfte. Künftig stehen die Deutschen in China vor einer ganz neuen Herausforderung. Sie müssen lernen, schon aus Eigeninteresse auch mal *»Nein«* zu sagen.

Für die Politiker heißt das, die westlichen Werte von Demokratie und Rechtsstaat auch gegen chinesischen Druck zu verteidigen.

Ob in Afrika, Asien oder Südamerika. Überall in der Welt mühen sich die Pekinger Machthaber, ihr Modell eines autoritären Staatskapitalismus als bessere Alternative vorzuführen. Will der Westen seinen Einfluss in der Dritten Welt bewahren, muss er nachweisen, dass er seine elementaren Prinzipien nicht preisgibt.

Auch Glaubwürdigkeit ist ein Wert.

Nicht weniger wichtig wäre es, wenn die Konkurrenten der aufstrebenden Industriemacht aus dem Fernen Osten ihre Hausaufgaben erledigen würden. Die USA etwa haben sich mit ihrer jahrelangen Praxis, Konsum auf Pump zu finanzieren, in die gefährliche Abhängigkeit Pekings begeben. Seit Jahren ist China der größte Gläubiger der USA und hätte es in der Hand, mit seinem billionenschweren Devisenschatz den Wert des Dollars beinahe nach Belieben zu manipulieren. Wollen sich die USA aus der Abhängigkeit befreien, bleibt ihnen nichts anderes übrig, als mittelfristig wieder zu jener Wirtschaftsweise zurückzufinden, die auch in den Vereinigten Staaten lange als tugendhaft galt. Die Regierenden in Washington müssten endlich den Staatshaushalt in Ordnung bringen, die Verbraucher mehr sparen.

Auch für Europa hängt viel davon ab, ob es gelingt, die Finanzprobleme im Euro-Raum zu lösen. Solange Länder wie Griechenland, Irland oder Spanien vom Bankrott bedroht sind, ist der Euro akut gefährdet. Platzt aber die Währungsunion, würde das nicht zuletzt den Deutschen schaden: Sie müssten damit rechnen, dass ihre Währung in diesem Fall stark an Wert gewinnt und die Exporte deutlich weniger würden.

Entsprechend naheliegend ist die Aufgabe für die europäische Politik. Merkel, Sarkozy und andere müssen Staatspleiten im Euro-Raum verhindern und die Währungsunion wieder auf eine langfristig tragfähige Grundlage stellen.

Der deutschen Manager-Elite wiederum stellt sich die Aufgabe, ihren technologischen Vorsprung stärker als bisher auch gegen Pekinger Zudringlichkeiten zu verteidigen. Bisher fiel es nicht ins Gewicht, wenn die Unternehmer des Riesenreichs mit gefälschter

Massenware die Weltmärkte überschwemmten. Umso mehr Hochtechnologie konnten die Deutschen in China absetzen.

Heute aber, da das Land die industriellen Domänen der Bundesrepublik angreift, wird der Schutz geistigen Eigentums zur Überlebensfrage.

Es geht um mehr als um ein paar kopierte Blaupausen oder das Kleingedruckte in Lizenzverträgen. Es geht um die Frage, ob das deutsche Geschäftsmodell auch noch im chinesisch geprägten 21. Jahrhundert funktioniert. Gelingt es, den deutschen Wissensvorsprung im Wettlauf mit der erstarkenden asiatischen Konkurrenz zu halten, wird sich der Aufbruch im Fernen Osten auch künftig als Segen für die deutsche Industrie erweisen. Geben die Konzerne ihre Sonderstellung aber preis, werden sie über kurz oder lang von Chinas Industriemacht überrollt. Am Ende blieben Siemens, Daimler und Co. vielleicht ein paar Nischenmärkte in Nordeuropa.

All diese Prognosen sind zum Teil schon in erschreckende Wirklichkeit umgesetzt. Es wird gesprochen, verhandelt, gedroht, doch am Ende beugen wir uns tief und streichen, die fetten Gewinne aus dem Handel mit China ein. Die Frage ist nur, wie lange noch?

Alle Staaten der Welt, welche in diese Abhängigkeit geraten sind, werden in absehbarer Zeit heftige Gegenwehr ihrer Bevölkerung verspüren und die Zeit einer neuen Revolution ist nicht mehr fern. Verteidigt werden muss zudem die Spitzenstellung der deutschen Universitäten und Forschungseinrichtungen. Noch profitiert die Wirtschaft davon, dass ein durchschnittlicher Ingenieur hierzulande besser ausgebildet ist als sein Kommilitone in Peking oder Guangdong. Künftig wird es zu einem Thema deutscher Industriepolitik, dass das auch so bleibt.

Es ist eine enorme Herausforderung, vor der die deutsche Wirtschaft steht. Doch mitunter hat es den Anschein, als scheuten deutsche Top-Manager diesen Kampf noch.

»Wir können auf diesen riesigen Wachstumsmarkt entweder verzichten, oder wir unterwerfen uns den chinesischen Bedingungen«, sagt ein deutscher Autoboss.
»Dazwischen gibt es nichts«.

Elftes Kapitel

Dazwischen gibt es aus meiner Sicht noch sehr viel, ein großes Vakuum, nämlich das Vakuum der Führungsqualität, verbunden mit Ethik und moralischen Grundwerten. Gewinne hin, Gewinne her, das Verständnis zum Nächsten wird vermisst. Nationales wird aufgegeben, wir fahren auf einer Einbahnstraße, China bereits auf dem Boulevard.

Wir hören täglich aus den Nachrichten von Einführung neuer Demokratien. Es wird versucht, die Völker zusammenzubringen. Weltweite Konferenzen finden statt. Die Gemeinsamkeit wird öffentlich zur Schau getragen. Doch hat sich auf der anderen Seite, der Reichen und Einflussreichen, eine geheime Weltregierung gebildet. Geheimniskrämerei und striktes Stillschweigen ist angesagt. Im Jahre 2006 hörte ich erstmals von dieser geheimnisvollen Gruppe, die sich als Königsmacher darstellt.

Sind *Bilderbergkonferenzen* ernst zu nehmen oder trifft sich hier nur ein seniler Debattierklub, beseelt von der globalen Macht?

Die wichtigsten fünf Punkte bei diesen geheim gehaltenen Treffen befassen sich mit den folgenden Punkten, welche überwiegend bereits in die Tat umgesetzt wurden.

Reduziere die Löhne und Zuschüsse

Reduziere die Altersrenten

Erhöhe die Arbeitsstunden

Reduziere die Sicherheit der Arbeitsplätze

Reduziere die Beschäftigung.

Alljährlich im Frühsommer treffen sich die reichsten Unternehmer der westlichen Welt mit den führenden Politikern und Herausgebern und Chefredakteuren der wichtigsten Medien zu einer zweieinhalbtägigen Konferenz. Diese trägt den Namen »*Bilderberg*« nach einem Hotel in Holland, wo die Konferenz 1954 zum ersten Mal stattgefunden hat. Was bei den »*Bilderbergkonferenzen*« genau besprochen wird, bleibt der Spekulation überlassen, denn die Konferenzen finden stets in abgeschirmten Luxushotels außerhalb urbaner Zentren statt. Miniarmeen von privaten und staatlichen Sicherheitsagenten sorgen dafür, dass sich die Einfahrtstore vor den Nasen neugieriger Journalisten schließen. Für die Teilnehmer ist es Bedingung, dass sie später nichts über den Inhalt der Gespräche verlauten lassen und die Vertreter hauptamtlicher Nachrichtenmedien sorgen persönlich dafür, dass nichts in ihren Presseorganen zu lesen sein wird.

Als Initiator der »*Bilderbergkonferenzen*« gilt der Exil-Pole Joseph Hieronim Retinger, dem auch enge Kontakte zum britischen SIS nachgesagt wurden. Den geschichtlichen Hintergrund bildete das Abkühlen der transatlantischen Beziehungen zu Beginn der fünfziger Jahre. Transnationale Kreise in Europa wie in den USA waren an stabilen Beziehungen der Westmächte interessiert. Retinger, eine Art graue Eminenz hinter den Kulissen und ohne politisches Amt, involvierte Prinz Bernhard von den Niederlanden. Dieser wurde erster Vorsitzender bei der namensgebenden Konferenz vom 29. bis 31. Mai 1954 im Hotel »*de Bilderberg*« in Oosterbeek bei Arnheim. Zieht man den politischen Einfluss und die wirtschaftliche Macht der »*Bilderbergkonferenzteilnehmer*« in Betracht, ebenso wie die fast vollständige Geheimhaltung, so ist es kein Wunder, dass sich die wildesten Verschwörungstheorien um diese Treffen ranken. Für Kritiker der Linken, ebenso wie der extremen Rechten ist »*Bilderberg*« eine Art geheime Weltregierung, die dafür sorgt, dass die Globalisierung unter dem Vorzeichen westlich kapitalistischer Dominanz voranschreitet.

Kosovo? Die NATO-Bombenangriffe wurden schon bei der »*Bilderbergkonferenz*« 1998 in Schottland beschlossen.

Die Europäische Währungsunion? Eine von langer Hand vorbereitete Intrige der »*Bilderberger*«.

US-Präsidentschaftswahlen? »*Bilderberg*« unterzieht die Kandidaten einem vorherigen Screening und entscheidet, wer gewinnen darf.

Tschetschenien? Die »*Bilderberg*« beschlossen, dass die NATO Putin freie Hand gibt und sich die Westpresse danach in gespielter humanitärer Entrüstung übt.

Doch so unwahrscheinlich derartige Behauptungen auch klingen, eines steht fest, nämlich dass die »*Bilderbergkonferenzen*« selbst nicht zum Reich der Verschwörungstheorien zu zählen sind. Die Konferenzen finden mit schöner Regelmäßigkeit tatsächlich jedes Jahr statt und dieses Jahr wurde die 48. »*Bilderbergkonferenz*« in Belgien abgehalten. Das mit der Organisation betraute »*Bilderbergsekretariat*« hat auf Anfrage sogar eine Pressemeldung verschickt, allerdings erst nach dem Ende der Tagung. In dem lapidaren Statement heißt es:

Die 48. »*Bilderbergkonferenz*« wurde in Brüssel, Belgien abgehalten. Neben anderen Themen diskutierte die Konferenz die US-Wahlen, Globalisierung, die New Economy, den Balkan, die EU-Erweiterung und die europäische extreme Rechte. Etwa 100 Personen aus Europa und Nordamerika haben an den Diskussionen teilgenommen. Das Treffen war privat, um eine offene und freie Diskussion zu ermöglichen. Dieser letzte Satz ist eine Standardformulierung, die als Paradoxon das »*Bilderbergproblem*« zusammenfasst. Diskussionen müssen also abgeschottet von der Öffentlichkeit stattfinden, damit sie frei und offen sein können. Nach einigen weiteren Erläuterungen, die wenig erhellend über den Inhalt sind und Presseerklärungen vergangener Jahre exakt gleichen, folgt eine Teilnehmerliste.

Das Treffen muss ein wenig Low key gewesen sein, was vielleicht daran lag, dass der Konferenzort in letzter Minute aus Österreich, das gerade etwas zu weit nach rechts gerutscht war, nach Belgien verlegt worden war. Gekommen sind natürlich »*Bilderbergveteranen*«, die seit Jahrzehnten kaum ein Meeting ausgelassen haben, wie Henry Kissinger, David Rockefeller, FIAT-Boss Agnelli und James D. Wolfensohn, Weltbankpräsident. Ebenfalls regelmäßig vertreten sind Personen aus der deutschen Wirtschafts-

Intelligenzia. Im Jahr 2000, zum Beispiel, waren das u. a. Hilmar Kopper von der Deutschen Bank AG, Gerhard Cromme, Thyssen Krupp AG und Matthias Nass vom Hausblatt des deutschen liberalen Großbürgertums *»Die Zeit«*. Interessanter ist allerdings, wer entsprechend den Themenschwerpunkten extra eingeladen worden war. Und siehe da, trotz ihrer vielfältigen Verpflichtungen mit ICANN fand Esther Dyson Zeit, mit Spitzen von Old Economy und Politik über die New Economy zu diskutieren. Pascal Lamy, EU-Kommissar für Handel war dabei, nachdem schon in den Vorjahren die EU-Kommissare Mario Monti und Erkki Liikanen zur *»Bilderbergkonferenz«* gekommen waren. Und auch der EU-Verwalter für Bosnien und Herzegowina, Wolfgang Petritsch, findet sich auf der offiziellen Anwesenheitsliste *»Bilderbergs«*.

Die Teilnahme höchster EU-Beamter bei diesen Treffen ist ein äußerst umstrittenes Thema. Die Abgeordnete der irischen Grünen im Europaparlament, Patricia McKenna, quält die Kommission in den letzten Jahren mit offiziellen Anfragen bezüglich der Teilnahme von Mitgliedern der EU-Kommission. Der heikle Punkt ist, inwiefern EU-Politik von diesen Treffen beeinflusst wird. Auf McKennas Anfrage bezüglich des *»Bilderbergeinflusses«* auf die Kommission antwortete Mario Monti: *»Die Bilderbergkonferenzen sind ein internationales Forum, bei dem politische Führer und Vertreter der Wirtschaft ihre persönlichen Ansichten über Themen von allgemeinem Interesse ausdrücken, insbesondere in den Themengebieten Außenpolitik und Weltwirtschaft. Die Teil-nehmer treten als Privatpersonen auf und ihre Statements sind für die Kommission nicht bindend. Es werden keine Resolutionen verfasst, keine Abstimmungen vorgenommen und keine politischen Kommuniqués herausgegeben «.*

Gerade jedoch dieses *»Nicht Herausgeben«* von Kommuniqués ist, was vernünftige Kritiker ebenso wie Verschwörungstheoretiker erst so richtig aufstachelt. Indem die *»Bilderberger«* derartig großes Gewicht auf die *»Privatheit«* ihrer Diskussionen legen, wird alles für möglich gehalten. Bereits 1974 schrieb ein Kolumnist der Financial Times, *»Wenn die Bilderberggruppe keine Verschwörung irgendeiner Art ist, dann ist ihr Verhalten jedenfalls so, dass es den erstaunlich stichhaltigen Eindruck einer Verschwörung ergibt«.* Der Herr wurde wenig später von der FT gefeuert. Chefredakteure und Herausgeber der FT zählen seit langer Zeit zu den geladenen Gästen der *»Bilderbergtreffen«*. Ebenso bedenklich wie die Teilnahme von EU-Kommissaren ist die von gewählten Politikern. Waren Verteidigungsminister Rudolf Scharping und Wolfgang Ischinger, Staatssekretär im Auswärtigen

Amt, im Juni 1999 in Portugal etwa in ihrer Eigenschaft als *»Privatpersonen«* bei der *»Bilderbergkonferenz«*, und das ausgerechnet zum Höhepunkt und Ende des NATO-Bombardements? Haben sie mit Power-Brokern wie Richard Holbrooke, USA und Carl Bildt, Schweden, wirklich nur *»private«* Gespräche über die Lage der Welt im Allgemeinen und auf dem Balkan im Besonderen geführt, unter dem wohlmeinenden Auge eines Henry Kissinger? Haben sie ihre Flüge selbst bezahlt, um an diesen inspirierenden Gesprächsrunden teilnehmen zu können?

Ein weiterer besorgniserregender Punkt ist die Teilnahme von Politikern, bevor sie in hohe Ämter gewählt werden. 1991 wurde Bill Clinton von seinem Freund Vernon E. Jordan jr. bei *»Bilderberg«* eingeführt, 1992 wurde er Präsident der USA. 1993 nahm Tony Blair an der *»Bilderbergkonferenz«* teil, 1994 wurde er Spitzenkandidat von New Labour.

Manche sagen, die *»Bilderberger«* würden Präsidenten und Regierungschefs *»machen«*, andere meinen, die Leute aus dem *»Bilderbergkreis«* hätten eben die Kontakte und das richtige Gespür für die *»kommenden«* Leute. Nicht zuletzt gibt es eine erstaunliche Kontinuität darin, dass alle NATO-Generalsekretäre der letzten 30 Jahre regelmäßige *»Bilderbergteilnehmer«* waren. Joseph Luns (1971-1984), Lord Carrington (1984-1988), Manfred Wörner (1988-1994), Willy Claes (1994-1995), Javier Solana (1995-1999) und Lord Robertson (1999-2004).

Die bevorzugte Erwähnung von Teilnehmern aus der Politik soll aber nicht darüber hinwegtäuschen, dass die eigentlichen *»Bilderbergschwergewichte«* die Wirtschaftsmagnaten sind. Wenn Tausende von Milliarden Dollar in Gewicht von Zentnern zu rechnen wären, dann würde der Fußboden einsturzgefährdet sein, auf dem sich die Herren Rockefeller, Agnelli, Ford, Rothschild, kleinere Millionäre wie Wolff von Amerongen, Herren der Banken, Minister, Präsidenten und sonstige Koryphäen bewegten, die etwas zu sagen haben, dank ihrer Stellung oder ihres Gehirns. Und so läuft das verschwörungstheoretische Argument letztlich darauf hinaus, wie weit der Einfluss der Banker und Wirtschaftsleute auf die internationale Politik tatsächlich geht. Die auf der Seite der Verschwörungstheorie glauben, dass bei den »*Bilderbergkonferenzen*« die politischen Konzepte entwickelt werden, die später von anderen internationalen Gremien wie G20, Währungsfonds, EU und NATO nur noch sklavisch abgestempelt werden. Moderatere Kritiker und gelegentlich auch »*Bilderbergteilnehmer*« selbst sprechen von einer Art grundsätzlichem Konsens, der trotz vieler Meinungsverschiedenheiten erzielt werden würde und später vor allem zur gezielten Beeinflussung der öffentlichen Meinung führen würde. Ein Problem gibt es allerdings auch mit den »*Bilderbergkritikern*«. Diese kommen nämlich überwiegend aus den USA und stehen politisch sehr weit rechts. Ihre Kritik an Kapitalismus und Globalisierung kippt nahtlos in die nur zu bekannte Rede von der jüdischen Weltverschwörung. Die aufgeklärte und demokratische Linke hat »Bilderberg« als Thema seit Anfang der achtziger Jahre als heiße Kartoffel fallen gelassen. Erst mit dem Internet, in dem bekanntermaßen Verschwörungstheorien von geheimen Weltregierungen einen hohen Beliebtheitsgrad haben, kamen die »*Bilderberger*« wieder vermehrt ins Gespräch.

Wieweit der Einfluss des geheimniskrämerischen Debattierklubs wirklich geht, kann ich nicht beurteilen. Das Problem jedoch ist die Geheimnistuerei selbst, das bedeutsame Schweigen in den wichtigsten Medien. Mit dem Fehlen jeglicher Berichterstattung ist auch nicht überprüfbar, was unsere EU-Vertretern und Politiker bei den »*Bilderbergkonferenzen* « tatsächlich treiben. Anstatt aber vor lauter Angst vor der angeblichen Allmacht der Banker und Politiker in Ohnmacht zu fallen, sollten wir uns zuletzt noch ein Zitat von Marshall Mc Luhan in Erinnerung rufen. Nachdem er 1969 an einer »*Bilderbergkonferenz*« teilgenommen hatte, soll er gesagt haben, er sei beinahe erstickt von der Banalität und Irrelevanz der Gespräche und beschrieb die Teilnehmer als durchgängig von der

Geistesverfassung des neunzehnten Jahrhunderts, aber vorgebend sich auf das späte Zwanzigste Jahrhundert zu beziehen. Trotz gegenteiliger Stimmen, die anderes behaupten, wird auf den »*Bilderbergtreffen*« eine politische Agenda abgesteckt, die anschließend weltweit in Kraft gesetzt wird.

Der frühere NATO-Generalsekretär und »*Bilderberger*« Willy Claes hat Behauptungen der »*Bilderbergleugner*« zunichtegemacht, die Geheimorganisation, die sich einige Tage im spanischen Sitges traf, würde keine Politik betreiben und während eines Interviews mit einem belgischen Radiosender eingeräumt, dass die Teilnehmer der »*Bilderberggruppe*« den Auftrag haben Entscheidungen umzusetzen, die während der jährlichen Konferenz der Strippenzieher ausgearbeitet werden.

In einem Radiobericht des belgischen Nachrichtenportals Zonnewind erklärte Claes dem Moderator Koen Fillet, dass die »*Bilderberger*« in der Tat über die Politik des darauf folgenden Jahres entscheiden. Claes ist ganz sicher in der Position dies einschätzen zu können, da er selbst zweimal Teilnehmer der »*Bilderbergkonferenz*« war und von 1994 bis 1995, als der achte NATO Generalsekretär fungierte. Claes erklärte, dass den »*Bilderberggästen*« normalerweise 10 Minuten Gesprächszeit gegeben und im Nachgang anhand ihrer Präsentationen ein Bericht zusammengestellt würde. Von den Teilnehmern wird dann ganz offensichtlich erwartet, dass sie diesen Bericht bei der Umsetzung ihrer Politik in dem von ihnen beeinflussten Umfeld verwenden. Der Radiomoderator bat Claes sein erstaunliches Eingeständnis zu wiederholen, bevor Claes weiter ausführte, dass es keinem der Gäste erlaubt ist, auf der »*Bilderbergkonferenz*« mehr als einmal neben ein und derselben Person zu sitzen, um so einen größtmöglichen Meinungsaustausch über wichtige Themen zu erreichen.

Dies stellt eine stichhaltige Bestätigung von dem dar, das wir in der Vergangenheit beobachten konnten, wie die durchgesickerte »*Bilderbergagent*«, welche die elitäre Organisation auf völlig undemokratische und illegale Weise in mündlicher Form festlegt, nach einer gewissen Zeit in die Wirklichkeit umgesetzt wird.

Trotz des Umstandes, dass Claes, der als belgischer Außenminister persönlich an dem »Bilderbergtreffen« 1994 in Helsinki teilgenommen hat, das Offensichtliche bestätigte, dass die »Bilderberger« einen Konsens unter den Teilnehmern schaffen, der dann als Politik in die Wirklichkeit umgesetzt wird, behaupteten in den vergangenen Tagen zahlreiche Skeptiker, bei den »Bilderbergern« würde es sich um eine reine Quasselbude handeln, die überhaupt keinen Einfluss auf der globalen Bühne habe.

Man bezeichnet die »Bilderberger« als eine Gruppe von schwanzwedelnden alten Herren, die ihren Personenschutz miteinander vergleichen und von vergangenen glorreichen Zeiten träumen, was eine völlige Fehleinschätzung ist, da an den Bilderbergkonferenzen regelmäßig aktive Präsidenten und Premierminister teilnehmen, die über sehr viel Macht verfügen und sich in einer Position befinden, wo sie Einfluss auf aktuelle Geschehnisse nehmen können, wie zum Beispiel der spanische Premierminister Jose Luis Rodriguez Zapatero, der an der diesjährigen Konferenz teilnahm, während sein Land gerade kurz davor steht, das nächste Griechenland zu werden.

Es wird behauptet, dass, weil die Gruppe nun bekannter würde, ihre Anziehungskraft dahinschwände, versäumt es jedoch völlig zu erwähnen, dass dieser erhöhte Bekanntheitsgrad sich durch die tolle Arbeit von Aktivisten und wirklichen Journalisten begründet, die Jahrzehnte damit verbrachten die kastrierten Massenmedien dazu zu bringen über das Ereignis zu berichten, während einige entweder kindische Witze über das gesamte Thema machten oder die bloße Existenz der »Bilderberger« abstritten. Alleine die oberflächliche Betrachtung der Behauptung, die »Bilderberger« hätten keinen Einfluss auf die Politik, ist völlig lächerlich. Der wäre so, als würde man behaupten, dass ein viertägiges Treffen von 200 Vertretern der nordamerikanischen Baseballliga keinen Einfluss auf die Zukunft des Baseballs hätte. Trotz der Tatsache, dass viele Politiker das Treffen dieses Jahr mieden, weil der schlechte Ruf der Gruppe als heimtückische und hinterhältige Front für antidemokratische Eliten immer mehr in die Öffentlichkeit getragen wird, braucht man lediglich einen Blick auf die Liste der mächtigen Personen zu werfen, die am diesjährigen Treffen teilgenommen haben.

Top-Unternehmenschefs wie Bill Gates von Microsoft oder Eric Schmidt von Google, Top-Banker wie Marcus Agius von Barclays oder Peter Sutherland von Goldman Sachs treffen sich nicht mit Präsidenten, Premierministern, großen Zeitungseigentümern, Mitgliedern des europäischen Parlaments und Beamten der US-Regierung um sich über das Wetter zu unterhalten. Sie kommen nicht für vier Tage zusammen und umgeben sich mit einem stählernen Sicherheitsring um über, Amerika sucht den Superstar, zu sprechen. Sie sind auf dem »Bilderbergtreffen« um zu einem Konsens zu gelangen und diesen dann in ihrer jeweiligen Einflusssphäre umzusetzen, genauso, wie es durch Claes im Radiointerview bestätigt wurde.

Unter Verwendung von Bluffs und schleimiger Bedeutungslehre legen Verteidigungsreden nahe, die »Bilderberger« hätten keine Macht, nur weil sie keine Verträge unterschreiben oder Gesetze verabschieden würden. In Wirklichkeit legen die »Bilderberger« den globalen Konsens für die Agenda fest, welcher anschließend in den Heimatländern der »Bilderberggäste« eingeführt wird, ein Prozess, dem sogar noch mehr Macht innewohnt als die Unterzeichnung eines bestimmten Vertrages. Die »Bilderberger« schaffen einen Konsens, der sich über das gesamte Spektrum der Politik, vom Öl über Umwelt über Kriege bis hin zur Wirtschaft, erstreckt.

So prahlte der Vorsitzende der »Bilderberger« letztes Jahr darüber, dass es sich bei der Einheitswährung des Euros um ein Geisteskind der »Bilderberggruppe« handelt.

Er sagte, ein im Juni in Europa stattgefundenes Treffen der »Bilderberggruppe«, einem informellen Klub führender Politiker, Geschäftsleute und Denker unter seinem Vorsitz könnte auch im Hinblick auf künftige Handlungen das Verständnis verbessern, auf genau dieselbe Art, wie es bei der Schaffung des Euros in den 90er Jahren mithalf. So berichtete der EU-Observer im März 2009. Die Grundlagen für die Europäische Union und letztendlich auch die europäische Einheitswährung wurden Mitte der 50er Jahre durch die geheime »*Bilderberggruppe*« geschaffen. Von den »*Bilderbergern*« an die Öffentlichkeit gelangte Dokumente beweisen, dass die Agenda der Schaffung eines gemeinsamen europäischen Markts und einer Einheitswährung von den »*Bilderbergern*« 1955 ausgearbeitet wurde.

Im Jahre 2003 wurde einem Investigativteam von BBC der Zugang zu den Akten der »*Bilderberger*« gewährt, durch die bestätigt wurde, dass die EU und der Euro das Geisteskind der »*Bilderberger*« waren. Gerade einmal zwei Jahre später, im Jahre 1957, kam es zur Schaffung der Europäischen Wirtschaftsgemeinschaft (EWG), welche die Länder Belgien, Frankreich, Deutschland, Italien, Luxemburg und die Niederlande zu einem gemeinsamen Markt machte. Die EWG erweiterte sich schrittweise über die nächsten paar Jahrzehnte, bis sie später zur Europäischen Gemeinschaft wurde, einer der drei Hauptsäulen der Europäischen Union, die offiziell im Jahre 1993 gegründet wurde.

Die Zusammenfassung des »*Bilderbergtreffens*« 1995 führt folgenden Konsens aus:

»Es könnte besser sein mit der Entwicklung eines gemeinsamen Markts durch Verträge, anstatt durch die Schaffung neuer hochrangiger Behörden voranzuschreiten «. Die EWG wurde am 25.03.1957 formal durch die römischen Verträge gegründet. Wie zu erwarten war, wurde die europäische Einheitswährung, der Euro, erst eingeführt, nachdem man eine zentrale politische Behörde, die Europäische Union selbst, ins Leben gerufen hatte. 2006 sagten Journalisten, welche über Quellen innerhalb der »*Bilderberggruppe*« verfügten, voraus, dass man es erlauben würde, den US-Häusermarkt noch weiter anschwellen zu lassen, bevor die Blase grausam platzte, womit exakt beschrieben ist, was dann auch passierte. Im Juni 2008 wurde herausgefunden, dass die »*Bilderberger*« das Umfeld für ein finanzielles Desaster schufen, exakt das, was ein paar Monate darauf mit dem Zusammenbruch von Lehman Brothers einsetzte.

In ihrer Rolle als Königsmacher ließen die »*Bilderberger*« ständig ihre Muskeln spielen. Die Organisation wählt gewöhnlich Präsidentschaftskandidaten, Vizepräsidentschaftskandidaten und Premierminister aus. Trotz der weitverbreiteten Erwartung, dass der frühere britische Premierminister Tony Blair als erster Präsident der Europäischen Union ausgerufen würde, wählte man den belgischen Premierminister, Herman van Rompuy, dafür aus, nur wenige Tage, nachdem er an einem Abendessen der BilderbergGruppe teilgenommen hatte. Bill Clinton und Tony Blair wurden in den frühen 90er Jahren beide seitens der geheimen Organisation herangezüchtet, bevor sie Bekanntheit erlangten.

Auf dem »*Bilderbergtreffen*« des Jahres 2008 in Washington DC wurden verschiedene wichtige geopolitische Entscheidungen getroffen, wodurch ein weiteres Mal die Tatsache verdeutlicht wird, dass es sich bei der Tagung um mehr als nur ein informelles Zusammenkommen handelt.

Auf dem Treffen des Jahres 2008 formalisierte die frühere US-Außenministerin Condoleezza Rice mit dem tschechischen Außenminister Karel Schwarzenberg auch Pläne einen Vertrag über die Errichtung einer US-Radarbasis in der Tschechischen Republik zu unterzeichnen. Auf dem Treffen wurde Rice vom US-Verteidigungsminister Robert Gates begleitet, der die EU-Globalisten angeblich ermutigte, sich hinter einen Angriff gegen den Iran zu stellen. Und sieh da, Tage später drohte die EU dem Iran mit Sanktionen, sollte dieser nicht sein Urananreicherungsprogramm aussetzen. Dieses Jahr hat die Mehrheit der Mitglieder auf dem »*Bilderbergtreffen*« in Sitges erstmalig ihre Zustimmung für einen Angriff auf den Iran zum Ausdruck gebracht.

Siehe Einleitung des Buches, über die Gefährlichkeit eines Dritten Weltkrieges.

Zwölftes Kapitel

Die vorbestimmte Art der Veränderungen in allen Lebens- und Wirtschaftsbereichen zeigt uns, das gerade in den letzten Jahren sich sehr viel in unserem gesellschaftlichen Ablauf verändert hat. Die Veränderungen beziehen sich auf alle Ebenen unseres täglichen Lebens. Hauptgründe hierfür sind die nicht ausreichende Zeit, die uns zur Verfügung steht, eine uns überrollende Informationsflut und ein nicht mehr stattfindender Gesprächsaustausch mit unseren Partnern, Kindern und Nachbarn. Die Textmessages erledigen das Spielen der Kinder untereinander. Der Computer ist zum Freund geworden. Man spricht mit ihm, wünscht ihm Gute Nacht. Der Partner oder die Eltern gehen leer aus. Das allgemeine Verhalten hat sich verändert. Man ist spezialisiert, versteht sich als superschlau, umgibt sich mich Arroganz und Überheblichkeit anderen gegenüber, doch ein Nagel in ein Pfund Butter zu schlagen ist nicht drin. Bei der Begrüßung werden die Hände nass und der Blick weicht zur Seite aus.

Sehr viele junge Menschen, natürlich auch ältere, unterliegen schon Depressionsdrücken. Sogar Kinder müssen bereits behandelt werden.

Viele Jahre vorher, als ich noch in Deutschland lebte, und mit meiner eigenen Persönlichkeit zu kämpfen hatte, lernte ich bei meinem Klinikaufenthalt in Bad Herrenalb ein junges Mädchen kennen, welches oft vom Tod sprach. Ich versuchte, in Gesprächen mit ihr, zu ergründen, was eigentlich los war, wo hatte sie Probleme?

Melanie war erst 13 und wollte sich umbringen. Sie war und ist in Deutschland kein Einzelfall. Immer mehr Kinder leiden unter Depressionen. Kinder und Jugendliche, die sterben wollen.

In Behandlung waren zu dieser Zeit auch junge Männer, die bereits mehrmals versucht hatten, ihrem Leben ein Ende zu setzen.

Sichtbare Verstümmelungen an den Armen oder Beinen, einhergehend mit Neurodermitis und Störungen des Allgemeinverhaltens.

So muss Melanie sich an schlechten Tagen festhalten, wenn der Zug am Bahngleis einfährt. An guten Tagen reicht es, wenn sie ihr Gesicht abwendet. Wenn sie nicht sieht, dass sich da eine Gelegenheit bietet. Eine Gelegenheit, sich selbst zu töten. An einigen Tagen, an guten wie an schlechten, ist ihr größter Wunsch zu sterben. Sie ist gerade 13, eigentlich sollte sie schwimmen gehen oder ins Kino. Sie könnte gerade zum ersten Mal verknallt sein. Reiten, Erdbeereis lieben und Hundebabys. Doch sie sagt mir:

» Im Januar hat sich mein Vater umgebracht. Ich vermisse ihn«.

Bis Mai hatte sie durchgehalten, hatte sie verdrängt. Sie wollte stark sein. Sie war für ihre Mutter da und die kleine Schwester. Sie dachte, ich kann ja jetzt nicht jammern. In ihrem Gesicht lag kindlicher Trotz um den Mund, so, als wäre er dort vor langer Zeit vergessen worden. Ihre Sätze sind die einer Erwachsenen. Dann musste sie in einer Nacht plötzlich erkennen, dass sie das so nicht hinkriegt. Es kam wie eine Welle, ein Virus, der alles zerstört. Sie lag im Bett und dachte, sie muss jetzt Tabletten schlucken. *»Ich muss, ich muss «.*

Fieber, dauernd muss sie zur Toilette. Ihr Körper zittert, niemand kann sie beruhigen. Auch nicht ihre Mutter, in deren Bett sie versucht, diese Nacht zu überleben. Nur nicht dieser Stimme nachgeben, die sich anhört wie ihre eigene. Die ihre *eigene* ist und sie denkt: *»Du willst sterben. Es ist dein großer Wunsch. Das Karussell dreht sich, erst langsam, dann immer schneller«.*

Kinder und Jugendliche, die sterben wollen, sich des Lebens Ende wünschen, ehe es richtig begonnen hat. Die Gruppe der depressiven Jugendlichen vergrößert sich ständig. Vor allem leichte Depressionen haben sich in den vergangenen Jahren verdoppelt.
Manchmal löst bei jugendlichen Patienten ein Ereignis die anhaltende Trauer aus. Ein drastisches wie bei Melanie, der Selbstmord des Vaters. Meist sind es aber mehrere, für sich genommen weniger dramatische, aber dennoch belastende

Ereignisse. Oft kommt vieles zusammen. Schulischer Druck, die Eltern sind krank, ständiger Streit im Elternhaus, Geldnöte, gestörte Harmonie im familiären Umfeld und das Gefühl der Zurückweisung im Freundeskreis. Der fehlende Umgang mit den Eltern, Geschwistern und Freunden macht sich bemerkbar. Die Vereinsamung setzt ein, die Jugendlichen isolieren sich von der Umwelt und leben in ihrer Scheinwelt des Unverstandenseins.

Melanies Haare sind dunkel und kurz geschnitten. Sie trägt große Ohrringe, roten Nagellack, und hin und wieder lächelt sie.

»Es kann eigentlich nicht meine Stimme sein. Ich würde ja nie sterben wollen«, sagt sie zu mir. Wie jeden Morgen war sie, in der Klinik in der ich sie kennenlernte, gegen 06:00 Uhr aufgewacht. Doch heute hatte sie vor dem Fenster kein Plexiglas mehr. Das war bis gestern noch anders. Sie ist wieder in der offenen Abteilung. Sie darf nach draußen, alleine zur Stadt mit der Straßenbahn nach Karlsruhe fahren und dort bei Starbucks einen Kaffee trinken. Sie fühlt dann, dass sie sich selbst wieder etwas zutrauen kann. Sie vertraut darauf, dass sie sich nicht sofort bei nächster Gelegenheit umbringen wird. Es ist ein gutes Gefühl, zu sich selbst sagen zu können:

»Melanie, du machst das jetzt nicht! «

Jugendliche mit Depressionen müssen wieder erfahren, dass sie Herr über ihr eigenes Leben sind. Es ist wichtig, dass sie sich selbst wieder vertrauen. Deshalb werden die Jugendlichen, sobald sie stabilisiert sind, auch für das Wochenende nach Hause geschickt. Auch dann, wenn dort Probleme warten. Denen kann man nicht dauerhaft entfliehen. Sie bekommen einen genau strukturierten Plan mit, damit keine Leere im Tagesablauf aufkommt. Es gab eine Zeit, so sagte sie mir, in der noch alles perfekt war.

Das war damals, als ihr Vater noch keine Depressionen hatte, noch lebte. Wir waren eine lustige Familie. Wir haben viel Blödsinn gemacht und gelacht. Als sie zu Weihnachten auf Wunsch der Oma ein Gedicht aufsagen sollte, wollte sie das aber nicht, die Gefühle hierzu fehlten. Manchmal fühlt sich Melanie um dieses Lachen betrogen. Ich habe früher nur gelacht. Dass ich andere zum Lachen bringen kann, habe ich von meinem Vater geerbt. Jetzt ist ihr Gesicht manchmal leer. Es bewegt sich kaum. Es ist ein hübsches

Gesicht. Aber es gibt Momente, da ist es ausdruckslos, die Pupillen empfangen keine Bilder. Sie senden nichts. Kein Kontakt.

Wenn ich in der Straßenbahn sitzen darf und lustige Leute sehen kann, dann amüsiere ich mich. Dann denke ich oft, das Leben ist ja eigentlich doch noch schön. Sie hat sich vorgenommen noch etwas zu erreichen, etwas Schönes zu sehen. Sie möchte die ihr gestellten Aufgaben erfolgreich erfüllen, möchte die Schule zu Ende machen und Farb- und Imageberaterin werden. Selbst ein glückliches Familienleben führen, sich anlehnen können und geliebt werden. So wie damals in unserer Familie, in der Zeit, in der noch alles perfekt war, sagte sie mir.

Die Zahl der depressiven Kinder und Jugendlichen steigt enorm. In den vergangenen zehn Jahren wurden fast doppelt so viele Kinder und Jugendliche in Kliniken behandelt. Vor allem Mädchen sind betroffen. Auf Stress reagieren sie nicht mit Aggression wie Jungs, sondern mit Rückzug und Traurigkeit. Die Zahl der Suizidgefährdeten ist allerdings konstant. Zum einen werden heute die Depressionen früher und besser erkannt. Psychisch Erkrankte werden zwar immer noch stigmatisiert, trotzdem traut man sich heute eher, zum Facharzt zu gehen. Leichte Depressionen nehmen zu, weil der Stress in Schule und Familie größer wird. Die Kinder stehen unter Druck. Oft gehen Eltern aus Unwissenheit aber falsch mit der Erkrankung um. Sie versuchen, das Kind zu motivieren, und sagen: Komm, streng dich an! Geh doch mal raus!

Das Kind profitiert von diesem Ansporn aber nicht mehr. Im Gegenteil. Diese Kinder haben dann noch eher das Gefühl, dass sie schuld sind. Weil Papa keine Arbeit mehr hat, die Eltern streiten. Es will sich ja anstrengen, kann aber nicht. Besser ist es, dem Kind zu sagen: Du musst gar nicht so viel leisten und fachliche Hilfe in Anspruch nehmen. Wer schlecht gelaunt ist wegen einer verpatzten Klassenarbeit, ist nicht depressiv. Aber eine Missstimmung über 14 Tage hinweg ist schon ein Zeichen. Außerdem können Depressive schlecht schlafen. Sie haben keinen Appetit. Sie sind durch nichts aufzuheitern. Depressionen treten vor allem dann vermehrt auf, wenn schon andere in der Familie erkrankt waren. Auch Kinder von Müttern mit Wochenbettdepressionen sind stärker betroffen. Außerdem erkranken mehr Kinder in sozial schwachen Familien und Migrantenkinder. Leichte Depressionen können ambulant therapiert werden. Wer an schwereren Formen leidet, muss stationär aufgenommen werden. Meist sind dann auch Kunst- oder Musiktherapien nötig, damit die Kinder einen Zugang zu ihren Konflikten bekommen. Mir persönlich hilft gute Musik, die mich in eine andere Welt entführt. Sehr gut kann ich andere Gedanken aufnehmen und aus dem sich drehenden Kreis ausbrechen.

Oft sind Depressive verschlossen, es nützt nichts, wenn jemand sagt:

Jetzt sag mal, was dich bewegt!

Jeder zweite erkrankte Jugendliche hat ein Risiko, nochmals eine depressive Phase zu durchleben. Die Erforschung der Ursachen und Behandlungsmethoden bei Kindern ist noch ganz am Anfang. Da gibt es noch wenig Erkenntnisse. Doch auch andere Jugendliche lernte ich bei meinem Klinikaufenthalt in Bad Herrenalb kennen. Solche, welche sich gerne Schnitte, Stiche oder Verbrennungen zufügten. Wenn sich Jugendliche selbst verletzen, gleicht das einem *Hilferuf*. Auslöser können traumatische Erlebnisse sein.

In unseren Sitzungen musste ich lernen, dass diese jungen Leute den Schmerz spüren müssen. Zuerst kneift man sich vielleicht nur in den Arm oder schlägt mit der Faust an die Wand. Doch irgendwann reicht das nicht mehr, um die große innere Spannung abzubauen. Dann ritzt man sich mit einem Messer in den Unterarm. Für viele mag das unvorstellbar sein, dennoch kommen Selbstverletzungen bei Jugendlichen und jungen Erwachsenen immer wieder vor. Wie viele Menschen davon betroffen sind, ist nicht genau erfasst. Eine größere Studie ergab jedoch, dass sich rund ein Drittel aller Schülerinnen zwischen 14 und 16 Jahren im Rhein-Neckar-Kreis schon einmal absichtlich eine Schnittverletzung zugefügt hat. Etwa 18 Prozent der Schülerinnen und acht Prozent der Schüler tun dies demnach häufiger. Unter selbstverletzendem Verhalten wird das absichtliche Zufügen von äußerlichen Wunden verstanden. Dazu gehören zum Beispiel Schnitte mit dem Messer oder anderen Klingen, Verletzungen mit einem heißen Bügeleisen oder das Ausdrücken von Zigaretten auf der Haut. Dabei werden meist die Arme und Beine verletzt.

Warum aber tun das Mädchen und Jungen?

Das kann verschiedene Ursachen haben. Meist spielt eine depressive Entwicklung eine wichtige Rolle. Oft liegt es an Störungen in der Kindheit. Es kann zum Beispiel sein, dass jemand als Kind abgelehnt wurde, wenig Liebe erfahren hat und so kaum ein Selbstwertgefühl entwickeln konnte. Auch ein traumatisches Erlebnis kann eine Ursache sein. Beispiele sind sexueller oder emotionaler Missbrauch, eine schlimme Scheidung der Eltern oder der frühe Tod eines Elternteils. Dinge wie diese können unter anderem dazu führen, dass man innerlich wütend ist, viel mit sich machen lässt und sich nicht durchsetzen kann. Dadurch kann sich Spannung aufbauen, die irgendwie raus muss. In unseren Theraphierunden sprachen Betroffene offen aus, dass sie durch das Ritzen oder anderes selbstverletzendes Verhalten Spannung und inneren Druck abbauen konnten. Außerdem haben viele Betroffene das Gefühl, neben sich zu stehen, sich und ihr Leben von außen zu beobachten. Ein Gefühl von Taubheit und gewisser Leere. Sie berichten, dass sie sich durch das Ritzen wieder spüren und lebendig fühlen. Eine wirkliche Hilfe ist das selbstverletzende Verhalten natürlich nicht. Denn die eigentlichen Probleme ver-schwinden damit nicht. Besser ist es, sich jemandem anzuvertrauen und professionelle Hilfe zu holen. Man muss sich für dieses Verhalten nicht schämen. Es ist besser, sich Hilfe zu suchen, als das alles mit sich selber abmachen zu wollen. Zum Beispiel können Kinder- und Jugendberatungsstellen, Kinder- und Jugendpsycho-therapeuten oder spezielle Ambulanzen erste Anlaufstellen sein. Sie können zum Beispiel Medikamente geben, um die unerträgliche Spannung abzubauen. Das kann schon sehr schnell helfen. Noch besser ist jedoch eine spezielle Therapie, die häufig stationär in einem Krankenhaus erfolgt. Dabei lernen die Patienten, mit dem selbstverletzenden Verhalten aufzuhören. Viele der Betroffenen ritzten sich nach vier bis sechs Wochen nicht mehr.

Als Ersatz könne dabei ein Verhalten dienen, das einen ähnlichen Effekt zum Spannungsabbau hat, aber deutlich weniger schädlich ist, zum Beispiel kaltes Duschen oder eine Chilischote essen.

Außerdem trainiert man in einer Verhaltenstherapie, wie man mit seinen Problemen anders umgehen kann. Dafür muss man aber Geduld mitbringen. Nach etwa zwei Jahren spüren viele Patienten eine deutliche Besserung und Linderung.

Die meist schon in der Kindheit und Jugend beginnende Borderlinestörung gehört zu den häufigsten Persönlichkeitsstörungen. Bundesweit leiden etwa ein bis zwei Prozent der Bevölkerung daran. Etwa 70 Prozent der Patienten sind Frauen. Der Name Borderline, auf deutsch Grenzlinie, geht darauf zurück, dass Ärzte das Krankheitsbild an der Grenze zwischen psychotischen und neurotischen Störungen eingeordnet haben. Bei Borderlinern liegt eine Störung der Gefühlsregulation vor, die sich in einer hohen Empfindlichkeit gegenüber emotionalen Reizen und sehr intensiven und lang anhaltenden Gefühlen zeigt. Häufig treten ausgeprägte Stimmungsschwankungen und Anspannungszustände und damit auch ein Kontrollverlust auf. Meist geht dies mit Selbstverletzungen und anderen selbstschädigenden Verhaltensweisen wie Essstörungen oder Drogenmissbrauch einher. Neben impulsiven Handlungen wie beispielsweise unkontrolliertem Einkaufen kann es auch zu starken Wutausbrüchen kommen. Viele Patienten verspüren eine große innere Leere, Selbstzweifel und haben Angst, verlassen zu werden. Gleichzeitig fürchten sie aber auch eine Nähe zu anderen Mitmenschen. Dies führt häufig zu intensiven, chaotischen und unbeständigen Beziehungen.

Die genauen Ursachen der Störung sind noch nicht ganz geklärt.

Man weiß aber, dass aber ein erblich bedingtes überempfindliches Nervensystem eine zentrale Rolle spielt. Kommen noch Traumata wie Missbrauchserfahrung oder Trennung der Eltern hinzu, kann sich die psychiatrische Erkrankung entwickeln.

Letztes Jahr lernte ich durch Zufall, hier in Tonga, eine junge, gut aussehende Kanadierin aus Vancouver kennen. Das Mädchen hatte diese Art von Borderlinestörung, obwohl im Gespräch und an ihrem Verhalten nichts auffällig war. Über Jahre versuchten die Eltern sie in entsprechende Therapien zu bringen und lernten letztendlich über das Internet eine Gruppe kennen, die die polynesische, tonganische Lebensweise als eine gute Therapie, der Lebenserfahrungen anpries. Leider mussten das nette Mädchen und die Eltern feststellen, dass die in Aussicht gestellte polynesische Lebenserfahrung zu einem Albtraum wurde. Eine von Laien geführte Gruppe, nur zum Gelderwerb aufgebaut, ohne jegliches Fachpersonal und Ärzte, verschlimmerten den Zustand der Patientin ernorm. Wie schon geschildert, entstanden wahllose Partnerschaften, unkontrolliertes Allgemeinverhalten und starker Zigarettenkonsum, auch gemischt mit Hasch und Alkohol. So befand sich das junge Girl in einem Teufelskreislauf ihres Lebens. Die Eltern und die Großeltern waren aus Kanada angereist und bei einem nur sehr kurzen Gespräch mit der Familie konnte ich mir mein Urteil über die familiären Verhältnisse in Vancouver bilden.

Um es kurz zu machen, das junge Mädchen wurde mit ihrer Einwilligung ins Krankenhaus eingewiesen, schon wegen ihrer persönlichen Sicherheit. Die Eltern öffneten sich in vielen, von ihnen gewollten Gesprächen mit mir. Nach ihrer gemeinsamen Rückreise bestätigten mir die Eltern, dass nun die gesamte Familie an einer Therapie teilnimmt und dies im Anfang mit starken, seelischen Schmerzen für alle verbunden war. Nun ist man gemeinsam auf dem Weg der Besserung und die besten Wünsche von meiner Familie und mir begleiten sie auf ihrem, hoffentlich nun glücklicherem, neuen Weg.

Ein Weg des gegenseitigen Verstehens und der Liebe, denn in der Zeit, in der wir leben, haben psychiatrische Erkrankungen ihren Platz in unserem Leben eingenommen. Alles, was wir bisher gehört haben, zeigt uns das sich veränderte Umfeld an. Nun können wir oft in den Zeitungen Meldungen verfolgen, die von hemmungslosem Alkoholmissbrauch bei Jugendlichen berichten.

Alkohol ist gefährlicher als Crack und Heroin.

So befanden sich auch einige junge Alkoholiker in der Klinik und an einigen Versammlungen der Selbsthilfegruppen konnte ich teilnehmen und mehr über die Krankheit erfahren. Es lagen Unterlagen aus, die Gespräche mit den Abhängigen und die persönlichen Aussagen der Kranken brachten mich dazu, mehr zu lernen über die Krankheit und so las ich einige Studien.

Eine Studie hatte auch die sozialen Auswirkungen von Drogen berücksichtigt: Demnach führt Alkohol die Rangliste der gefährlichsten Drogen an. Alkohol ist weitaus gefährlicher als Heroin oder Crack. Zu diesem Forschungsergebnis kamen britische Experten. Sie untersuchten verschiedene Drogen auf ihre Zerstörungskraft für den Körper und die Gesellschaft. Zwar stellten sich Heroin, Crack und Metamphetamine als die tödlichsten Rauschgifte heraus. Doch sobald die Wissenschaftler die sozialen Auswirkungen miteinbezogen, führte Alkohol die Rangliste der gefährlichsten Drogen an, gefolgt von Heroin und Crack. Marihuana, Ecstasy und LSD schätzen die Forscher als deutlich weniger zerstörerisch ein.

Die Experten halten Alkohol für so gefährlich, weil er weitverbreitet ist und sich nicht nur auf die Konsumenten, sondern besonders stark auch auf ihr Umfeld auswirkt.

Exzessives Trinken schädigt demnach fast das gesamte Organsystem. Alkoholmissbrauch steht in Zusammenhang mit höheren Todesraten. Außerdem spielt er bei Gesetzesverstößen häufiger eine Rolle als die meisten anderen Drogen einschließlich Heroin. Experten raten dennoch nicht dazu, Alkohol einfach zu verbieten. Eine Prohibition, wie sie einst in den USA galt, ist kein Ausweg. Alkohol ist zu sehr in unserer Kultur verwurzelt, er kann nicht einfach entfernt werden. Man rät dazu, gezielt die Vieltrinker ins Visier zu nehmen, nicht die Mehrheit der Leute, die es bei einem oder zwei Bier bewenden lassen. Regierungen sollten die Preise für Alkohol anheben und mehr Aufklärung betreiben. Die Fachleute sprechen auch eine brisante Frage an. Die rechtliche Einordnung der verschiedenen Drogen. Großbritannien verschärfte zum Beispiel im vergangenen Jahr die Strafen für den Besitz von Marihuana.

Einer der bis dahin wichtigsten Berater der damaligen Regierung wurde nach seiner Kritik an dem Schritt entlassen. Nun schaltete er sich als Hauptautor der Drogenstudie wieder in die Debatte ein, stellt die Studie doch infrage, wieso Alkohol allgemein anerkannt, Marihuana jedoch fast überall verboten ist.

Alkoholgenuss und Komatrinken, als Jugendsport angesehen und es wird in der Gesellschaft oft akzeptiert.

Wann treten welche Störungen auf?

Hier eine Aufstellung, die jedem helfen soll, über den Ablauf von Alkohol in seinem Körper Bescheid zu wissen:

0,2 bis 0,5 Promille: Hör- und Sehvermögen werden leicht vermindert. Aufmerksamkeit, Konzentration und Reaktionsvermögen lassen nach. Die Fähigkeit, mit Kritik fertig zu werden, sinkt ebenso wie die Urteilsfähigkeit. Es steigt die Risikobereitschaft.

Ab 0,5 Promille: Störungen des Gleichgewichts treten auf. Der Betrunkene kann Probleme mit der Konzentration haben. Die Reaktionszeit nimmt zu. Der Betroffene reagiert enthemmt und neigt zu Selbstüberschätzung.

Ab 0,8 Promille: Die Wahrnehmung von Gegenständen und das räumliche Sehen sind beeinträchtigt. Das Blickfeld verengt sich – bis zum Tunnelblick. Gleichgewichtsstörungen nehmen zu. Inzwischen ist die Konzentrationsschwäche ausgeprägt. Die Reaktionszeit ist stark verlängert. Die Selbstüberschätzung steigt ebenso wie Euphorie oder die Enthemmung.

1,0 bis 2,0 Promille: Hier beginnt das Rauschstadium. Starke Gleichgewichtsstörungen treten auf. Aufmerksamkeit und Konzentration lassen nach. Die Reaktionsfähigkeit ist erheblich gestört. Der Betrunkene zeigt Verwirrtheit und Sprech- sowie Orientierungsstörungen. Die Selbstüberschätzung durch Enthemmung ist hier schon übersteigert. Die Kritikfähigkeit ist weg.

2,0 bis 3,0 Promille: Hier beginnt das Stadium der Betäubung. Ausgeprägte Gleichgewichts- und Konzentrationsstörungen treten auf. Ein Reaktionsvermögen ist kaum noch vorhanden. Muskeln erschlaffen. Gedächtnis- und Bewusstseinsstörungen sind ebenso zu bemerken wir eine Verwirrtheit.

Ab 3,0 Promille: Das Lähmungsstadium beginnt. Es kommt zu Bewusstlosigkeit, Gedächtnisverlust, schwacher Atmung, Unterkühlung. Reflexe fehlen.

Ab 4,0 Promille: Es treten Lähmungen auf. Der Betrunkene kann ins Koma fallen. Es kommt zu unkontrollierten Ausscheidungen, Atemstillstand – und es kann tödlich enden.

Doch nicht nur der Missbrauch von Alkohol, sondern eine andere Art der persönlichen Unzufriedenheit zeigt sich bei den gestressten Mitmenschen in Form von Depressionen. Doch in Deutschland lassen sich Depressive zu selten rechtzeitig behandeln.

Oft endet die Krankheit im Selbstmord. Dennoch wird Depression viel zu selten behandelt, so warnen Experten. In Deutschland werden depressive Erkrankungen nach Ansicht von Experten zu häufig nicht erkannt und deshalb auch nicht behandelt. Oft endet die Erkrankung im Suizid.

Bei keiner anderen Erkrankung haben die Betroffenen öfter den Wunsch zu sterben. 90 Prozent der mehr als 9.000 jährlichen Selbsttötungen in Deutschland würden nach einer psychischen Erkrankung verübt. Jeden Tag sterben hierzulande 30 Menschen bei einem Suizid. Eine Studie in vier europäischen Ländern ergab, dass in Deutschland bereits jeder achte Befragte im Lauf seines Lebens an einer Depression erkrankt sei. Fast 24 Prozent der befragten Deutschen gaben an, in ihrem engeren Umfeld einen Menschen mit Depression zu kennen. Allerdings erhielt nur jeder dritte Befragte, der jemals unter einer Depression litt, auch eine Behandlung. Erst wenn ein Suizid versucht wurde, gab es auch Hilfe, wobei auch dann nur die Hälfte der Betroffenen in Behandlung kam. Das ist sehr problematisch. Es sei unabdingbar, dass jeder, der einen Selbstmordversuch hinter sich habe, psychosozial betreut werde.

Präventionsprogramme, so lernte ich in Bad Herrenalb, können gegen Suizid die Zahl der Selbstmorde deutlich senken.

Nötig sei es dabei, so die behandelten Therapeuten, dass Erkrankte auch tatsächlich den Weg zum Arzt suchten und nicht aus Scham und aufgrund von Selbstvorwürfen schwiegen. Zudem müsste in Zusammenarbeit mit den Hausärzten erreicht werden, dass Depressionen besser als bisher diagnostiziert würden. Depressionen zählen zu den häufigsten Gründen für Berufsunfähigkeit in Deutschland. Die Störung verläuft dabei in der Regel in mehr oder weniger ausgeprägten Schüben. Betroffene müssen im Schnitt mit vier depressiven Phasen im Leben rechnen, die sowohl schleichend als auch ganz plötzlich beginnen können.

Eine andere Gruppe, die Manisch-Depressiven, bei denen sich übermäßig gehobene Stimmung und tiefe Niedergeschlagenheit abwechseln, erleben mehr und kürzere Phasen. Deren Abstände schrumpfen zudem, je länger die Störung anhält. Die Ursachen der Depressionen sind vielfältig und bleiben bei vielen Patienten unbekannt. Auslöser kann ein Schicksalsschlag sein. Es gibt aber auch Depressionen, die von einem ungelösten, frühkindlichen Konflikt herrühren, der bis ins Erwachsenenalter hinein getragen wird. Als *»Erschöpfungsdepression«* gilt das Leiden, wenn die Depression von anhaltender psychischer Überlastung herrührt. Bei der *»endogenen Depression «* vermuten die Mediziner eine erbliche Komponente. Auch organische Krankheiten können Depressionen auslösen. Insbesondere können Störungen des Botenstoffwechsels im Gehirn zu Depressionen führen. Eine sechsunddreißigjährige junge Frau litt in unserer Gruppe an dieser Art von Erschöpfung. Ihre Überlastung entstand aus einer nicht erkannten Krankheit. Ihr Gesamtzustand verschlechterte sich zusehends und nach einem Besuch von mir, in ihrer Heimatstadt Nürnberg, bekam ich vier Wochen später einen Anruf ihrer Schwester. Sie hatte sich das Leben genommen.

Der Depressive hat anhaltende gedrückte und traurige Stimmung, wobei die Symptome am Morgen oft schlimmer sind als abends.

Die Patienten ziehen sich zurück und verlieren das Interesse an gesellschaftlichen Kontakten und an vielen anderen Dingen des Lebens. Oft kommen Angst und unbegründete Schuldgefühle hinzu sowie das Gefühl völliger Wertlosigkeit. Depressionen sind die Hauptursache für Selbstmorde in Deutschland.

Neben diesen aufgezeigten Depressionen werden immer mehr Menschen auch von Angst beherrscht. Experten schlagen Alarm: Immer mehr Menschen in Deutschland werden von Angst beherrscht. Der steigende Leistungsdruck fordert seinen Tribut.

Psychologen fordern mehr Hilfen für Menschen, die unter Angststörungen leiden. Angststörungen sind neben Depressionen die zweithäufigste psychische Erkrankung. 13 Prozent der Bevölkerung leiden an Angststörungen. Allein im Jahr 2008 haben Erkrankungen der Psyche und Verhaltensstörungen Kosten im Gesundheitssystem von rund 28,7 Milliarden Euro verursacht.

Man spricht von einem immer stärker werdenden beruflichen Leistungsdruck, der bei Arbeitnehmern zu Angst vor dem Versagen, zu Burn-out und zur Arbeitsunfähigkeit führen kann. Die Angst, den Arbeitsplatz zu verlieren, ist bei vielen größer als der Leidensdruck. Fehlzeiten der Mitarbeiter, Verlagerung der Entscheidungen auf externe Berater, Kündigungen und die Flucht in Alkohol- oder Medikamentenkonsum verursachten jedoch hohe Kosten. Experten schätzen, dass der deutschen Wirtschaft durch Ängste der Beschäftigten mehr als 50 Milliarden Kosten jährlich entstehen. Doch weigern sich viele, Psychotherapie in Anspruch zu nehmen. Obwohl Betroffene mit anderen Menschen über ihre Probleme sprechen würden, werde sowohl von Angehörigen als auch von Freunden Psychotherapie kaum empfohlen. Bei der Frage, warum sie sich behandeln ließen, gaben 63 Prozent der Befragten »*Angst*« an. Nur »*depressive Beschwerden*« wurden mit 85 Prozent häufiger genannt, gefolgt von »*psychosomatischen Beschwerden*« (54 Prozent), Essstörungen (36 Prozent) und Suchtverhalten (14 Prozent). 24 Prozent nannten Suizidgedanken als Therapiegrund. »*Das ist höchst alarmierend!* «

Angst ist bis zu einem gewissen Ausmaß gesund.

Sie gehört zur Grundausstattung der Psyche und dient dazu, uns auf Gefahren hinzuweisen. Wenn die Angst aber wächst und durch sie das alltägliche Leben beeinträchtigt wird, sollten sich Betroffene professionelle Hilfe suchen, denn der Versuch, furchteinflößende Situationen zu vermeiden, führe zu Rückzug und Verzicht. Wer an einer Löwenphobie leidet, kann bei uns damit leben. Wer aber Angst vor Hunden hat, wird im Alltag Schwierigkeiten haben. Ständige Angst oder sogar Panikattacken im Verborgenen zu bewältigen, sei der falsche Weg. Angst führt zu psychischen Problemen und kann auf Dauer auch körperliche Beschwerden hervorrufen.

Der Mythos vom *»weißen Hai«* hat nichts von seinem Schrecken verloren. Um statistisch gesehen einen Haiangriff zu erleben, muss man 150 Millionen mal schwimmen oder surfen gehen. Summ, summ, summ, eine Wespe sticht herum. Weil sie auf das Gift dieses Insekts allergisch reagieren, sterben hierzulande jährlich 40 Menschen. Die Wahrscheinlichkeit, bei einem Unwetter von einem umstürzenden Baum erschlagen zu werden, beträgt 1:20 Millionen. Dass statistische Risiko, Opfer einer tödlichen Hundeattacke zu werden, liegt bei rund 1:75 Millionen. Herz-Kreislauf-Erkrankungen sind hierzulande häufigste Todesursache. Sie sind für 43 Prozent aller Sterbefälle verantwortlich.

Haben Sie Angst, auf offener Straße niedergestochen zu werden? Auf diese Weise werden in Deutschland jährlich 800 Menschen ermordet. Wie gefährlich ist es, ins Wasser zu gehen? 2009 sind 460 Menschen in Deutschland beim Baden ertrunken. Nicht nur auf Bananenschalen kann man ausrutschen und sich Beine oder mehr brechen. 8.000 Deutsche sterben jährlich durch einen Sturz. Gefahren lauern auch am Arbeitsplatz. 900.000 Deutsche haben in einem Jahr einen Unfall an ihrem Arbeitsplatz. 400.000 Menschen vergiften sich jährlich in Deutschland, zum Beispiel an dem Verzehr eines giftigen Pilzes. Nicht wenige Menschen haben Angst vor dem Fliegen. Zu Recht? Das Risiko, im Straßenverkehr tödlich verletzt zu werden, ist für Motorradfahrer am größten. In Deutschland sterben je 100.000 Motorradfahrer jährlich 20 Menschen. Vom

Himmel zu fallen, liegt bei 1:10 Millionen. In Deutschland sterben Jahr für Jahr ungefähr 200 Menschen durch einen Stromschlag, zum Beispiel, weil ein elektrisches Gerät defekt ist. Feuerwerkskörper explodieren leider manchmal zu nahe an Personen. Dadurch verletzen sich europaweit jährlich etwa 45.000 Menschen. Mehr als 210.000 Menschen sind allein in diesem Jahr durch die Folgen eines Erdbebens ums Leben gekommen. 600 Menschen sterben hierzulande pro Jahr bei einem Wohnungsbrand.

Wir sollten, gerade in dieser Zeit der wirtschaftlichen Depression, unsere Blicke auf unsere Nachbarschaft wenden, um erkennen zu können, ob Hilfe benötigt wird. Es entstehen viele neue Selbsthilfegruppen, die sich den veränderten Lebenssituationen der Menschen annehmen.

Vom hohen Ross herabsteigen, die Hand zur Hilfe reichen und Verständnis zeigen für die Probleme anderer.

Während vor allem in Entwicklungs- und Dritte-Welt-Ländern nicht genug Nahrung für alle Menschen vorhanden ist, steigt der Anteil der Fettleibigen in den westlichen Industrieländern immer weiter an. Armut und Konflikte haben zur Folge, dass weltweit rund eine Milliarde Menschen Hunger leiden. Doch auch eine wachsende Konjunktur macht die Teller der Menschen nicht voll, wie das Beispiel Indien zeigt.

In 29 Ländern weltweit herrscht Hungersnot. Besonders dramatisch ist die Lage im Kongo, in Burundi, Eritrea und im Tschad. Das Forschungsinstitut IFPRI wertete zum Welternährungstag am 16. Oktober Daten aus 122 Ländern aus. Verglichen wurden der Anteil unterernährter Menschen, die Zahl der untergewichtigen Kinder und die Kindersterblichkeit. Im vom Bürgerkrieg geplagten Kongo sind dem Welthungerindex zufolge drei Viertel der Bevölkerung unterernährt. Die Kindersterblichkeit ist dort eine der höchsten weltweit. In der Studie heißt es, der seit Ende der 90er-Jahre anhaltende Bürgerkrieg habe zu einem Zusammenbruch der Wirtschaft, massiven Vertreibungen von Menschen und chronischer Nahrungsmittelunsicherheit geführt. Mit Ausnahme von Haiti und dem Jemen liegen alle Länder, in denen die Hungersnot als *»alarmierend«* eingestuft wird, in Afrika. Die Mangelernährung bei Kindern unter zwei Jahren stellt laut der Welthungerhilfe eine der größten Herausforderungen im Kampf gegen den Hunger dar. Sie habe lebenslange Auswirkungen auf Gesundheit und Leistungsfähigkeit der Betroffenen. Nicht nur in Ländern, die als die Armenhäuser dieser Welt gelten, leiden Menschen.

Indiens Wirtschaft wächst jährlich um neun Prozent, das Land ist einer der größten Nahrungsmittelproduzenten weltweit. Dennoch sind die Inder nicht ausreichend versorgt. Laut der Studie sind 42 Prozent der weltweit hungernden Kinder auf dem Subkontinent beheimatet. Damit steht Indien in 84 Ländern umfassenden *»Global Hunger Index 2010 «* auf Platz 67, zwei Ränge niedriger als im vergangenen Jahr. Wir müssen uns die Frage stellen, wem das Wirtschaftswachstum nützt, wollen wir ein Indien aufbauen, in dem die Städte glänzen, in dem aber große Bevölkerungsteile unter extremem Mangel leiden, ja sogar verhungern? Es müsse sich etwas ändern. Unser Wirtschaftswachstum basiert auf einem Modell, von dem nur wenige profitieren, so die Aussage eines Politikers. Doch um die Nahrungsmittelverteilung und die Ernährung zu verbessern, müssten die für Landwirtschaft, Gesundheitsversorgung, Bildung und Frauen zuständigen Behörden stärker zusammenarbeiten. Doch Voraussetzung dafür ist Bescheidenheit. Sie müssen hier etwas nehmen, dort etwas geben und aufhören, Ressourcen zu verschwenden.

Diese neue Armut in der Welt hatten die Vereinten Nationen als Verpflichtung eines Beginnes gesetzt, die Armut der Länder mit dem sogenannten *Millenniumziel,* der Verbesserung der Lebensbedingungen grundlegend, bis zum Jahr 2015 zu bekämpfen. Eine weltweite Entwicklungspartnerschaft zwischen den Staaten der Nord- und der Südhalbkugel aufzubauen, ist das Ziel.

Die Millennium-Entwicklungsziele sind eine Initiative der UN.

Die *Millennium-Entwicklungsziele* sind acht Entwicklungsziele, genannt die *Millennium Development Goals*. Für das Jahr 2015, die im Jahr 2000 von einer Arbeitsgruppe aus Vertretern der UN, der Weltbank und der OECD und mehreren Nichtregierungsorganisationen formuliert worden sind. Diese wurden im Rahmen des sogenannten Millennium Gipfels von den Vereinten Nationen verabschiedet. Als *Millennium-Gipfel*, genannt Millennium-Assembly, wird die 55. Generalversammlung der Vereinten Nationen bezeichnet, die vom 6. bis 8. September 2000 in New York stattfand. Auf der bis dato größten Zusammenkunft von Staats- und Regierungschefs einigten sich die Teilnehmer auf einen Maßnahmenkatalog mit konkreten Ziel- und Zeitvorgaben und dem übergeordneten Ziel, *die Armut in der Welt bis zum Jahr 2015 zu halbieren*, den Millennium-Entwicklungszielen. Dabei listete eine politische Bestandsaufnahme der Vereinten Nationen folgende Fakten auf:

Zu dem Zeitpunkt lebten über eine Milliarde Menschen in extremer Armut, das heißt, jeder fünfte Mensch hat weniger als den Gegenwert eines US-Dollars Kaufkraft pro Tag für seinen Lebens-unterhalt zur Verfügung.
Mehr als 700 Millionen Menschen hungern und sind unterernährt.

Mehr als 115 Millionen Kinder im Volksschulalter haben keine Möglichkeit zur Bildung, d. h., sie können weder lesen noch schreiben.

Über einer Milliarde Menschen ist der Zugang zu sauberem Trinkwasser verwehrt, mehr als zwei Milliarden haben keine Möglichkeit, sanitäre Anlagen zu nutzen. Diese Menschen haben kaum Chancen, sich an gesellschaftlichen, ökonomischen und politischen Prozessen zu beteiligen.

Am 8. September 2000 verabschiedeten 189 Mitgliedstaaten der Vereinten Nationen mit der *Millenniumserklärung* einen Katalog grundsätzlicher, verpflichtender Zielsetzungen für alle UN-Mitgliedstaaten. Armutsbekämpfung, Friedenserhaltung und Umweltschutz wurden als die wichtigsten Ziele der internationalen Gemeinschaft bestätigt. Das Hauptaugenmerk lag hierbei auf dem Kampf gegen die extreme Armut. Armut wurde nicht mehr nur allein als

Einkommensarmut verstanden, *sondern umfassender als Mangel an Chancen und Möglichkeiten.* Reiche wie auch arme Länder ver^- pflichteten sich, die Armut drastisch zu reduzieren und Ziel, wie die Achtung der menschlichen Würde, Gleichberechtigung, Demokratie, ökologische Nachhaltigkeit und Frieden zu verwirklichen. Im Vergleich zu früheren Entwicklungsdekaden sind die Ziele umfassender, konkreter und mehrheitlich mit eindeutigem Zeithorizont versehen. Außerdem ist zu erwähnen, dass sich nie zuvor neben Regierungen auch Unternehmen, internationale Organisationen, aber auch die Zivilgesellschaft so einstimmig zu einem Ziel bekannt haben und sich einig sind, dass der Ausbreitung der Armut Einhalt geboten werden muss.

Oberstes Ziel war die globale Zukunftssicherung, für die vier programmatische Handlungsfelder festgelegt wurden:

Frieden, Sicherheit und Abrüstung
Entwicklung und Armutsbekämpfung
Schutz der gemeinsamen Umwelt
Menschenrechte, Demokratie und gute Regierungsführung

Zwischen 1990 und 2015 den Anteil der Menschen halbieren, die weniger als den Gegenwert eines US-Dollars pro Tag zum Leben haben. Zwischen 1990 und 2015 den Anteil der Menschen halbieren, die Hunger leiden. Vollbeschäftigung in ehrbarer Arbeit für alle erreichen, auch für Frauen und Jugendliche. Primärschulbildung für alle. Bis zum Jahr 2015 sicherstellen, dass Kinder in der ganzen Welt, Mädchen wie Jungen, eine Primärschulbildung vollständig abschließen können.

Gleichstellung der Geschlechter/Stärkung der Rolle der Frauen. Das Geschlechtergefälle in der Primar- und Sekundarschulbildung beseitigen, möglichst bis 2005 und auf allen Bildungsebenen bis spätestens 2015.

Senkung der Kindersterblichkeit

Zwischen 1990 und 2015 Senkung der Kindersterblichkeit von Unter-fünf-Jährigen um zwei Drittel (von 10,6 Prozent auf 3,5 Prozent).

Verbesserung der Gesundheit der Mütter.

Zwischen 1990 und 2015 Senkung der Sterblichkeitsrate von Müttern um drei Viertel.

Bis 2015 allgemeinen Zugang zu reproduktiver Gesundheit erreichen.

Bekämpfung von HIV/AIDS, Malaria und anderen schweren Krankheiten.

Bis 2015 die Ausbreitung von HIV/AIDS zum Stillstand bringen und eine Trendumkehr bewirken.

Bis 2010 weltweiten Zugang zu medizinischer Versorgung für alle HIV/AIDS-Infizierten erreichen, die diese benötigen.

Bis 2015 die Ausbreitung von Malaria und anderen schweren Krankheiten zum Stillstand bringen und eine Trendumkehr bewirken.

Die Grundsätze der nachhaltigen Entwicklung in der Politik und den Programmen der einzelnen Staaten verankern und die Vernichtung von Umweltressourcen eindämmen.

Den Verlust der Biodiversität verringern, bis 2010 eine signifikante Drosselung der Verlustrate erreichen.

Bis 2015 Halbierung des Anteils der Menschen ohne dauerhaft gesicherten Zugang zu hygienisch einwandfreiem Trinkwasser (von 65 Prozent auf 32 Prozent).

Bis 2020 eine deutliche Verbesserung der Lebensbedingungen von mindestens 100 Millionen Slumbewohnern/rinnen bewirken.

Aufbau einer globalen Partnerschaft für Entwicklung.

Weitere Fortschritte bei der Entwicklung eines offenen, regelgestützten, berechenbaren und nicht diskriminierenden Handels- und Finanzsystems. Dies umfasst die Verpflichtung zu verantwortungsbewusster Regierungsführung, zu Entwicklung und zur Senkung der Armut, sowohl auf nationaler als auch auf internationaler Ebene.

Berücksichtigung der besonderen Bedürfnisse der am wenigsten entwickelten Länder. Das beinhaltet den Abbau von Handels-hemmnissen, Schuldenerleichterung und -erlass, besondere finanzielle Unterstützung der aktiv um Armutsminderung bemühten Länder.

Den besonderen Bedürfnissen der Binnen- und kleinen Insel Entwicklungsländern Rechnung tragen.

Umfassende Anstrengungen auf nationaler und internationaler Ebene zur Lösung der Schuldenprobleme der Entwicklungsländer.

In Zusammenarbeit mit den Entwicklungsländern Strategien zur

Schaffung menschenwürdiger und sinnvoller Arbeitsplätze für junge Menschen erarbeiten und umsetzen.

In Zusammenarbeit mit den Pharmaunternehmen Zugang zu unentbehrlichen Arzneimitteln zu erschwinglichen Preisen in Entwicklungsländern gewährleisten.

In Zusammenarbeit mit dem privaten Sektor dafür sorgen, dass die Vorteile neuer Technologien, insbesondere von Informations- und Kommunikationstechnologien, von Entwicklungsländern genutzt werden können. Um die Erreichung dieser Ziele messbar zu machen, legten die Verfasserinnen und Verfasser der Erklärung 20 Unterpunkte und 60 Indikatoren sowie 1990 als Basis- und 2015 als Zieljahr fest. Es ist also möglich, die Erreichung der Ziele zu beobachten und einzufordern. Die dafür nötige Evaluierung bringt für die einzelnen Ziele unterschiedliche Herausforderungen mit sich. Die Ziele nehmen die Entwicklungsländer in die Pflicht. Sie müssen ihre finanziellen Mittel für die Armen einsetzen, die Korruption bekämpfen, Gleichberechtigung und demokratische Prozesse fördern. Man verpflichtet die Industrieländer dazu, ihre wirtschaftliche Machtstellung für eine Gleichberechtigung aller Länder zu gebrauchen. Das bedeutet, mehr Geld für eine qualitativ bessere Entwicklungshilfe, wirksamer Schuldenerlass, die Unterstützung von Regierungen, die die Armut bekämpfen. Und es erfordert den Abbau von Handelshemnissen.

Nun haben wir von den vielen Zielen der Millenniumsgoals gehört. Was ist nun aber bis jetzt wirklich aus diesen Vorgaben geworden? Wie so oft ist die Wirklichkeit weit entfernt von dem Tatsächlichen. Zum Auftakt der 65. UN-Generalversammlung fand vom 20. bis 22. September 2010 in New York ein Millenniumsgipfel statt, in dem eine Zwischenbilanz zur Umsetzung der Entwicklungsziele zehn Jahre nach ihrer Verabschiedung gezogen werden soll.

Rund 140 Staats- und Regierungschefs nehmen an dem auch als *»Weltarmutskonferenz«* bezeichneten Treffen teil.

UN-Generalsekretär Ban Ki-moon mahnte zum Auftakt des Gipfels einen verstärkten Einsatz in der Bekämpfung der weltweiten Armut an. Es gäbe spürbare Fortschritte bei der Umsetzung der Entwicklungsziele, die allerdings in vielen Ländern immer noch brüchig seien. In einem gemeinsamen Bericht der Vereinten Nationen und der OECD wurden vorab beachtliche Fortschritte in den Bereichen

Regierungsführung, Frieden und Sicherheit, Grundschulbildung und Reduzierung der extremen Armut festgestellt. Vor allem die Sicherung des Zugangs zu Trinkwasser und sanitären Anlagen sowie die Bekämpfung der Kindersterblichkeit stellten aber noch große Herausforderungen für die Weltgemeinschaft dar. Kritiker bemängeln insbesondere an dem 1. Hauptziel (Anteil der Menschen mit weniger als einem Dollar Tageseinkommen verringern), dass eine solche Monetarisierung das Armutsproblem zwar ökonomisch fassbar mache. Es dränge gleichzeitig die Subsistenzwirtschaft aus dem Blick, die in den genannten Ländern weit verbreitet ist und oft überhaupt das Überleben bzw. ein menschenwür fehlendiges Leben erst ermögliche.

Daneben werden vor allem die folgenden Punkte kritisiert:

Es würden konkrete Beschäftigungsziele, politische Beteiligungsrechte oder institutionelle Reformen der Entwicklungspartnerschaft fehlen.

Die Ziele seien überambitioniert und unrealistisch.

Einige Ziele benachteiligten Afrika relativ gesehen. Beispielsweise sei eine Halbierung der Armut in Ländern mit weniger Armen relativ einfach. Eine universelle Hochschulbildung sei dagegen schwieriger, je weiter man von diesem Ziel entfernt ist. So könnten Fortschritte, die Afrika erreicht, verdeckt werden, da sie gemessen an den MDG nicht gut genug abschneiden.

Durch die Millenniumserklärung würden Ziele von den Industriestaaten den Entwicklungsländern vorgeschrieben. Den Entwicklungsländern würde das Recht genommen, die Ziele zu setzen, die sie für richtig halten.

Die Gleichstellung der Geschlechter könne in einigen Ländern wegen religiöser Einflüsse nicht verwirklicht werden.

Die Hilfe könne indirekt zur Stärkung von traditionellen Eliten beitragen, die kein Interesse daran haben, Voraussetzungen für die weitere Entwicklung zu schaffen.

Die Tatsache, dass noch immer knapp eine Milliarde Menschen hungern, steht als einzige Kritik im Raum. Der Gastgeber, UNGeneralsekretär Ban Ki Moon, der gegen seinen Ruf als schwacher Nachfolger von Kofi Annan ankämpfen muss, will das Treffen aber nicht als Harmonie-Gipfel verstanden wissen. Kurz vor der Ankunft der Delegationen stellte er neue Zusagen der Geberländer in Aussicht. Es war von mehr 26 Milliarden Dollar für 2011 die Rede und von 42 Milliarden Dollar bis 2015. Gleichzeitig will Ban einen Fonds zum stärkeren Kampf gegen Müttersterblichkeit initiieren. Von all den acht Millenniumszielen sind hier die schwersten Versäumnisse zu verbuchen. Doch wenn heute die Delegationen in New York zusammenkommen, geht es auch um nationale und geostrategische Interessen. Traten Indien, China oder Brasilien vor zehn Jahren nur als Nehmerländer auf, so sind sie heute auch in die Rolle der Geber geschlüpft. Vor allem China spielt, dank seiner Infrastruktur-Hilfe in rohstoffreichen Ländern, eine gewichtigere Rolle. Experten erwarten deshalb einen selbstbewussten Auftritt dieser Nationen, der im Falle Indiens und Brasiliens auch mit dem Anspruch auf einen permanenten Sitz im Sicherheitsrat gekoppelt ist. Angela Merkel reist nach New York mit dem Anspruch, einen Wechsel in der Entwicklungspolitik begreiflich zu machen. Geld nur für erbrachte Leistungen und gleichzeitig die deutschen Interessen an einem Platz im Sicherheitsrat zu bekräftigen. US-Präsident Barack Obama will der Welt erneut beweisen, dass sich die amerikanische Außenpolitik seit der Bushära verändert hat. Obama will das multilaterale Interesse der USA demonstrieren und gleichzeitig eine neue Führungsrolle in der Entwicklungspolitik vorgeben. Die USA arbeiten bereits an einer Agenda für die Zeit nach 2015. Das wird nach Meinung von Experten auch notwendig sein. Die wenigsten glauben, dass in den kommenden fünf Jahren gelingt, was in den vergangenen Jahren misslang.

Die Armut in der Welt zu halbieren.

Nach einer Studie aus Südafrika belasten Hunger und seine Folgen die Volkswirtschaften in den ärmsten Ländern jedes Jahr mit 450 Milliarden Dollar. Ihren Berechnungen zufolge wird es kaum einem Entwicklungsland gelingen, das Millenniumsziel zu erreichen, insbesondere gilt das für die afrikanischen Länder Lesotho, Burundi, Sierra Leone und die Demokratische Republik Kongo. Rund eine Milliarde Menschen leiden an Hunger. Experten gehen davon aus, dass bis zum Jahr 2030 weltweit etwa 50 Prozent mehr Nahrungsmittel benötigt werden als heute, um die Menschheit satt zu bekommen.

Was kann der Einzelne tun, um die Nahrungsmittelkrise zu entschärfen?

Angesichts dieser Zahlen ist es kaum vorstellbar, dass der Einzelne an diesem Problem etwas ändern kann. Natürlich ist hier die Politik gefordert. Doch um seinen Teil dazu beizutragen, die Krise zu entschärfen, muss man sich noch nicht einmal politisch engagieren. Man kann es mit seinem täglichen Konsum tun. Zum Beispiel indem man Fleisch weniger als Grundnahrungsmittel sieht und den eigenen Fleischkonsum einschränkt.

Auch seinen Energiekonsum könnte der Verbraucher drosseln. Indem er, statt mit dem Auto zu fahren, zu Fuß geht, das Fahrrad nimmt oder Fair gehandelte Produkte. Einige sehen sogar eine große Chance in der Krise, und zwar sobald die Kleinbauern in den Entwicklungsländern gefördert werden. Auch das kann hierzulande jeder tun. Wir alle haben schon von fair gehandelten Produkten gehört. *»Transfair«* ist ein Siegel, das mittlerweile überall zu finden ist. Auch im Supermarkt kann man heute fair gehandelten Kaffee kaufen, genauso wie *»faire«* Schokolade, Bananen, Wein oder Orangensaft. Diese *»Transfair-Waren«* führen dazu, dass die Kleinbauern in den Entwicklungsländern faire Preise für ihre Produkte bekommen und so auch wirklich von ihrer Ernte profitieren.

Das Welternährungsprogramm WFP der Vereinten Nationen (UNO) ist die größte humanitäre Organisation der Welt. Jährlich erreicht seine Nahrungsmittelhilfe rund 90 Millionen hungernde Menschen, darunter 58 Millionen Kinder in den ärmsten Ländern der Welt. Doch das ist lange nicht genug. Die Zahl der Hungernden oder von Hunger bedrohten Menschen ist in jüngster Zeit auf etwa eine Milliarde gestiegen. Von der südlichen Sahara über den Mittleren Osten bis hin nach Lateinamerika und Asien sind die

Mitarbeiter des WFP im Einsatz. Oft sind es Katastrophen, die den schnellen Einsatz der WFP-Teams erfordern.

Dürreperioden, Kriege, Seuchen oder Naturkatastrophen wie Überschwemmungen lassen diese Menschen permanent hungern. Durch die explodierenden Nahrungsmittelpreise wurde zusätzliche Hilfe nötig, die Krise weitete sich auf Regionen aus, die bisher nicht von Hunger bedroht waren. Und dem WFP fehlte noch im September 2008 rund ein Drittel des benötigten Budgets, um helfen zu können. Die Nahrungsmittel müssen schnell und oft unter schwierigsten Bedingungen an die betreffenden Orte gebracht werden, um sie dort an bedürftige Menschen zu verteilen. Neben dieser Katastrophenhilfe sind Schulspeisungsprogramme ein wichtiger Bestandteil der WFP, *denn mit der Schulspeisung steigt die Zahl der Kinder, die zur Schule geschickt werden, deutlich an.* Auch ich kam in den schlechten Jahren, in meinen ersten Schuljahren in den Genuss der Schulspeisung. Jeden Morgen wurde in der großen Pause ein halber Liter Milch an die Kinder ausgegeben.

Für die WFP-Programme werden im Jahr Zehntausende von Tonnen Getreide benötigt. Um das Budget so sinnvoll wie möglich zu nutzen, will die Organisation Kleinbauern in den Entwicklungsländern unterstützen. Deswegen arbeiten sie jetzt massiv mit ihnen zusammen. In wenigen Jahren wollen sie von 400.000 Kleinbauern die Nahrungsmittel direkt kaufen.Diese werden dann vor Ort Schulkindern, Armen und Hungernden zur Verfügung gestellt, um eine Entwicklung von unten zu fördern. In Uganda oder in Mosambik ist das Welternährungsprogramm bereits Kunde bei den Kleinbauern. Das hat den positiven Effekt, dass die Bauern schon im Voraus sichere Abnehmer für ihre Produkte haben. Diese Garantie soll sie so selbstständig machen, dass sie investieren können, die Infrastruktur ausbauen und eigene Überschüsse am lokalen Markt anbieten können. So könnte in Zukunft die Ernährung in dieser Region gesichert und die Menschen von uns unabhängiger werden.

Denn die Hauptaufgabe ist es ja eigentlich, das WFP überflüssig zu machen!

Um den Hunger bis 2015 zu halbieren, müssen jetzt konsequent seine Ursachen bekämpft werden, forderte auch Oxfam. Dass es überhaupt zu dem Rückgang gekommen sei, sei nur zwei guten Ernten zu verdanken, nicht aber politischen Eingriffen oder mehr Investitionen in nachhaltige Landwirtschaft. Weitere Ursachen sieht man in unfairen Handelsregelungen, den Folgen des Klimawandels und der Spekulation mit Nahrungsmitteln und Land. Oxfam fordert von der Bundesregierung einen nationalen Aktionsplan zur Einhaltung der Millenniumsziele. Dazu gehöre die Erhöhung der Entwicklungshilfe auf 0,7 Prozent des Bruttoinlandsproduktes.

Doch nicht nur Hunger behindert die Entwicklung der Armen.

Weltweit haben drei bis vier Milliarden Menschen keinen oder nur ungenügenden Zugang zu elektrischer Energie. *»Energiearmut«* ist in vielen Ländern eine Barriere bei der wirtschaftlichen Entwicklung. Die Energiewirtschaft sieht sich in der Pflicht, ihre Anstrengungen zur Beseitigung der Energiearmut zu verstärken. Gefordert sind auch die Regierungen Afrikas und internationale Finanzinstitutionen.

Der ganze afrikanische Kontinent hat heute die gleiche installierte Energiekapazität wie Spanien. Dies ist eine mächtige Bremse für unsere ökonomischen Aussichten.

Die Zahlen belegen eine drastische Ungleichverteilung. Von den 6,5 Milliarden Menschen auf der Welt haben nur 2,8 Milliarden einen gesicherten Zugang zu Energie. 3,6 Milliarden haben eingeschränkte Energieversorgung, 1,5 Milliarden sind völlig davon abgeschnitten. In der Sub-Sahara verfügt nur jeder fünfte über Elektrizität, 800 Millionen Menschen haben dort keine Stromversorgung. Dagegen werden im südlichen Asien die Hälfte und in Lateinamerika vier Fünftel der Bevölkerung mit Strom versorgt.

Man könne nicht länger die brutale Statistik missachten, dass jährlich 1,5 Millionen Menschen wegen der Folgen von Energiearmut sterben, sagte ein Industrievertreter und forderte eine Selbstverpflichtung aller Beteiligten, bis 2050 alle Menschen mit Energie zu versorgen.

Keine Energie zu haben bedeute, dass es kein Licht für die Schulen gibt und Unterricht auf die Zeit mit Tageslicht begrenzt ist.

90 Prozent der Dörfer in Afrika haben keinen Strom. Sie haben keine Elektrizität, kein Gas zum Kochen, keine motorgetriebene Ausrüstung. Brennstoff ist Holz. Die Menschen müssen weite Wege gehen, um Holz zu sammeln.Viele Kinder gehen nicht in die Schule, weil sie helfen müssen, vor allem Mädchen, die in die Hausarbeit einbezogen werden. Das Verbrennen von Holz in Häusern verursacht wegen starker Rauchentwicklung Augen-, Lungen- und Hautkrankheiten. Energiearmut ist eng verknüpft mit klassischen Symptomen von Armut: schlechter Gesundheitszustand, mangelhafte Wasserversorgung und Abwasserbeseitigung, unzureichende Ausbildung. Eingeschränkt sind auch die Erwerbsmöglichkeiten, weil die Menschen zur Herstellung von Gütern keine Maschinen einsetzen können. Haben sie Licht, dann können sie einen kleinen Kiosk betreiben und ihre Waren anbieten.

Wenn das Licht kommt, kommt auch die Möglichkeit Einkommen zu schaffen.

Aber selbst dort, wo es Elektrizität gibt, ist sie oft so teuer, dass die Menschen sie sich nicht leisten können. In Afrika ist elektrische Energie drei- bis viermal teurer als auf anderen Kontinenten. Zuverlässig ist die Stromversorgung dann auch nicht. 40 der 52 Staaten Afrikas leiden unter ständigen Engpässen und Stromausfällen. Energiemangel blockiert jährlich etwa ein Prozent des Wachstums des Bruttoinlandsprodukts Afrikas, obwohl der Kontinent ausreichend Energieressourcen hat. Allein das Potenzial an Wasserkraft könnte den größten Teil des Bedarfs decken, hinzu kommen Wind- und Solarenergie. Rohstoffe wie Öl, Kohle und Uran werden überwiegend von ausländischen Firmen gefördert, die sie aber exportieren.

Die Afrikanische Entwicklungsbank hat von 1967 bis 2008 bereits 4,5 Milliarden US-Dollar für Energieversorgungs-Projekte bereitgestellt. Nach Berechnungen der Bank müssten in Afrika in den nächsten 20 Jahren jährlich 53 Milliarden US-Dollar in Transport, Telekommunikation, Wasser- und Energieversorgung investiert werden, davon etwa die Hälfte im Energiebereich. Gegenwärtig aber fließen jährlich nur etwa zehn Milliarden Dollar, meist staatliche Investitionen, in die Energieversorgung. Der Privatsektor investiert nicht mal eine Milliarde Dollar. Man hofft, dass der Privatsektor das Wachstumspotenzial erkennt. Einige Staaten weisen einen Zuwachs von zehn Prozent auf. Doch ist aber auch ein starker politischer Wille der Regierungen Afrikas erforderlich.

Viel hören wir zurzeit von grüner Energie, alle sprechen von erneuerbarer Energie. Doch zurzeit sind die aufzubringenden Kosten noch vergleichsweise hoch. Deshalb dürfen die Kosten für die Energiewende nicht allein den Verbrauchern aufgebürdet werden. Bisher sind die Armen die finanziellen Verlierer der Energiewende. Vieles spricht für die erneuerbaren Energien. Sie lösen Investitionen aus und schaffen Jobs, Brennstoffimporte werden vermieden. Der Klimawandel kann ohne sie langfristig nicht verhindert werden. So gut wie nichts spricht für den Fotovoltaik-boom der vergangenen zwei Jahre. Er ist enorm teuer; vermutlich liegen allein die Zahlungsverpflichtungen für die im Jahr 2010 neu gebauten Anlagen bei über 20 Milliarden Euro. Die erzeugten Strommengen sind mit insgesamt rund zwei Prozent des deutschen Bedarfs minimal, maximal dafür die Kosten pro eingesparter Tonne Kohlendioxid. Die Industriearbeitsplätze zur Herstellung der vielen Module verlagern sich immer stärker nach China. Selbst die Solar-Installateure hierzulande erleben nur eine Scheinblüte und müssen sich wohl bald nach neuen Jobs umschauen. Werden weiter ungezügelt Solaranlagen errichtet, wird das Netz bei starkem Sonnenschein bis zum Kollaps überlastet. Eine sinnvolle Verwertung des so gewonnenen Stroms steht infrage. Wächst die deutsche Solarstrom-Blase weiter, wird sie unvermeidlich in spätestens einigen Jahren platzen.

Das Erneuerbare-Energien-Gesetz (EEG) zeigt seine hässliche Seite: Die Stromkunden müssen für wenig Nutzen mit stark gestiegenen Kosten leben, und zwar 20 Jahre lang, bis die Förderung der Anlagen ausläuft. Mit gut vier Cent pro Kilowattstunde inklusive Mehrwertsteuer (für 17 Prozent des Stroms) ist die EEG-Umlage fast so hoch wie der Strompreis, zu dem die Lieferanten an der Börse den Rest einkaufen können. Der Großteil geht an die

Betreiber von Solarstromanlagen. Angesichts der enormen Transferdimensionen (13 Milliarden Euro im Jahr 2011) stellt sich auch die Gerechtigkeitsfrage. Sozialverbände, Verbraucherschützer und Mieterbund beklagen enorme Belastungen für die Haushalte. Gut 60,-- Euro Öko-Strom-Umlage pro Jahr kommen 2011 zu den bislang gezahlten 90,-- Euro hinzu. Viel Geld für einen durchschnittlichen Haushalt, erst recht für Ärmere.

Und das ist erst der Anfang. Beim Umbau des Energiesystems entstehen viele weitere Kosten, die auf die Verbraucher abgewälzt werden sollen. Wenn die Windanlagen auf hoher See in Betrieb gehen, steht der Nächste, wenn auch nicht ganz so große, Kostensprung bevor. Dazu kommen die Kosten für den Ausbau des Leitungssystems, zu bezahlen über die Netzentgelte von den Verbrauchern. Und von fern dräut die sogenannte Kapazitäts-prämie. Sie muss in einigen Jahren einen finanziellen Anreiz setzen, damit überhaupt neue flexible Gaskraftwerke gebaut werden, die Schwankungen von Wind- und Sonnenenergie zur Not auffangen können.

Doch diese Überbrückungskraftwerke werden zu selten laufen, um sich über den Stromverkauf finanzieren zu können. Das alles ist zwar teuer, aber ohne Alternative; das Verharren im fossilen Zeitalter wäre unbezahlbar. Zwei Dinge müssen sich allerdings ändern, auch, um die Akzeptanz in der Bevölkerung zu bewahren. Erstens muss allen, auch der Öko-Energie-Branche klar sein: Die Zeit der Experimente ist vorbei. Die Kosten sind zu gewaltig, als dass es noch akzeptabel wäre, nicht in der Masse auf die effizientesten Energieformen zu setzen, die am besten ins System passen. Windkraft an Land, flexibel eingesetzte Biomasse und erneuerbare Wärme-Energie bleiben erste Wahl. Vielleicht kann die Fotovoltaik später wieder eine wichtige Rolle spielen, wenn sie günstiger ist. Die soziale Sprengkraft muss herausgenommen werden aus der Energiewende. Die Kosten dürfen nicht allein den Verbrauchern aufgebürdet werden. Ärmere Haushalte geben überproportional viel für Energie aus, haben aber kaum Möglichkeiten, mit effizienten Geräten und durch Wärmedämmung zu sparen. Geld für Solar-technik, mit der sie vom EEG profitieren oder sich selbst versorgen könnten, haben sie schon gar nicht.

Arme sind finanzielle Verlierer der Energiewende, einer sehr bourgeoisen Revolution.

Ein erster Schritt wäre schon, die EEG-Zahlung von der Mehrwertsteuer zu befreien; derzeit kassiert der Staatshaushalt mit jedem Kostenanstieg extra. Langfristig reicht das nicht. Die Energiewende ist eine gesamtstaatliche Aufgabe erster Güte, die schon deshalb stärker über Steuern finanziert werden muss, weil dann die Reicheren mehr zahlen als die Armen.

Um Gezeter aus der Öko-Strom-Branche vorzubeugen. Das Instrument des EEG, das Investoren viel Sicherheit verschafft, muss nicht unbedingt aufgegeben werden. Es könnte zum Beispiel einen staatlichen Grundzuschuss geben, um die Belastung der Verbraucher beim Systemwechsel zu dämpfen.

Möglichkeiten gibt es viele. Es ist an der Zeit, sich Gedanken zu machen.

Dreizehntes Kapitel

Zum Abschluss möchte ich auf die Einkaufspraktiken global agierender Unternehmen wie H&M, El Corte Inglés, Wal-Mart oder auch großer Sportartikelfirmen wie Puma, Nike und Adidas eingehen. Sie sind eine der Hauptursachen für die oft ausbeuterischen Arbeitsbedingungen am unteren Ende der Lieferkette. Die Einkaufsteams der Unternehmen üben Druck auf die Zulieferer in Entwicklungsländern aus und verlangen immer billigere und schnellere *»Just-in-time«*-Lieferungen. Die Zulieferer wälzen dann den Druck auf die Arbeiter in ihren Betrieben ab. Dies führt zu Überstunden, Hungerlöhnen und unsicheren Arbeitsverhältnissen. Oxfam fordert daher die Unternehmen auf, ihre Einkaufspolitiken zu ändern. Ebenso wichtig ist, dass die Politik gesetzlich regelt, dass Unternehmen für die Einhaltung menschenwürdiger Arbeitsbedingungen in ihrer Lieferkette sorgen müssen. Heutzutage stammen die Waren in Supermärkten und Bekleidungsgeschäften aus Fabriken und Farmen auf der ganzen Welt.

Doch anstatt, dass sich die Arbeiter aus der Armut befreien, werden sie systematisch um ihren gerechten Anteil an den Früchten der Globalisierung betrogen.

Üblicherweise auf der Basis von *Kurzzeitarbeitsverträgen* beschäftigt *oder ganz ohne Arbeitsvertrag* arbeiten die meisten Frauen unter großem Zeitdruck für Hungerlöhne unter oft gesundheitsschädlichen Bedingungen. Oft sind sie gezwungen, viele Überstunden einzulegen, um mit ihrem Lohn auszukommen.

Die meisten der Arbeiterinnen aber bekommen weder Mutterschutz noch Lohnfortzahlung im Krankheitsfall. Die wenigsten treten in eine Gewerkschaft ein. Eine der Hauptursachen für die unsicheren Beschäftigungsverhältnisse ist das neue Unternehmenskonzept: Durch *internationale Fusionen und aggressive Preispolitiken* hat sich die Marktmacht in der Hand einiger weniger Einzelhandelsunternehmen konzentriert. Unternehmen in der Größenordnung von Wal-Mart (Umsatz im US-amerikanischen Finanzjahr 2009 **401 Milliarden US-Dollar**) oder Metro (Umsatz im Jahr 2008 68 Milliarden Euro) haben eine enorme Machtposition, durch die sie ihre Kosten und Geschäftsrisiken auf ihre Lieferanten verlagern können. Und diesen Druck verlagern die Lieferanten dann auf ihre Beschäftigten.

- Seit der *»Play Fair Kampagne bei Olympia«* im Jahr 2004 fordert man von Unternehmen, dass sie ihre Einkaufspraktiken ändern und so ihren Lieferanten ermöglichen, menschenwürdige Arbeitsbedingungen durchzusetzen. Man ist aber auch der Auffassung, dass gesetzliche Reglungen eingeführt werden müssen, die vorsehen, dass Unternehmen bei sich und in ihrer Lieferkette menschenwürdige Arbeitsbedingungen durchsetzen.

- Insbesondere sollte die Politik Publizitätspflichten einführen, nach denen Unternehmen offenlegen müssen, wo und unter welchen sozialen und ökologischen Bedingungen sie produzieren.

- Es sollten Haftungsregeln eingeführt werden, nach denen Unternehmen für die von ihnen zu verantwortende Missachtung der Menschen- und Arbeitsrechte durch ihre Zulieferer haften.

Die großen Supermarktketten expandieren, ihr Einfluss wächst. Die sechs größten Lebensmitteleinzelhändler Edeka, Rewe, Lidl, Aldi, Metro und Tengelmann verfügen heute bereits über einen Anteil von *ca. 90 Prozent* am inländischen Marktvolumen. Nur wer kontinuierlich große Warenmengen in vorgegebener Qualität und zu niedrigen Preisen liefern kann, ist im Geschäft. Lieferanten und Erzeuger werden von den Supermarktketten im Preis gedrückt, unfaire Konditionen in die Verträge diktiert. Kleinbäuerinnen und -bauern und Arbeitskräfte am unteren Ende der Lieferkette haben das Nachsehen.

So versucht man, sich für menschenwürdige Arbeits- und faire Einkaufsbedingungen in der Lieferkette von Supermarktketten einzusetzen. In Deutschland und in der EU wird der Einzelhandel zunehmend dominiert von einer immer kleiner werdenden Anzahl von Supermarkt-Ketten. Die Versorgung der Verbraucher mit Lebensmitteln, ob von Landwirten oder anderen Zulieferern wird immer mehr von Supermärkten kontrolliert.

Sie *diktieren ihren Zulieferern die Produktions-, Preis- und Liefer-bedingungen* und werden so zum »*Gatekeeper*« im Lebensmittel-handel. Die Zulieferer, die oft abhängig von einigen wenigen Super-märkten sind, geben den Preisdruck an ihre Arbeiter weiter. Akkordarbeit, längere Arbeitszeiten, schlechtere Arbeitsbedin-gungen und eine unsichere Arbeitssituation sind die Folge.

Seit Mitte der 1990er Jahre breiten sich Supermarktketten auch rasant in Entwicklungsländern aus. Ihr Einfluss nimmt zu. Vorange-trieben wird dieser Prozess unter anderem durch die *Liberalisierung der Investitionsregeln in den Entwicklungsländern.*
Letztere verlieren damit die Möglichkeit, den Markteintritt und die Ausbreitung der Supermarktketten zu regulieren. Kleine Händler und Zulieferer werden so zunehmend ausgebootet.

Deshalb fordert man nun:

Dass Investitionsregeln in Handelsabkommen nicht liberalisiert werden. Arme Länder müssen die Möglichkeit haben, den Markt-eintritt und die Ausbreitung der Super-Marktketten im eigenen Land zu regulieren,

dass die Einkaufsmacht der Supermärkte beschränkt wird und Konsument, Arbeiter und Produzent vor den negativen Auswir-kungen geschützt werden, dass Supermärkte ihre Einkaufspolitiken ändern und faire Preise und Lieferbedingungen einführen,

dass Regierungen in Nord und Süd, internationale Organisationen, wie die Internationale Arbeitsorganisation und die Weltbank sowie Verbraucher dafür sorgen, dass menschenwürdige Arbeitsbedin-gungen in den Zulieferketten der Supermärkte durchgesetzt werden.

Herausforderungen, vor denen Entwicklungsländer stehen, sind groß. Die Regierungen armer wie reicher Länder stehen hier in der Verantwortung:

Zum einen gilt es, faire Handelsregeln zu etablieren. Um die Armut zu bekämpfen, ist es darüber hinaus wichtig, dass arme Länder ihre Regierungsstrukturen verbessern sowie nachhaltige Armutsbekämpfungs-Strategien entwickeln und umsetzen. Reiche Länder müssen diese Strategien unterstützen, in Form höherer Entwicklungshilfe und einer wirksameren Zusammenarbeit. Nur so kann es gelingen, in armen Ländern tragfähige Gesundheits- und Bildungssysteme zu schaffen und damit die Voraussetzungen für Entwicklung zu verbessern.

Dass jeder Mensch ein Recht auf Bildung hat,. wurde bereits in der Allgemeinen Erklärung der Menschenrechte von 1948 festgehalten. Aber Bildung ist nicht nur ein Recht, das auch Menschen in armen Ländern zusteht, sondern zugleich ein wichtiger Motor für Entwicklung. Dennoch wird vielen Millionen Menschen dieses Recht vorenthalten. Oft sind die Bildungssysteme in armen Ländern unzureichend, es fehlen Schulen, ausgebildetes Lehrpersonal und Unterrichtsmaterialien. Bildungschancen sind ungleich verteilt: Geschlecht, Einkommen, Herkunft, Sprache, ethnisch-kulturelle Zugehörigkeit, Behinderung oder Wohnort spielen oft eine entscheidende Rolle. Die reichen Länder stehen in der Pflicht, die armen Länder beim Ausbau der Bildungssysteme zu unterstützen und mehr und wirksame Hilfe zu leisten.

Im Frühjahr 2005 haben über 100 Vertreter von Geber- und Partnerländern die *»Paris-Declaration on Aid Effectiveness«* unterzeichnet und damit einen Prozess zur Reform der Entwicklungszusammenarbeit vorangebracht. Ziel, der Paris-Deklaration ist es, die internationale Entwicklungszusammenarbeit durch eine stärkere Eigenverantwortlichkeit der Partnerländer und eine Harmonisierung der Geberpraktiken wirksamer zu gestalten.

Die Paris-Deklaration formuliert fünf Kernziele:

Die Eigenverantwortung der Empfängerländer im Entwicklungsprozess erhöhen (Ownership)

Die Entwicklungszusammenarbeit mehr an den Zielen, Strategien, Strukturen und Prozessen der Empfängerländer orientieren (Alignment)

Eine bessere Abstimmung und Arbeitsteilung unter den Gebern erreichen (Harmonisierung)

Konkrete Ergebnisse sicherstellen (Managing for Results)

Gegenseitige Rechenschaftspflicht von Geber- und Empfängerregierungen stärken und die Verwendung der Gelder transparenter machen. Entwicklungshilfe ist unbedingt erforderlich, um durch sinnvollen Einsatz etwa im Gesundheits- und Bildungswesen extremer Armut entgegenzuwirken.

Im Rahmen der sogenannten Parisdeklaration haben im Jahr 2005 Vertreter von Geber- und Empfängerländern konkrete Schritte zu einer effektiveren Gestaltung der Entwicklungskooperation vereinbart. Im September 2008 trafen sich die Regierungen erneut, diesmal in Accra, um die Umsetzung der Ziele zu überprüfen. Die Bilanz wies Licht und Schatten auf. Erste Erfolge sind erkennbar; die Bundesregierung hat beispielsweise viel dafür getan, um zu einer verbesserten internationalen Arbeitsteilung beizutragen.

Dennoch muss das Fortschrittstempo deutlich erhöht werden. Damit die Regierungen armer Länder tatsächlich mehr Eigenverantwortung übernehmen und langfristig planen können, müssen die Mittelflüsse *vorhersehbarer* werden. Noch immer werden zu viele Mittel über einen relativ kurzen Zeitraum von ein oder zwei Jahren vergeben, oder es kommt zu stockenden Auszahlungen. Dies erschwert die Umsetzung nationaler Strategien, beispielsweise zum Aufbau der Gesundheits- und Bildungssysteme. Die verstärkte Anwendung von Budgethilfe, d.h. die direkte finanzielle Unterstützung der Haushalte armer Länder, spielt hierbei eine Schlüsselrolle.

Die Entwicklungszusammenarbeit muss *transparenter* werden. In vielen Fällen ist die Vergabe und Verwendung von Hilfsmitteln ein Prozess, der sich vor allem auf Regierungsebene zwischen dem Empfängerland und dem jeweiligen Geberland abspielt. Bürger und Parlamentarier in Empfängerländern sind darin meist nicht oder zu wenig einbezogen. Sie müssen jedoch die Möglichkeit erhalten, ihre Meinung einzubringen, an den Entscheidungsprozessen teilzuhaben und die Verwendung der Mittel zu kontrollieren. Dazu bedarf es einer *umfassenden Information*. Dies hilft auch, Korruption zu bekämpfen. Alles was wir hier lesen, vermisse ich aufs Stärkste in meinem selbst gewählten Südseeparadies. Korruption und Missachtung der bestehenden Gesetze sind an der Tagesordnung. Über Entscheidungen wird nur hinter vorgehaltener Hand und nicht öffentlich gesprochen, die Regierung lässt bisher jegliche Transparenz vermissen.

Die 1994 gegründete Welthandelsorganisation (WTO) regelt auch den Agrarhandel. Das Agrarabkommen legt fest, unter welchen Bedingungen die Länder bzw. ihre Konzerne Lebensmittel exportieren dürfen. Arme Länder sind dabei im Nachteil. Sie können ihre kleinbäuerliche Landwirtschaft kaum vor den subventionierten Billigimporten der reichen Länder schützen. Kleinbauern sind den zunehmenden Schwankungen der Weltmarktpreise schutzlos ausgeliefert. Seit Ende 2001 wird die Reform dieses Agrarabkommens verhandelt.

So setzt man sich für ein faires Agrarabkommen ein, das Dumping beendet und den armen Ländern ausreichend Schutzmöglichkeiten zur Sicherung der Ernährung und der kleinbäuerlichen Lebensmittelproduktion einräumt.

Bei der in Doha gestarteten Welthandelsrunde sollten dieses Mal die Anliegen der armen Länder im Mittelpunkt der Verhandlungen stehen, so das die Versprechen der reichen Länder umgesetzt werden können.

Schnell war Ernüchterung eingetreten.

Die *Doha-Entwicklungsrunde* entpuppte sich als Marktöffnungsrunde für die Großkonzerne in den reichen Ländern. Das Ziel, die Öffnung der Märkte für die Industriebranche, Lebensmittelkonzerne, Versicherungsanbieter und Finanzdienstleister. Wenn es um die Interessen der deutschen Wirtschaft geht, sind auch alle Entwicklungsversprechen der Bundesregierung schnell vergessen. In der Welthandelsrunde ist es das erklärte Ziel der Bundesregierung, die Zölle zugunsten der deutschen Exportwirtschaft zu senken.

Welche Ergebnisse diese Versammlungen für die armen Länder bringen, ist hinreichend bekannt und so bleibt nur auf eine bessere Zeit zu warten.

Wir alle wissen aber, dass zum Warten keine Zeit mehr ist.

Wir können es täglich hören, lesen es in den Zeitungen, wir nehmen es mit moralischer Entrüstung auf, doch die Tatsache der weltweiten *Korruption* besteht. Viele sehen es als ganz normale Sache an.

Doch die vielfältigen Schäden, die Korruption weltweit verursacht, machen die Notwendigkeit von Korruptionsprävention deutlich. Durch die Konfrontation mit organisierter Korruption ist es mir ein inneres Anliegen, auf diese Tatbestände in unserem täglichen Ablauf einzugehen.

Durch Korruption beeinflusste Entscheidungen werden nicht-entsprechend betriebswirtschaftlicher Rationalität, sondern durch persönliche Interessen beeinflusst getroffen. Damit werden oft nicht die nach Preis und Leistung geeignetsten Produkte und Dienstleistungen beschafft. Überhöhte und instabile Preise durch die Einpreisung von Bestechungsgeldern, die Überdimensionierung beschaffter Güter und möglicherweise durch mindere Qualität verursachte Folgeschäden, wie z. B. Reparaturfälle und Gesundheitsschäden von Mitarbeitern, sorgen für überhöhte Kosten für solche Produkte und Dienstleistungen.

Diese höheren Kosten verringern die Investitions- und Wachstumsmöglichkeiten der Unternehmen bzw. belasten die öffentlichen

Haushalte. Das Unternehmen des Bestechenden entzieht sich durch die Bestechung dem Innovationsdruck des Wettbewerbs und verringert so langfristig seine Wettbewerbsfähigkeit. Gleichzeitig steigen langfristig die Kosten des Unternehmens, da es zukünftigen Bestechungsforderungen kaum ausweichen kann. Geldstrafen, Schadenersatzforderungen, Anwalts- und Gerichtskosten bei Aufdeckung verursachen weitere beträchtliche Kosten. Das Unternehmen riskiert bei Bekanntwerden der Bestechung wirtschaftliche Folgeschäden, indem es z. B. von zukünftigen Vergabeverfahren ausgeschlossen wird und seine Attraktivität als Arbeitgeber verliert. Eine durch korrupte Handlungen geprägte Unternehmenskultur kann zu Illoyalität und mangelnder Motivation der Mitarbeiter führen.

Korrupte Handlungen stellen ein Tauschgeschäft dar, bei dem oberflächlich betrachtet beide beteiligte Seiten einen Vorteil erlangen. Mit ihrer heimlichen Geschäftsbeziehung setzen sich die Täter aber über geltende Regelwerke, Gesetze und über die wirtschaftliche Rationalität hinweg. Korruption schädigt damit immer, da betroffene Dritte dafür zahlen und auch die Täter selbst beträchtliche Risiken tragen. Bestochene und Bestechende schädigen ihre Unternehmen, deren Wettbewerber und Kunden, ihre Behörden, Staaten und deren Bevölkerung und schließlich auch sich selbst.

Nicht zuletzt erleiden alle an korrupten Handlungen Beteiligten bei ihrer Aufdeckung einen beträchtlichen Vertrauensverlust bei den Kunden, Anteilseignern, Investoren, Geschäftspartnern und in der Öffentlichkeit. Da Korruption den Wettbewerb auf der Grundlage von Preis und Leistung außer Kraft setzt, schädigt die dadurch auftretende Wettbewerbsverzerrung die integeren Wettbewerber, verringert deren Markterfolg und kann zu Arbeitsplatzverlusten führen.

Deshalb ist Korruption eine weltweit verfolgte Straftat. Ihre Aufdeckung zerstört die Unbescholtenheit und Autorität der Täter, oft auch deren wirtschaftliche Existenz. Sind die Täter genötigt zu bestechen, weil beispielsweise *staatliche Dienstleistungen sonst nicht zu erlangen sind, dann sind sie wegen dieser erzwungenen Zahlungen gleichzeitig Opfer der Korruption.*

Auch wenn korrupte Handlungen nicht aufgedeckt werden, sind Täter in ihren zukünftigen Entscheidungen eingeschränkt. Bestechende können zu weiteren Zahlungen gezwungen werden, Bestochene sind erpressbar. Als Dritte werden immer Konsumenten und Bürger geschädigt, da die durch Korruption erhöhten Kosten von Unternehmen und Behörden deren Preise und Gebühren verteuern. Als Nutzer von Produkten minderer Qualität sind sie der Gefahr von Gesundheitsschäden ausgesetzt.

Eine betroffene Volkswirtschaft erreicht nicht das mögliche Wohlstandsniveau, wenn ihr Marktmechanismus durch korrupte Akteure gestört wird. Bestechungsforderungen öffentlicher Entscheidungsträger erhöhen die Kosten für potenzielle Investoren und senken damit die Investitionen.

Niedrigere Steuerzahlungen und weniger Arbeitsplätze sind die Folge. Mangelnde Transparenz bei den Entscheidungen öffentlicher Entscheidungsträger bewirkt eine allgemeine Rechtsunsicherheit. Bei Bürgern und Unternehmen sinkt so ebenfalls die Rechtstreue und die Alltagsmoral.

Die von ihrem *Eigeninteresse* geleiteten und damit an ihren *eigentlichen Aufgaben desinteressierten korrupten Amtsträger* bieten nur mangelhafte staatliche Dienstleistungen an. Sie sind außerdem angreifbar und befinden sich in einer unsicheren Position, die sie verleitet, im Eigeninteresse vor allem kurzfristig zu agieren und die Interessen ihrer Institution, ihres Staates, seiner Bürger und der Umwelt nicht angemessen zu berücksichtigen. Zur Abwehr möglicher rechtlicher Folgen greifen sie im schlimmsten Fall nicht nur zu Begleitkriminalität wie Geldwäsche und Steuerhinterziehung, sondern bei entsprechender politischer Macht auch zur Einschränkung der Rechtsstaatlichkeit, zu Anwendung staatlicher Gewalt und zu Verletzungen der Menschenrechte. Die damit ausgelöste wirtschaftliche und gesellschaftliche Ungleichheit gefährdet den sozialen Frieden und führt langfristig zum Verfall der Demokratie.

Korruption ruiniert Vertrauen, Charaktere, Karrieren, Gesundheit, wirtschaftliche und natürliche Ressourcen, Rechtssicherheit, Wohlstand und Freiheit. Am Ende trifft Korruption immer Menschen, sie ruiniert ihre Lebensqualität und Zukunft!

Nachlassende Beteiligung an Wahlen und sinkende Mitgliederzahlen in den Parteien sind ein Alarmzeichen für unsere Demokratie. Meinungsumfragen zeigen, dass die Mehrheit der Deutschen die Bekämpfung der Korruption gerade aber in der Politik am wichtigsten findet.

Es geht nicht darum, Politiker anzuprangern und der verbreiteten Politikerverdrossenheit Vorschub zu leisten. In aller Welt sind aber die katastrophalen Folgen für ein Gemeinwesen bekannt, wenn die Politiker das Vertrauen der Bürger verloren haben.

Die Interessenabhängigkeiten zwischen Politikern und Wirtschaft sind in Deutschland nicht hinreichend transparent und daher anfällig für Korruption. Deshalb geht es besonders um eine spürbare Verbesserung der Transparenz.

Ziele sollten sein:

das Vertrauen der Bevölkerung in die Politiker und in die Politik zu stärken, die große Mehrzahl der Politiker, die sich ehrenhaft verhalten, schützen und die Motivation von Menschen stärken, sich in der Politik zu engagieren.

Gerade in meinem Lebensumfeld in Tonga hat die Korruption großen Einfluss im täglichen Leben. Die beschriebenen Folgen treten hier augenscheinlich zutage. Die Politiker unterliegen dem Zwang der Bestechung und Vorteilnahme. Mit Geld kann alles geregelt werden.

Immer noch denken viele Regierungen der Welt in dieser Dimension. Bei dem letzten G-20-Treffen wurde klar, die Welt wird vom Geld regiert. Mit großen Luftblasen versehene Abschlusserklärungen zeigen die eigentliche Machtlosigkeit unserer Führungselite.

Der Gipfel in Seoul ist vorbei, und alle sind zufrieden. Doch gebracht hat das Megatreffen wenig. Das hat schon Tradition. Ein Rückblick auf die Geschichte der G-20 zeigt:

Wolkige Beschlüsse fassen die Wirtschaftsmächte gerne, konkrete Folgen haben die Tagungen kaum.

Die deutsche Bundeskanzlerin sagte das, was man so sagt nach einem Gipfeltreffen: »Der Gemeinschaftsgeist hat gesiegt«. Und: »Wir haben ausführlich darüber gesprochen, wie wir ein nachhaltiges, ausbalanciertes, beständiges Wachstum schaffen können«. Der Polit-Sprech der Kanzlerin überdeckt, dass die zentralen Ergebnisse des G-20-Gipfels in Seoul nicht sonderlich überraschend sind. Die Verabschiedung schärferer Regeln für Banken stand im Grunde schon vor dem Gipfel fest. Auch war klar, dass US-Präsident Barack Obama sich kaum damit durchsetzen würde, die Exportüberschüsse von Deutschland, China und Japan zu beschränken.

Die G-20 sind die 20 wichtigsten Wirtschaftsmächte der Welt. Seit 1999 treffen sich die Vertreter aus 19 Industrie- und Schwellenländern sowie der europäischen Union. 15 Gipfel gab es seitdem, das Ziel ist es stets, gemeinsame Vorstellungen in der Finanz- Wirtschafts- und Entwicklungspolitik zu formulieren. Doch bereits bei der Gründung der G-20 warnten Experten vor übertriebenen Erwartungen. Je größer eine Runde sei, desto mehr unterschiedliche, oft gegensätzliche Interessen träfen aufeinander und desto weniger konkret fielen die Ergebnisse zwangsläufig aus.

Dass die Kritiker grundsätzlich recht behalten haben, beweist ein Rückblick auf die wichtigsten Gipfel der vergangenen elf Jahre. Fast immer dominieren dieselben Themen. Von Beginn an standen die Währungsmanipulationen Chinas und der USA auf der Agenda. Auch über die Ungleichgewichte bei den Handelsbilanzen debattieren die G-20-Teilnehmer seit jeher. Über Allgemeinplätze und floskelhafte Absichtserklärungen kamen sie allerdings selten hinaus. Auf dem Höhepunkt der Finanzkrise hat sich die Handlungsfähigkeit der Runde gezeigt.

Neben staatlichen Konjunkturprogrammen brachten die G-20-Länder auch eine Reform der Finanzaufsicht in Gang.

Beim Streit über den Welthandel zeigen sich die Grenzen der G-20 wohl so deutlich wie bei keinem anderen Thema. Seit Jahren üben die USA Druck auf Länder mit positiven Handelsbilanzen aus, also vor allem Deutschland, Japan und China. Und so drängten US-Präsident Barack Obama und sein Finanzminister Timothy Geithner auch in diesem Jahr auf Höchstgrenzen bei Export- beziehungsweise Importüberschüssen. Die Export-Länder sollten ihre Binnennachfrage ankurbeln, um weniger stark auf Kosten der Import-Länder zu leben. Dass die Amerikaner damit auch beim Gipfel in Seoul keine Aussicht auf Erfolg haben konnten, zeigt bereits die Geschichte der G-20. Stets konnten sich die Gipfel- teilnehmer, zunächst die Finanzminister, seit 2008 sind es die Regierungschefs, allenfalls auf Minikompromisse und allgemeine Ankündigungen einigen. Feste Verabredungen, wie die Differenzen im Welthandel ausgeglichen werden könnten, gab es nicht. Auch die Behinderung eines freien Handels durch Protektionismus wurde lediglich kritisiert, wie etwa in Melbourne 2006.

Konsequenzen daraus folgten aber nicht. Im Gegenteil.

Die Nationalstaaten bauen immer mehr Handelsbarrieren auf und behindern damit den freien Warenverkehr. Gerade erst drohten die USA mit neuen Einfuhrzöllen auf chinesische Waren. Dabei hatten sich die G-20-Staaten schon beim Gipfel in Peking allgemein verpflichtet, alle Arten von Agrarsubventionen abzuschaffen und Entwicklungshilfe zu erhöhen, damit Entwicklungsländer von Chancen des zunehmenden Welthandels profitieren können.

Geschehen ist seitdem wenig. Zu stark wehrten sich etwa die Franz- osen gegen ein Ende der EU-Hilfe. Die Landwirtschaft des wirt- schaftlich zweitstärksten EU-Landes ist wesentlich von den Sub- ventionen aus Brüssel abhängig.

Beim Streitpunkt Welthandel bringen die G20 nur politische Formelkompromisse zustande. Zu unterschiedlich sind die Interessen, zu festgefahren die Lager. Wenn es nicht noch andere Themen gäbe, könnte man die Gipfel als überflüssige Veranstaltung betrachten.

Viel heiße Luft, doch keine Resultate.

Der Streit in dieser Frage hatte sich vor dem Gipfel besonders zugespitzt. Welche Währungen sind unterbewertet und wie groß ist dadurch der Wettbewerbsvorteil im Welthandel?

So aktuell die Debatte erscheint, die G-20-Teilnehmer streiten immer wieder darüber. So stand etwa beim Treffen in Berlin 2004 der rasche Wertverlust des Dollars im Fokus. Die US-Währung hatte in dem Jahr gegenüber dem Euro mehr als 20 Prozent an Wert verloren. Auch die Taktik der Chinesen, ihre Währung künstlich niedrig zu halten, um den Export zu stärken, wurde bereits 2004 kritisiert. Der Abschlussbericht enthielt den, vor allem auf die Volksrepublik bezogenen Hinweis, man erwarte von den asiatischen Schwellenländern Maßnahmen für eine größere Wechselkursstabilität.

Daran hat sich jedoch seitdem nichts geändert. Vor allem der chinesische Yuan gilt als chronisch unterbewertet, trotz leichter Aufwertungen in den vergangenen Wochen halten Experten ihn gegenüber dem Dollar für mindestens 20 Prozent zu billig.
Aber auch die USA haben vor dem Gipfel für Unmut gesorgt. Mit der Entscheidung der Notenbank Fed, 600 Milliarden Dollar in die Märkte zu pumpen, sorgten die Amerikaner für Unruhe. Kritiker werfen ihnen vor, damit den Dollar künstlich abzuwerten und eine neue Spekulationsblase auszulösen.
Die Interessen vor allem der USA und Chinas sind beim Währungsstreit zu gegensätzlich, als dass die G-20-Runde hier zu einem praktikablen Ergebnis kommen könnte. Die Amerikaner lassen sich in ihre expansive Geldpolitik ebenso wenig reinreden, wie die Chinesen sich von der Koppelung des Yuan an den Dollar abbringen lassen. Die nationalen Interessen lassen einfach keinen gemeinsamen Nenner zu.
Die Bankenregulierung ist nicht erst seit Ausbruch der Finanzkrise wichtig. Sie war für die G-20 sogar konstituierend. Seit dem Gründungsgipfel 1999 in Berlin steht eine neue Finanzarchitektur auf der Agenda. Die Märkte sollten transparenter, die Bildung von Spekulationsblasen verhindert und damit die Gefahr von Finanzkrisen gemildert werden. Dass dabei in den ersten acht Jahren keine Fortschritte gemacht wurden, zeigte sich mit der Eskalation der Finanzkrise nach der Pleite von Lehman Brothers im September

2008. Noch beim Gipfel in Kapstadt 2007 hatte US-Finanzminister Hank Paulson versucht, seine Kollegen davon zu überzeugen, dass die US-Wirtschaft die Krise auf dem Immobiliensektor locker überwinden könne. Es kam bekanntlich anders. Nach der Lehman-Pleite stand die Finanzregulierung dann im Mittelpunkt aller G-20-Treffen. Und tatsächlich konnten die Regierungschefs sich auf eine schärfere Kontrolle einigen. Seitdem gibt es ein Krisenfrühwarnsystem des Internationalen Währungsfonds, Ratingagenturen und Hedgefonds werden registriert und stärker überwacht. Auch das Boni-System, mit dem Banken ihre Händler zu besonders risikoreichen Geschäften bewegen, wird inzwischen von den Aufsichtsbehörden kontrolliert. Im Einzelfall können die Institute gezwungen werden, es zu ändern.

Doch obwohl sich seit Lehman einiges getan hat, gehen die Beschlüsse längst nicht weit genug. Kritiker bemängeln, dass die Banken trotz schärferer Eigenkapitalvorschriften, nach wie vor zu wenig eigenes Geld einsetzen müssen. Sprich, in Krisen immer noch anfällig sind und das gesamte System gefährden. Auch eine immer wieder geforderte Finanztransaktionssteuer fand auf G-20Ebene bislang keine Berücksichtigung.

Was vor der Lehman-Pleite versäumt wurde, haben die G-20 danach zumindest teilweise wettgemacht. Bei aller berechtigten Kritik haben sich die Regierungschefs auf wichtige Maßnahmen zur Verhinderung künftiger Krisen einigen können. Die Gefahr ist allerdings, dass das Thema nicht weiterverfolgt wird, weil der Druck abgenommen hat. Wesentliches Ziel der G-20 ist seit ihrem Bestehen der Ausbau der Entwicklungshilfe. So heißt es etwa im Abschlussdokument des Gipfels in Neu-Delhi 2002,

das Ziel seien Verbesserungen in den Lebensbedingungen und der Reduzierung der Armut auf der Welt.

Deshalb haben sich die Industrieländer verpflichtet, ihre Entwicklungshilfe bis 2015 auf 0,7 Prozent des Bruttoinlandsprodukts zu steigern. Laut Kritikern ist selbst dies viel zu wenig, um die Armut wirklich zu bekämpfen. Peinlich ist allerdings, dass selbst die Umsetzung des 0,7-Prozent-Ziels bislang nicht einmal annähernd erreicht wird. Deutschland etwa gab 2009 für Entwicklungshilfe 8,83 Milliarden Euro aus. Das entspricht gerade einmal 0,35 Prozent der Wirtschaftsleistung. Auch im laufenden Jahr werden es laut OECD nur 0,4 Prozent sein, obwohl nach dem Versprechen auf internationaler Bühne schon jetzt mindestens 0,51 Prozent fällig wären.

Das Thema Entwicklungshilfe zeigt wie kein zweites, wie sehr Anspruch und Wirklichkeit auseinanderklaffen. Das Nicht-Einhalten der ohnehin dürftigen Verpflichtungen wirft einen Schatten auf die G-20 und alle beteiligten Regierungen. Das Desaster der Klimakonferenz in Kopenhagen 2009 war eigentlich absehbar, denn alle Versuche der wichtigsten Industrie- und Schwellenländer, sich auf ein gemeinsames Vorgehen beim Klimaschutz zu einigen, scheiterten bereits bei den vorange-gangenen G-20-Gipfeln. Die Europäer wollten verbindliche CO_2- Reduktionsziele beschließen. Doch vor allem die USA und China waren nicht bereit, sich darauf festnageln zu lassen. So fielen die Formulierungen im Abschlussdokument von Pittsburgh 2009 hinter bereits bestehende Beschlüsse zurück. Ein Mitglied der deutschen Delegation gab offen zu, dass die Passage zum Klimaschutz so verwässert sei, dass man sie auch weglassen könnte. China weigerte sich sogar, in dieser Runde überhaupt über CO_2- Reduktion zu sprechen. Das Argument, diese Diskussion gehöre auf die Ebene der Vereinten Nationen. In Seoul spielte die Klimadebatte schon gar keine Rolle mehr. Allenfalls am Rande debattierten die Delegierten darüber.

Die G-20-Statements zum Klimaschutz sind kaum der Rede wert. Hier zeigt sich ganz offen, dass die Interessen der europäischen Staaten nicht mit jenen der USA übereinstimmen, geschweige denn mit denen Chinas.

Vierzehntes Kapitel

Ich hatte schon von den angekündigten Sparmaßnahmen der britischen Regierung berichtet. Nun ist die Zeit der Abstimmung im britischen Unterhaus. Das britische Unterhaus hat die Erhöhung der Studiengebühren auf bis zu 9.000 Pfund im Jahr beschlossen, jetzt bricht sich die Wut der Gegner bahn. In London kommt es zu Krawallen, eine Gruppe von Randalierern griff sogar ein Auto mit Prinz Charles und Camilla an.

Krawalle, Übergriffe, eine Attacke auf Englands Kronprinzen, es sind dramatische Bilder, die in diesen Stunden aus London um die Welt gehen. Die Wut gegen die Erhöhung der Studiengebühren bricht sich Bahn. Protestierende Studenten haben in London das Finanzministerium angegriffen, sie versuchten, die Scheiben des Gebäudes einzuschlagen. Eine andere Gruppe attackierte ein Auto, in dem Prinz Charles und seine Frau Camilla saßen. Sie warfen mit Farbe und traten gegen die Limousine, als diese gerade durch die Regent Street im Einkaufsviertel fuhr. Die hintere linke Fensterscheibe des Wagens splitterte. Der Chauffeur des Thronfolgers raste weg. Ihre Königlichen Hoheiten blieben unversehrt. Als Charles und Camilla bei ihrem Abendtermin eintrafen, einer Show im London Palladium, merkte man ihnen nichts an.

Einige Studenten versuchten vergeblich, den Weihnachtsbaum am Trafalgar Square in Brand zu stecken. Auch vor dem Parlament kam es zu schweren Zusammenstößen zwischen Demonstranten und der Polizei. Kleine Gruppen von Studenten warfen Leuchtbomben, Billardkugeln und Farbbomben auf die Beamten und rissen Absperrungen nieder. Nach Angaben der Polizei wurden 13 Demonstranten und sechs Beamte verletzt. Sieben Personen wurden festgenommen.

Schon während das britische Unterhaus die Erhöhung der Studiengebühren beschloss, durchbrachen Studenten draußen die Polizeikette und besetzten den Platz vor dem Parlament. Aus einem Feuer wehte dichter schwarzer Rauch über die Straßen von Westminster,

Reiterstaffeln der Polizei hielten die Protestierer in Schach. Die Parlamentarier ließen sich jedoch nicht beirren und segneten die Hochschulreform der liberalkonservativen Regierung mit einer Mehrheit von 21 Stimmen ab. Nach fünfstündiger heftiger Debatte stimmten 323 Abgeordnete dafür und 302 dagegen. Damit verweigerten über 60 Abgeordnete aus den Regierungsfraktionen dem Premierminister David Cameron die Gefolgschaft.

Ab September 2012 können die englischen Universitäten nun Studiengebühren von bis zu 9.000 Pfund im Jahr, statt der bisherigen 3000 Pfund pro Jahr verlangen. Die Gebühren werden nicht während des Studiums fällig, sondern erst hinterher, wenn Absolventen ein Jahreseinkommen von mindestens 21.000 Pfund haben. Dies gilt für alle EU-Bürger, die in England auf Bachelor studieren. Die Provinzen Schottland, Wales und Nordirland sind nicht betroffen.

Es ist ein radikal neues Modell der Hochschulfinanzierung: Die Regierung kürzt die öffentlichen Zuschüsse für die Lehre um 80 Prozent, und die Studenten sollen das entstehende Loch in den Uni-Budgets füllen. Die Erhöhung der Studiengebühren sei ein zentrales Element der Politik, die hohe Qualität der Universitäten langfristig zu erhalten. Hochschulen sollen künftig zu 60 Prozent privat und zu 40 Prozent staatlich finanziert werden.

Die Abstimmung war der bislang größte Härtetest für die Koalition. Noch schwieriger als der Sparhaushalt im Oktober. Dutzende Liberaldemokraten stimmten gegen den Gesetzesvorschlag des eigenen Ministers. Zwei liberaldemokratische und ein konservatives Regierungsmitglied traten zurück. Es war die erste Rebellion auf den Regierungsbänken seit dem Beginn der Koalition im Mai.

Vor allem die Liberalen taten sich mit der Reform schwer. Sie hatten im Wahlkampf persönliche Schwüre geleistet, die Studiengebühren nicht zu erhöhen. Dennoch brachen nun die meisten ihr Wort, um die Koalition nicht zu spalten. Parteichef und Vizepremier Nick Clegg hatte viel Überzeugungsarbeit leisten müssen und dabei fast sein gesamtes politisches Kapital aufgebraucht. An den Hochschulen im ganzen Land ist der 43-jährige Umfaller zur

Hassfigur geworden. *»Nick Clegg, Schande über dich«*, riefen die Demonstranten in London. Wieder waren Zehntausende auf den Straßen der britischen Städte unterwegs und warnten vor dem Ausverkauf der Bildung. Die Proteste blieben friedlich, nur vereinzelt kam es zu Zusammenstößen mit der Polizei.

Die Labour-Opposition verdammte die Reform in Bausch und Bogen, dabei hatte Tony Blair einst die Studiengebühren eingeführt. Dieser Tag bedeute das Ende der staatlichen Finanzierung für die meisten Uni-Abschlüsse. Künftig entscheide nur noch der Markt, was gelehrt werde. Die Aussicht auf riesige Schulden werde obendrein Kinder aus ärmeren Familien vom Studieren abhalten. Tories und Liberaldemokraten hielten dagegen, dass Studenten erst dann zahlen müssten, wenn sie einen Job gefunden hätten. Auch hoben sie hervor, dass künftig auch Teilzeit-Studenten in den Genuss von staatlichen Studienkrediten kämen. Diese mussten bislang ihre Gebühren im Voraus zahlen. Das Argument, hohe Gebühren schreckten vom Studieren ab, konterten Regierungsvertreter mit der Statistik: Seit der Einführung von Studiengebühren vor zehn Jahren seien die Studentenzahlen um 44 Prozent gestiegen.

Die Polizei hatte die Houses of Parliament am Tag der Entscheidung rundum verbarrikadiert, mehrere Hundert Beamte schützten die Abgeordneten. Sie wollten verhindern, dass die Studenten den Sitz des Unterhauses stürmen würden, wie vor einigen Wochen die Parteizentrale der regierenden Konservativen. So weit kam es nicht, aber die Demonstranten schafften es, ein großes rotes *»No«* auf die Wiese vor dem Parlament zu malen, deutlich sichtbar für die Fernsehkameras in den Hubschraubern. Dann entzündeten sie das große Feuer und schickten Rauchwolken über Big Ben.

Das Abstimmungsergebnis nahmen die offiziellen Studentenvertreter mit Enttäuschung auf. Gleichwohl hatten sie nichts anderes erwartet. Sie wollen nicht aufgeben, sondern kündigten weitere Demonstrationen an. Man erinnerte daran, dass Gesetze in der Vergangenheit auch schon zurückgenommen wurden, wenn der Protest zu groß war, so wie in Frankreich 1968. Wird die Ungerechtigkeit der Abstimmung vielleicht eine größere Krise auslösen?

Zu Beginn meines Buches konnte der Leser über die Problematik der Chinesen im Südpazifik lesen.

Die Ausbreitung der Festlandchinesen in Afrika ist nun auch dort zu einem Problem geworden. Am Ende nun möchte ich auf Chinas Rolle in Afrika aufmerksam machen.

Argwöhnisch beobachten, eigentlich viel zu spät, endlich US-Diplomaten Chinas Vormarsch in Afrika. Mit viel Geld und rauen Methoden sichert sich die zweite Weltmacht Rohstoffe und politischen Einfluss, ohne Rücksicht auf Arbeiter und die Natur.

Ein junger Arbeiter hatte genug von den Arbeitsbedingungen in den unsicheren Kohlenstollen. Immer wieder Unfälle, all die gebrochenen Zusagen, der Ärger mit den Aufsehern und schließlich die versprochene Lohnerhöhung, die es dann doch nie gab.

Mitte Oktober traf er sich mit anderen Kohlekumpeln vor der Zeche Collum im Süden von Sambia. Bald waren sie zu Hunderten, sie demonstrierten gegen ihre Bosse, diese sind Chinesen. Denn seit 2003 gehört das Bergwerk einer chinesischen Firma.

Plötzlich aber fielen Schüsse. Chinesische Aufseher feuerten wild in die Menge. Er und zehn weitere Grubenarbeiter blieben verletzt liegen. Ein Aufschrei ging durch Sambia. Selbst Präsident Rupiah Banda, ein Freund chinesischer Investitionen, verurteilte die Gewalttat. Der zuständige Minister für die Südprovinz sagte: *»Sambische Arbeiter werden dort wie Tiere behandelt. Niemand hat einen Arbeitsvertrag und sie erhalten Sklavenlöhne «.*

Es war nicht der erste Ärger mit den Chinesen. Immer wieder war die gefährliche Mine geschlossen worden. 2006 verwehrten rüde chinesische Vorarbeiter einer zuständigen Ministerin schlicht den Zutritt. Und Waffen sollte man Chinesen in Sambia eher nicht geben: In einer Kupfermine schoss ein Vorarbeiter vor wenigen Monaten ebenfalls auf streikende Arbeiter. Die tansanische Zeitung *»Citizen«* verglich die Asiaten bereits mit *»Afrikas früheren Kolonialherren«.* So sehen sich die Chinesen mit Sicherheit in dem fremden Land. Sind sie doch die Besitzer der Minen und Fabriken.

Die Großmacht China engagiert sich so stark wie sonst niemand in Afrika. Staatspräsident Hu Jintao hat bereits 20 Länder dort bereist, auch der Premier und der Außenminister sind regelmäßig auf dem Kontinent unterwegs. Sino-afrikanische Treffen auf Ministerebene sind üblich und werden von den Afrikanern gern besucht, weil sie die Rückreise regelmäßig mit neuen Aufträgen in der Tasche antreten können. Allein im vergangenen Jahr haben chinesische Unternehmen 56,5 Milliarden Dollar in Afrika investiert. Hunderte von Verträgen haben chinesische Regierung und Privatunternehmen mit Afrikanern abgeschlossen. China hat milliardenschwere Kredite gegeben und Zigtausende Arbeiter nach Afrika geschickt; fast eine Million Chinesen leben jetzt dort. Sie haben Hunderte Krankenhäuser und Tausende Straßenkilometer gebaut, Regierungsgebäude, Bahnlinien, Fußballstadien. Ohne diese Hilfe läge Afrika weit hinter seinem heutigen Stand zurück. Die Wirtschaftsgroßmacht China braucht Afrika als Absatzmarkt. Vor allem aber braucht sie Afrika, um den eigenen Rohstoffbedarf zu decken.

Die Chinesen sind gierig auf alles. Auf Gold und Holz, Kupfer und Kohle, Öl und Coltan. Die amerikanischen Botschaften in Afrika beobachten genau, was die andere Weltmacht tut. Aus nahezu sämtlichen Ländern des Kontinents schicken sie präzise Aufstellungen nach Washington. In den Depeschen geht es nicht nur um steil ansteigende Handelskurven. Es geht auch um die wachsenden Ressentiments, die Afrikaner gegen Chinesen entwickeln. Und natürlich geht es bei alldem um die Macht auf dem Kontinent, um Sicherheitsinteressen und Einflusssphären. Und oft um Milliarden.

So staunten internationale Beobachter, als die kongolesische Regierung mit Peking Ende 2007 ein umfangreiches Abkommen über 9,2 Milliarden Dollar vereinbarte. Die Demokratische Republik Kongo sicherte Peking darin Schürfrechte zu, die China insgesamt zehn Millionen Tonnen Kupfer und 620.000 Tonnen Kobalt garantieren. Das sino-kongolesische Abkommen sorgte sofort für große Sorgen unter den multi- und bilateralen Gebern, die Folgen für die langfristige Schuldenentwicklung befürchteten. Der Kongo steht bei Weltbank und westlichen Gebern mit Milliarden

Dollar in der Kreide. Da hätte ein neuer Vertrag mit China Zins- und Tilgungsbemühungen erschwert. Im Jahr 2008 und in der ersten Hälfte 2009 legten weder China noch die kongolesische Regierung irgendeine Neigung an den Tag, das Abkommen zu überarbeiten, um die Schuldenrückzahlung sicherzustellen.

Schreiben aus Kinshasa gewähren seltene Einblicke in die internationale Finanz- und Entwicklungspolitik. Im Mai 2009 kam Dominique Strauss-Kahn, Direktor des Internationalen Währungsfonds, nach Kinshasa. Während der Besuch nach Außen die Folgen der internationalen Finanzkrise debattieren sollte, sollte er in Wahrheit die kongolesische Regierung ermuntern, politische Schritte zu unternehmen, das Abkommen neu zu verhandeln. Der westliche Druck zeigte schließlich Wirkung, Präsident Joseph Kabila lenkte ein. Das Abkommen wurde um ein Drittel abgespeckt.

Zu einer Reihe von Staaten reichen Pekings Beziehungen lange zurück. Kamerun etwa gilt seit 1971 als verbündeter, nicht zuletzt, weil die Regierung in Jaunde schon früh Pekings harten Kurs gegen Taiwan unterstützte. Im Gegenzug errichteten die Chinesen das Lagdo-Wasserkraftwerk, bauten Krankenhäuser und Straßen, sie schickten Ärzte und bildeten kamerunische Kadetten in China zu Offizieren aus.

Überaus engagiert sind die Chinesen auch in Angola. Als sich die westlichen Geber nach dem Ende des Bürgerkriegs 2002 erst einmal zurückhielten und Kredite mit harten Auflagen verknüpfen wollten, sprang Peking bereitwillig ein. Die chinesische Eximbank vergab einen Kredit über vier Milliarden Dollar, ein weiterer soll kurz danach aufgelegt worden sein. Mindestens eines der Darlehen ist an die Auflage gekoppelt, bei Großaufträgen chinesische Firmen zu verpflichten.

Die Chinesen bauten den Angolanern in Luanda, Benguela, Lubango und Cabinda vier neue Fußballstadien, in denen im Januar 2010 der Afrikacup ausgetragen wurde, sie erneuern die berühmte Benguela-Bahnlinie. Und sie wollen in der Hauptstadt Luanda einen neuen internationalen Flughafen errichten.

Die chinesischen Partner sind in Afrika auch deshalb willkommen, weil sie keine Fragen und Bedingungen stellen. Sie verzichten auf all die Forderungen, die der Westen gern zur Voraussetzung für Hilfe macht. Gute Regierungsführung, Wahrung der Menschen-rechte oder entschiedenen Einsatz gegen Korruption.

Die Chinesen gehen anders vor.

Krieg in Darfur?
Repression in Simbabwe?
Korruption in Nigeria?

Kein Problem. Anstatt etwa Simbabwes Diktator Robert Mugabe für seine totalitäre Politik und die Ausplünderung des eigenen Landes zu kritisieren, verliehen sie ihm 2005 eine Ehrenprofessur und erklärten ihn zu *»Chinas Freund Nummer eins«*. Und 2008 schickten sie Mugabe die *»An Yue Jiang«*, ein Schiff voller Waffen und Munition.

Viele afrikanische Politiker wissen es zu schätzen, dass ihr großer Partner keine lästigen Forderungen hat. Dass er Kredite gewährt, Parlamentsgebäude baut oder umstandslos Waffen liefert.

Kenia etwa erhielt wegen der latenten Spannungen mit Somalia Militärgerät aus China. Der kenianische Geheimdienst NSIS wurde nicht nur mit Computer- und Kommunikationstechnik ausgestattet, die Amtshilfe nahm zuletzt solche Ausmaße an, dass die US-Botschaft in Nairobi in einer geheimen Depesche sorgenvoll nach Washington meldete: *»Im September 2008 richtete der chinesische Telekommunikationsausrüster ZTE die ComputerInfrastruktur im NSIS-Hauptquartier ein. Das Projekt beinhaltete ein Sicherheits-netzwerk für die kenianischen Regierungscomputer«.*
Seither müssen die Amerikaner davon ausgehen, dass chinesische Geheimdienstler an den meisten Regierungsinterna teilhaben.
Selbst zu einem zerrissenen Land wie Somalia hält Peking engen Kontakt. China war einer der ersten Unterstützer der Übergangsregierung in Mogadischu, als diese im Oktober 2004 ihre Geschäfte aufnahm. Gut ein Jahr später unterzeichnete China mehrere

Wirtschaftsabkommen. Wir gehen davon aus, dass China regelmäßig Extrazahlungen an Präsident Jussuf vornahm. Unsere Kontakte sagten uns, dass das Geld immer in bar floss und das meiste im Kabinett verteilt wurde. Der somalische Botschafter in Kenia räume ein, dass China sich nicht mit der politischen, höchstens mit der wirtschaftlichen Lage befasse und dass es sich schon mal im Hinblick auf die Handelsvorteile im Nachkriegs-Somalia positioniere.

Doch trotz der üppigen Hilfen häufen sich in afrikanischen Ländern, so die US-Berichte, die Negativmeldungen. Die Chinesen gelten in vielen Regionen als verantwortlich für Schmuggel, Wilderei und Überfischung. Sie ignorieren Arbeitsgesetze und überfluten den Kontinent mit gefälschten Markenprodukten.

So berichtet die US-Botschaft in Nairobi, dass *»der Kenia Wildlife Service ein deutliches Ansteigen von Wilderei überall dort ver-meldete, wo chinesische Arbeitscamps errichtet wurden«*. Und dass *»90 Prozent der Elfenbeinschmuggler, die am Flughafen Nairobi festgenommen werden, Chinesen sind«*. Auch aus Kamerun, Simbabwe und Nigeria meldeten die Botschaften chinesische Elfenbeinhändler. Mitunter waren chinesische Diplomaten in den Schmuggel involviert.

Trotz ihrer Hilfe für Angola ziehen die Investoren aus China inzwischen auch dort viel Kritik auf sich. In einem Protokoll der US-Botschaft in Luanda heißt es: *»Es gebe Bedenken, weil das chinesische Engagement, finanziert mit Krediten, die Angola zurückzahlen muss, keine Jobs für Einheimische schaffe, keinen Technologietransfer bewirke und es oft mit schlechter Arbeit ende«*. Hinzu komme die undurchsichtige Finanzierung von Projekten, die über ein Büro des Präsidenten liefen.

Unschön auch Meldungen aus der US-Botschaft im nigerianischen Abuja: *»Nigerianische Offizielle sind besorgt über die chinesische Praxis, ihre Arbeiter mitzubringen. Es könnte einheimischen Unmut verschärfen, vor allem im Nigerdelta, wo es massive Beschwerden über fehlende Jobs gibt«*. Zumal chinesische Billigimporte schon die einheimische Textilindustrie zugrunde gerichtet hätten. Mehr als 65 Fabriken hätten in den vergangenen zehn Jahren schließen müssen. Über eine

Million Nigerianer, die von der Textilindustrie lebten, von einfachen Baumwollarbeitern über die Fabrikarbeiter bis zu Verkäufern, seien vom Niedergang der Branche betroffen. Bittere Klage führte gegenüber US-Diplomaten auch der nigerianische Vorsitzende der Handelsgewerkschaft: *»Die Chinesen hier sind ein riesiges Problem. Sie halten sich nicht an die Gesetze und unterminieren eine Reihe von Dingen, auch bei der Sicherheit «.*

In China stehe auf Korruption die Todesstrafe, im Ausland passe man sich aber rasch den laxeren Gepflogenheiten der Umgebung an.

Allein innerhalb einer Woche im Oktober 2007 konfiszierte die tansanische Regierung beispielsweise im Hafen von Daressalam 73 Container mit Tropenholz, die für China bestimmt waren. Und in einem Bericht der US-Botschaft Daressalam heißt es unverblümt: *»Das Exportverbot für Holz, das die Regierung 2004 verhängt hat, gilt weithin als wirkungslos «.*

Ähnlich klingen Berichte aus der US-Botschaft in Maputo: *»Das offizielle Handelsvolumen zwischen China und Mosambik betrug 2006 rund 200 Millionen Dollar. In Wahrheit dürfte der Wert viel höher gewesen sein. Chinesische und andere Schiffe haben offenbar die Fischgründe vor der Küste Mosambiks abgefischt, und chine-sische Unternehmen stehen im Verdacht, massiv am illegalen Einschlag von Tropenhölzern beteiligt zu sein. Aus unserer Sicht heißt das, die chinesische Hilfe ist an Bedingungen geknüpft «.*

Großzügig gehen die Chinesen auch mit dem Thema Arbeitsschutz um. Nicht nur in Sambia, wo die Kohlekumpel halb nackt und barfuß unter Tage geschickt werden. In Niger wie in Sambia bauen Arbeiter Uran ohne Schutzkleidung ab und leben nahe der Mine, sodass sie dauernd erhöhter Strahlung ausgesetzt sind. Rund um die neue Somina-Mine im Norden Nigers nennen die Tuareg das Lager wegen der harten Arbeitsbedingungen und der chinesischen Vorarbeiter *»Guantanamo«.* Und in Namibia beschieden die Chinesen klagenden Arbeitern, sie müssten *»jetzt leiden, damit es kommenden Generationen besser geht«.*

Wie sich die Argumente gleichen. Nicht erwähnt wird aus Afrika die geografische Lage der Partnerländer. Doch sie dürften mit

Sicherheit nicht mehr als 30 Grad nördlich oder südlich des Äquators liegen.

Abschließend möchte ich Folgendes feststellen:

Die Welt befindet sich im Wandel.

Arbeitsrechtliche Verordnungen werden ausgehebelt, Arbeitsverträge missachtet und der neuen Armut Vorschub geleistet. Die Globalisierte, neue Armut fasst Fuß auf unserem Globus. Oft fällt es uns schwer, die Wirklichkeit des Lebens zu erkennen. Doch es ist niemals zu spät aufzuwachen.

Nur ein Aufwachen, ein Verstehen der echten Weltlage wird uns in den Zustand der Weitsicht bringen, unser Leben bewusst zu leben und eine Zukunft für unsere Kinder und Enkelkinder aufzubauen.

Alle sollen in der Zukunft auf einem lebenswerten Planeten leben, der Frieden und Verstehen und Gleichheit vermittelt,

so lasst uns gemeinsam einen neuen Lebensbaum pflanzen, noch ist es nicht zu spät.

Entscheidungen für die Zukunft trifft man in der Gegenwart, denn unser Planet ist nicht teilbar, er gehört allen Menschen dieser Erde.

Nachwort

Die weltwirtschaftliche Krise hat ihre Spuren hinterlassen. Auf dem gesamten Planeten breitet sich die neue Armut wie ein Krebsgeschwür aus. Einige leben auf der Sonnenseite der Ekonomie, werden nicht so stark belastet, andere haben und werden noch alles verlieren, was sie in ihrer Lebenszeit aufgebaut haben.

Die WTO bringt die armen Länder nicht zusammen, sie spaltet in vielen Wegen. Die Menschen, besonders in armen Ländern, spüren das Leid. Die Unsicherheit wächst.

Doch die Zukunft steht uns noch bevor. In der Hoffnung auf eine gute Entwicklung, verbunden mit Chancengleichheit für alle, lasst uns alle den Kopf anheben und positiv in die Zukunft schauen.

Zwischen Asche, Schutt und Steinen sah man viele um Vergangenes weinen. Doch ein junger Mann sah in das Morgenlicht und man las in seinem Blick: Nichts ist vergebens, alles hat Sinn. Die Grenze des Lebens ist erst der Begin.

Lesen Sie auch von Hans-Jürgen Briest

Mercado Connection
Mord in der Südsee

Amazon.com
778 Seiten
ISBN-13: 978-1515193685

Sie nehmen Teil an einer Rundreise in die letzten Paradiese unseres Universums. Sie erleben, durch die Augen des Autors gesehen, die schönsten und letzten, unerschlossenen Naturgebiete dieser Welt. Dieser Roman beschreibt in realistischer, ausführlicher Darstellung das Leben von Familien aus Russland, Mexiko und Deutschland. Sie unterhalten geschäftliche Verbindungen sowie Freundschaften miteinander. Die Handlung befasst sich mit den kriminellen Machenschaften des ehemaligen, russischen KGB, der nach seiner Auflösung in der Verschiebung von Waffen, Rauschgiften und radioaktivem Material tätig ist. Für ihre weltumfassenden Transporte ist die Nachfolgeorganisation des russischen KGB eng verbunden in die dunklen Rauschgiftgeschäfte der mexikanischen Mercado-Gruppe, die gleich, wie eine achtarmige Krake, die Welt umarmt und über ein umfassendes, engmaschiges Verteilungsnetz durch anmietbare Segelboote verfügt. Ein deutscher Waffenhersteller hat geschäftliche Verbindung mit einer Waffenfirma in Smolensk, Russland aufgenommen und Freundschaft mit den führenden Köpfen aus Russland und Mexiko geschlossen.
Gemeinsame Interessen bestehen im geschäftlichen Bereich, sowie im privaten Umgang. Sie verbringen miteinander Urlaube, bei deren Gelegenheit sich ihre Kinder näher kennenlernen. Hieraus entstehen Liebesbeziehungen zwischen ihnen. Hierbei erlebt der Leser den Verlauf des täglichen Lebens der Familien und bekommt einen tiefen Einblick in den interessanten Ablauf ihrer kriminellen Geschäfte. Der Sohn des mexikanischen Drogenbarons und die

Tochter eines hohen Regierungs-Beamten aus Moskau unternehmen mit Freunden auf einem neuen Katamaran eine Weltumsegelung. Sie besuchen die großartigsten Plätze der Erde und durchkreuzen die sagenumwobene Inselwelt der Südsee. Ihre Reise wird abrupt auf der Insel Nuku Hiva beendet. Die jungen Menschen werden hinterhältig und brutal ermordet. Als Motiv werden alte, polynesische Rituale vermutet, es wird von kannibalischen Traditionen ausgegangen, wobei Menschenfleisch verspeist wird und Reste des Torsos verbrannt werden. Die weiteren Aufzeichnungen befassen sich ausführlich mit den interessanten Beschreibungen einer einjährigen Expedition, in die noch meist unbekannte und zum großen Teil unberührte Tierwelt der Galapagos-Inseln. Hierzu steht ein Mercado-Ozean-Crusier den Wissenschaftlern zur Verfügung. Erfreuen Sie sich an den interessanten, zum Teil wissenschaftlichen Erklärungen dieser Expedition. Eine faszinierende Geschichte von Familien aus unterschiedlichen Ländern. Eine weltumspannende, tief greifende Geschichte. Ein unbedingtes Muss für Reisebegeisterte dabei zu sein.

Verlust des ewigen Eises
Es ist Zeit Alarm zu schlagen!

Von Hans-Jürgen Briest
Amazon.com
378 Seiten
ISBN – 10:1460986210
BISAC: Science/Klimawandel/Umwelt/General

Es wird warm, die Erde wärmt sich auf Polkappen und Gletscher sind am Verschwinden.

Die globale Entstehung und Auswirkungen des Klimawandels auf unseren Planeten Erde und deren Veränderungen auf das Leben der Menschen und der weltweiten Umwelt, in der wir heute leben. Weltweit schmelzen die Gletscher in alarmierender Geschwindigkeit. Auch die Polarregionen verlieren ihre Eiskappe, riesige Eisberge treiben mit den Meeresströmungen bis in tropische Regionen. Schwere Stürme verwüsten ganze Landstriche in immer kürzerer Folge. Große Trockenheit wechselt sich mit sintflutartigen Niederschlägen ab. Flüsse treten über ihre Ufer, denn die Böden können nach Dürreperioden kaum mehr Wasser aufnehmen. Mit zunehmender Erwärmung des Klimas werden sich solche Wetterextreme häufen. Immer mehr Menschen werden durch die Ausbreitung der Wüsten, zunehmende Hochwasser und Stürme oder durch den steigenden Meeresspiegel in Zukunft aus ihrer Heimat vertrieben. Der Klimawandel ist Realität. Wir können nur noch beeinflussen, wie gravierend er wird.

Je früher die Trendumkehr geschafft wird, desto besser.

Die Investition beginnt heute, damit wir morgen noch einen Gewinn erzielen können.

Den Gewinn des Lebens in einer menschenfreundlichen Umwelt.

Die Wirklichkeit des Lebens
Erlebtes Leben gelebt

Amazon.com

300 Seiten

ISBN: 9781461050315

BISAC: Erfahrungsbericht, Umwelt, Kommunikation, Lebensqualität

Ich kann jeden beliebigen Tag in der Menschheitsgeschichte nehmen. Immer werde ich eine ähnlich lange Liste mit Indizien finden, die darauf hindeuten, dass es so nicht mehr lange weitergehen kann.

Denn immer haben die Menschen oder die Natur, Mittel und Wege gefunden, diese Dinge in den Griff zu bekommen, doch noch einmal die Welt zu retten, zu überleben.

Meine Frage ist nur, wie wir überleben werden. Zu viele Katastrophen begleiten unser tägliches Leben.

Das vorliegende Buch ist als ein Plädoyer gegen die allgemeine Gleichgültigkeit und den täglich wachsenden Ansprüchen. Dies besonders in der schnelllebigen Zeit, in der wir leben.

Rückbesinnung zu grundlegenden Wertvorstellungen soll aufgezeigt werden. Neue Denkbilder für unser Leben werden aufgezeigt. Sie sollen uns helfen, viel über uns selbst zu lernen und eine entspanntere Einstellung zu schaffen. Nicht nur zu uns selbst, sondern auch zur Natur. Verborgene Potenziale sollen aufgedeckt werden, um dem Leben damit eine positivere Wendung zu geben. Thema und Inhalt wurden lebensnah und verständlich umgesetzt. Praktische Denkmodelle und Ratschläge wurden in Zusammenhang gebracht.

Bedingungen, sowie die Möglichkeiten und die Entwicklungen des Bereiches Umwelt, Kommunikation und Lebensqualität im Ganzen, sind in eine gelungene Gedankenfolge gebracht.

Read also by Hans-Jürgen Briest

»The Reality of Life«
»The Story of a lived Life«

Amazon.com
ISBN-13: 978-1475108

Why do we want to experience everything, here and at present?
Why don't we have time anymore?
Why comes along we want to decrypt the last secrets of the evolution?
Why do we consider flying to other star systems?
Why do we build CERN and HAARP?
Why comes along our desire to experience everything?
Why do we want to move as God?

It's really all up to us. However, what is we get along? We require realizing everything we place up to exploring.

We've acquired the ability to put the Earth on fire, but God's creation has set bounds. The scientists try to do away with those boundaries. We read about new discoveries every day. A rising tide of information overruns us. We can't recognize anymore, we lose our decision making power to produce and represent our own views. We squander the time that is granted to us, can't drain the information. We leave out the reality living our life in realness and validity. Not war and political power are in demand. A common understanding and respecting all human races are the future. Our planet belongs to all live humans, not to a handful of power-crazed destroyers. I can use up every random day of the human narrative. Every time I will reveal a similar long list of signs that it can't go on like that indeed longs. Human beings and nature always contrived ways and means to rescue the earth, to survive. I'm wondering how we are functioning to survive while too many catastrophes is going on in our daily life.

Today, there are so many humans on this earth as it never came to this planet in the lead. With a rising number of men, there is also a rising bit of problems to forge away.

Certainly, there are accordingly enough shrewd heads trying's to solve those problems.

As we spectacularly experienced in the past, we aren't able to play something, against the nature. The world's complex ecosystem always ensures to balance, and there is only one realistic possibility to erase 6 billion humans in one stroke.

The world must indeed be falling apart!

Lesen Sie von Hans-Jürgen Briest

»Debakel des Todes«
»Die Hölle der Natur«

Amazon.com
ISBN-10: 1468094068
In diesem Buch wurde die Thematik auf den Punkt gebracht. Ein Thema, welches für jeden der jungen Generation, in verständ-licher Weise dargestellt wurde. Ein gewisses Grundwissen über die Entstehung und Weiterentwicklung der Atomwissenschaft und deren Entwicklung für kriegerische Einsätze und der Produktion von Energie durch Kernkraftwerke soll vermittelt werden.

Besonders die Ausführungen über die Zunahme der AKWs weltweit und den damit verbundenen Gefahren für Menschen und Umwelt zeigen mehr als deutlich das bestehende Gefahren-potenzial auf. Die allgemeine Gleichgültigkeit der Bevölkerung verdeutlicht in dramatischer weise den Kenntnisverlust über die Gefahren, die von Kernkraftenergie und Atomen ausgehen können. Ob es der erste Abwurf einer Atombombe ist, die zerstörerisch ausgeführten Atomtest's oder die gesundheitsschädlichen Neben-wirkungen von Kernkraftwerken, der Autor zeigt die tickende Uhr auf.

Ja, es ist in der Tat fünf vor zwölf. Wer dies bis jetzt noch nicht erkannt hat, wird durch die gut ausgearbeitete Berichterstattung der japanischen Atomkatastrophe, die ausgelöst durch ein Jahr-hunderterdbeben, gefolgt von einem alles zerstörenden Tsunami, der die Kernkraftanlagen in Fukushima zu einem dreifachen Super-GAU führte, bei dem bis jetzt noch kein Ende abzusehen ist, aufgeweckt werden.

Die gesamte Darstellung der Problematik Kernenergie, Erdbeben und Tsunami zeigt die Verwundbarkeit der Technik, ebenso der

Menschen und unserer Natur. Hier sollte jeder zustimmen, wenn der Autor vor der weiteren Verwendung von Kernenergie warnt und jeder sollte sich dem Bestreben anschließen, dass in Zukunft alles unternommen werden muss, um alternative Energiequellen zu erschließen und ein grünes Denken Fuß zu fassen beginnt, mit dem Ergebnis, dass in Zukunft ausschließlich nur noch die Sonne für uns scheinen soll.

Zusammengefasst muss festgestellt werden, dass dieses Buch aufschlussreiche Information und Grundkenntnisse über AKWs, Erdbeben und Tsunamis vermittelt. In verständlicher Sprache wurde, für Laien, ein Thema behandelt, welches uns alle angeht und zum Zukunftsdenken anregt.

Wir sollten unseren Kindern hiervon berichten, sie sollen in eine sichere Welt hineinwachsen, mit Verständnis und Wissen, damit sich Fukushima nicht mehr wiederholen kann.

Lesen Sie von Hans-Jürgen Briest

»Leben ist mehr als Überleben«
»Rivers of Blood«

Amazon.com
ISBN-10: 1466267348
BISAC: Historik/Revolutionär
Ein Überblick über die Entstehung von Revolutionen, deren Bedeutung für die Menschen und die Machthaber.

Gesehen in der jüngsten Zeit, die Zeit der arabisch, moslemischen Revolutionen des Jahres 2011 in Nordafrika und dem Nahen Osten.

Die muslimische Welt, die Ende 2010 erbebte und seit 2011 brodelt, erfährt Umwälzungen, die die diplomatischen Kreise aller Kontinente überrascht haben.

Massendemonstrationen erschüttern die aus dem Zweiten Weltkrieg oder der Entkolonialisierung ererbten politischen Strukt-uren.

Auf dem Boden von allgemeiner Armut und ausufernder Korruption, fordern die sunnitischen und schiitischen Massen radikale Veränderungen.

Demokratie, freie Wahlen, eine größere Medienfreiheit und weitere Elemente, die dazu angetan sind, die Entfaltung des Menschen zu fördern, sollen künftig die politischen muslimischen Strukturen bestimmen.

Diese Forderungen können den Regierungen und der öffentlichen Meinung in den europäischen und amerikanischen Ländern gefallen.

Der europäische Islam ist eintausend dreihundert Jahre und ist auf dem Weg eine tief greifende Öffnung zu erfahren.

Eine interessante Zeit des Wandels steht uns bevor.

Über den Autor

Hans-Jürgen Briest wurde am 15.9.1947 in Wiesbaden geboren. Seine Kindheit, beginnend in der Nachkriegszeit, verbrachte Hans-Jürgen in seiner Geburtsstadt Wiesbaden. Nach Abschluss der Schule entschied er sich für eine Lehre als Kfz-Handwerker Lehrling, bei den Stadtwerken Wiesbaden AG.

Nach erfolgreichem Abschluss der Lehre arbeitete er noch ein Jahr in seinem erlernten Beruf und bewarb sich dann bei der Hessischen Bereitschaftspolizei als Polizeiwachtmeister.

Die Ausbildung fand in Mühlheim/Main statt. Schon nach zwei Jahren verließ er den Polizeidienst auf eigenen Wunsch. Er konnte in seiner Heimatstadt einen Taxibetrieb übernehmen.

Als geschäftsführender Vorstand schied er, nach achtzehn Jahren Tätigkeit aus dem Taxigeschäft aus und übernahm eine Versicherungsagentur in Mainz.

Bis zum Beginn seiner Weltreise lebte er in Heidenrod und siedelte 1989 nach dem Kingdom of Tonga, in der Südsee über.

In seinem zweiundsechzigsten Lebensjahr begann er sein erlebt, gelebtes Leben, auf der anderen Seite der Welt, aufzuzeichnen und gab etwas von seinen gesammelten Erfahrungen vieler Erlebnisse auf seinen Reisen preis. Seit fünfundzwanzig Jahren lebt er in Tonga und hat mit seiner neuen Familie erfolgreich seine Geschäfte aufgebaut. Mit seiner tonganischen Ehefrau hat er drei Kinder.

Hans-Jürgen Briest